JEAN PLAIDY

EIN KÖNIG FÜR ENGLAND

Jean Plaidy

Ein König für England

Wilhelm der Eroberer

Ein Roman

Herder

Freiburg · Basel · Wien

Aus dem Englischen übertragen von
URSULA SCHOTTELIUS

Die englische Orginalausgabe
erschien unter dem Titel »The Bastard King«
1974 im Verlag Robert Hale, London
© Jean Plaidy 1974

Alle Rechte vorbehalten – Printed in Germany
© Verlag Herder Freiburg im Breisgau 1977
Satz: VID Verlags- und Industriedrucke, Villingen-Schwenningen
Druck und Einband: Freiburger Graphische Betriebe 1977
ISBN 3-451-17845-1

INHALT

DER BASTARD

DER EROBERER

DER KÖNIG

Der Bastard

DIE GEBURT

An einem heißen Sommertag des Jahres 1026 sah Robert, Vicomte von Exmes, Bruder des regierenden Herzogs der Normandie, ein schönes Mädchen im Fluß Ante, am Fuße der Burg Falaise, Wäsche waschen. Er sah sie und wollte sie besitzen, und seine Begierde änderte den Lauf der Geschichte.

Robert war siebzehn Jahre und der zweite Sohn Richards, des Herzogs der Normandie. Nur widerwillig fand er sich mit der Tatsache ab, nicht der Erstgeborene zu sein. Es war ihm unerträglich, daß sein Bruder Richard, der den Namen des Vaters trug, Herzog werden sollte, während er, Robert, schon jetzt ›der Prächtige‹ genannt, verzichten sollte, nur weil er das Unglück hatte, ein Jahr später geboren zu sein. Er trachtete danach, dem Bruder die Herzogskrone zu nehmen, und hatte in diesem Bemühen bereits die Burg von Falaise erobert und zu seinem Wohnsitz gemacht.

Da Richard zweifellos versuchen würde, Falaise zurückzugewinnen, hatte man das Schloß stark befestigt und die Türme Tag und Nacht mit Wachen besetzt. Robert vertrieb sich die Zeit mit der Jagd auf den wilden Eber in den nahen Wäldern, und als er von einer solchen Jagd zurückkehrte, erblickte er das Mädchen.

Schon während dieses ersten, kurzen Zusammentreffens spürte er das Außergewöhnliche an ihr. Sie war schön, aber es gab viele schöne Mädchen in der Normandie. Sie war jung, vielleicht erst vierzehn Winter alt. Stolz umgab sie und eine gewisse

Würde, als sie mit über den Knien geschürzten Röcken, die die weißen Beine frei ließen, ihre Wäsche stampfte. Sie sang ein Lied, das Herzog Rollo aus Skandinavien mitgebracht hatte, als er mit seinen Kriegern in den langen Schiffen nach Frankreich gekommen war und den König gezwungen hatte, das Gebiet der heutigen Normandie an ihn abzutreten.

Das lange Haar fiel offen auf die Schultern, ihre blauen Augen waren sanft, als sie sang, aber Stolz und Würde einer Wikingertochter waren nicht zu übersehen.

Robert, der bei der Eroberung von Falaise keine Skrupel gekannt hatte, war nicht der Mann, ein sinnliches Verlangen zu unterdrücken, und er begehrte dieses Mädchen wie keines zuvor. So befahl er seinem Gefolge, zur Burg zurückzukehren, während er zum Flußufer ritt. Wenn sie ihn gesehen hatte, so zeigte sie es jedenfalls nicht, stampfte weiter ihre Wäsche und sang dazu.

»Guten Morgen, Jungfer«, rief er.

Sie hob den Kopf, und als sie ihn ansah, wurde ihm warm bei dem Gedanken bevorstehender Lust. Sie war noch schöner, als er gedacht hatte.

»Was tust du hier?« fragte er.

»Ich wasche unsere Wäsche, guter Herr.«

»Du gefällst mir«, sagte er. »Woher kommst du?«

»Aus der Stadt«, antwortete sie, »mein Vater ist Fulbert, der Gerber.«

»Steig heraus aus dem Fluß, Fulbertstochter. Oder soll ich zu dir kommen?«

Ihr Gesicht errötete sanft. »Weder noch«, gab sie zur Antwort, »denn ich habe meine Arbeit, und Ihr seid ein zu vornehmer Herr, um mit mir zu tändeln.«

Falls sie Angst hatte, ließ sie es nicht merken. Er könnte immerhin in den Fluß waten und sie ergreifen. Wer würde wagen, dem Herrn von Falaise einen Vorwurf zu machen? Ihre Familie?

Nein, er würde ihnen schnell zeigen, wem sie Gehorsam schuldeten, sollten sie ihn an seinem Vergnügen hindern wollen. Er könnte die Hand eines jeden, der sie gegen ihn zu erheben wagte, abhauen und zur Abschreckung über die Haustür nageln lassen.

Aber er tat nichts dergleichen. Die Haltung des Mädchens verstörte ihn. Seltsamerweise war er bereit zu warten. Es wäre nur ein Aufschub. Er hatte eine Ahnung verspürt von ihrem innersten Wesen und verlangte nun nicht mehr nach einem vorübergehenden Abenteuer auf der Wiese. Eine Kemenate in der Burg war besser.

So war er es zufrieden, sie anzusehen, die Sonne schimmernd auf ihrem goldenen Haar, grazil wie ein Wild oder eine Gazelle, wachsam und keineswegs übereifrig, dem Schloßherrn zu gehorchen.

Er zuckte die Schultern, schwang sich auf sein Pferd und sah noch einige Augenblicke auf sie herab, die weiter ihre Wäsche wusch. Noch zögerte er. Sollte er sie packen und lehren, dem Herrn, dem sie zu gehorchen hatte, nicht unverschämt entgegenzutreten? Oder abwarten?

Sie war sehr jung. Vielleicht verstand sie gar nicht, was er von ihr wollte. Sie war ein jungfräuliches Kind, vielleicht jünger noch, als es den Anschein hatte.

Er ritt zurück ins Schloß.

Sie blickte seiner entschwindenden Gestalt nach. Natürlich kannte sie ihn. Sie hatte ihn flüchtig gesehen, als er in Falaise eingeritten war. Großmutter und Vater hatten von ihm und seiner mächtigen Familie gesprochen.

»Es wird Aufruhr geben«, hatte der Vater gesagt. »Denn Robert wird sich nicht mit dem zweiten Platz begnügen. Und zweiter ist er, denn sein älterer Bruder ist Herzog Richards Erbe, darüber gibt es kein Wort zu verlieren.«

Er gehörte auch nicht zu denen, die ein begehrenswertes Mädchen sahen und vorbeiritten, weil es ihrem Wink nicht Folge leistete – es sei denn, es warteten seiner viele im Schloß.

Auch sie konnte nicht gleichgültig sein, denn er war prächtig und stattlich anzusehen. Und sie, die gern zu Füßen ihrer Großmutter saß und den Geschichten von den Göttern und Helden der Nordlande lauschte, meinte, einen von ihnen heute gesehen zu haben.

Ruhelos durchmaß Robert die Halle seiner Burg. Weil Sommer war, brannte nur ein einziges Feuer, über dem große Kessel hingen, in denen das Essen kochte. Die Küchenjungen machten sich daran zu schaffen, bemüht, Roberts schlechte Laune zu besänftigen. Rauch stieg auf zum gewölbten Dach und entwich durch einen Turmaufsatz. Kühl und dunkel lag die Halle, denn die dicken Mauern ließen Hitze und Tageslicht nicht herein. Die Fenster waren schmale Schlitze, offen für Regen und Wind.

Roberts Gedanken waren immer noch bei dem Mädchen im Fluß, und er ärgerte sich, sie nicht gleich an Ort und Stelle genommen zu haben. Ärger mit sich selbst pflegte er an anderen auszulassen, und seine Bedienten gingen ihm aus dem Wege.

Nicht so sein Schildknappe, Osbern de Crépon, ein junger Mann, dessen Abkunft der seinen kaum nachstand, und ein vertrauter Freund dazu. Er trat zu ihm und fragte nach dem Grund seiner schlechten Laune, und bald erzählte Robert von dem Mädchen, das er am Nachmittag gesehen hatte.

»Ein Mädchen!« rief Osbern. »Seit wann wißt Ihr nicht, wie man mit einem Mädchen fertig wird?«

»Sie hatte eine Art . . . wie ich sie nie zuvor angetroffen habe.«

Osbern lachte. »Was ist Euch zugestoßen? War sie eine Zauberin?«

»In gewisser Weise ja«, antwortete Robert verstimmt.

»Also kommt, wir wollen Euch nicht traurig sehen. Es ist doch ganz einfach. Laßt sie holen.«

»Meinst du, sie kommt?«

»Seid Ihr nicht Herr von Falaise?«

»Wahrhaftig, der bin ich, und jedermann soll es wissen.«

»Desgleichen jede Frau. Was hält Euch zurück? Wer ist das Mädchen?«

»Sie ist schön.«

»Das sagtet Ihr bereits. Gott sei Dank gibt es deren viele in der Normandie.«

»Eine echte Normannin. Haar wie Gold und von stolzem Mut. Sie ist die Tochter von Fulbert, dem Gerber.«

»Wollt ihr wegen einer Gerberstochter zimperlich sein?«

Robert lachte: »Gewiß nicht«, rief er, »laß sie holen, bring sie mir heute nacht.«

An diesem Tag war die Wäsche schnell getrocknet. Sie hatte sie zur Hütte gebracht und zusammengelegt. Ihr Vater – der beste Gerber der Stadt Falaise – sah ihr zu, wie sie sie wegräumte und dann zur Feuerstelle ging, über der ein Topf hing.

Seine Arlette war ein schönes Mädchen, das mit jedem Tag schöner wurde. Er würde sich nach einem Mann für sie umsehen, denn vor seinem Tode wollte er noch Enkel um sich haben.

Sie schien heute in Gedanken verloren, schweigend machte sie sich in der Hütte zu schaffen. Immer noch mußte sie an den kühnen Mann unten am Fluß denken. Sie erinnerte sich an die Geschichten der Großmutter von dem mächtigen Herzog Rollo, der so schwer war, daß kein Pferd ihn tragen konnte, von Wilhelm Langschwert und Richard dem Furchtlosen. Diese seine Vorfahren waren in ihm wieder lebendig geworden, Nachkommen der Männer von den langen Schiffen, der großen Seehelden, der Entdecker, der Eroberer. In ihrer fernen Heimat hatten sie Götter und Helden verehrt, Odin und Thor, Beowulf und Sigurd. Sie waren furchtlos, mutig und beugten sich vor keinem Menschen.

Einen dieser Männer hatte sie heute gesehen, und sie wußte, daß sie ihn nie vergessen würde. Es war schon dunkel, als sich Pferdegetrappel der Hütte näherte. Kam er etwa wieder zurück?

Ihr Vater erhob sich und stellte sich vor sie. Ein Mann trat in die Hütte. Arlette begann zu zittern, weil sie wußte, daß es ein Bedienter von der Burg war.

»Was wollt Ihr?« fragte der Gerber, und sie bemerkte die Unsicherheit in seiner Stimme.

»Ihr habt eine Tochter«, war die Antwort.

Der Vater schwieg, aber sie trat hervor und sagte: »Ich bin die Tochter Fulberts, des Gerbers.«

»Ich habe eine Botschaft für Euch. Ihr sollt mit mir auf die Burg kommen.«

»Wer hat Euch geschickt?«

»Mein Herr.«

»Warum schickt er Euch zu mir?«

Sie sah sein Lächeln, und plötzlich flammte Empörung in ihr auf. Wohl freute es sie, daß Robert sie nicht vergessen hatte, doch sie wußte, was es bedeutete. Er war nicht persönlich zu ihr gekommen, er hatte seinen Pagen geschickt. Man würde sie in der Dunkelheit aufs Schloß bringen und vor Tagesanbruch in ihres Vaters Hütte zurückschicken. Anderen war es genauso ergangen, ihr sollte es nicht passieren. Das war etwas anderes. Warum war er fortgeritten, nachdem er sie gesehen hatte? Noch nie hatte er so gehandelt, dessen war sie sicher. Er begehrte sie, das hatte sie gespürt. Und noch nie in ihrem Leben war sie so tief bewegt, so bestürzt und unsicher gewesen. Sie fühlte, daß es ihm ähnlich erging.

Sie würde sich nicht aufs Schloß bringen lassen, um dann wieder in des Vaters Hütte zurückgeschickt und, wenn Robert keine Bessere für sein Vergnügen fand, vielleicht noch einmal geholt zu werden. Nein, riet ihr ihr Instinkt.

Sie sagte: »Geht zurück zu Eurem Herrn. Sagt ihm, ich würde auf sein Schloß kommen, wenn er es wünscht, aber nicht heimlich. Ich will nicht wie ein beliebiges Frauenzimmer durch eine Hintertür kommen. Wenn ich aus freien Stücken kommen soll, werde ich es bei Tageslicht tun. Er soll die Zugbrücke herunterlassen, und ich werde auf einem von ihm geschickten Pferd in den Burghof reiten. Er soll mir eine Begleitung stellen. Nur so werde ich zu Eurem Herrn kommen.«

Der Mann lachte ihr ins Gesicht.

»Der Herr ist in übler Laune«, warnte er.

»Ich habe meine Meinung gesagt«, antwortete sie.

Er verneigte sich und ritt davon.

Der Gerber sah seine Tochter an. »Was ist über dich gekommen?«

»Ich weiß es nicht, irgend etwas sprach aus mir.«

»Ich habe Angst. Ich habe Angst um dich und um mich.«

»Er wird uns kein Leid antun, Vater.«

Der Gerber schüttelte den Kopf.

Schon oft hatte er über Türbalken genagelte Hände gesehen. Er blickte auf seine ausgestreckte Hand. Wie sollte er ohne sie seine Arbeit verrichten? Vielleicht könnten sie fliehen? Nach Rouen? Man würde ihnen folgen. Was würde aus seinem Handwerk? In Falaise war er angesehen, der beste Gerber der Stadt. Was war in Arlette gefahren? Sie könnte einen Bastard gebären, das war richtig, aber es wäre ein edler Bastard. Die Herzöge und ihre Familie behandelten ihre Frauen gut. Aber sie wünschten nicht, verspottet zu werden. Und Robert, von den einen ›der Teufel‹, von den anderen ›der Prächtige‹ genannt, war ein stolzer Mann.

In der Nacht fand auch Arlette keinen Schlaf, so wenig wie ihr Vater. Bei jedem Laut fuhren sie zusammen.

Schließlich ging die Sonne auf, der Tag brach an. Die Nacht hatten sie überlebt, aber was würde der Tag bringen?

Eine Stunde nach Mittag ritt eine Gruppe Männer heran. Der Gerber schloß die Tür und schob den schweren Riegel vor, aber Arlette rief: »Glaubt Ihr, daß ein Riegel uns rettet? Wir wollen wenigstens keine Angst zeigen.«

Sie öffnete die Tür, trat hinaus, aufrecht, mit blitzenden blauen Augen und in der Sonne schimmernden blonden Flechten.

Der Führer der Gruppe war abgestiegen. Er trat mit einem prächtig geschmückten Pferd auf sie zu und verneigte sich vor ihr.

»Mylady«, sagte er, »wir sind gekommen, Euch zum Schloß zu geleiten, über die Brücke, im hellen Tageslicht.«

Sie lächelte; nie zuvor hatte sie eine so triumphierende Freude empfungen.

Sie wandte sich zu ihrem Vater, der in der Hütte zurückgeblieben war: »Ich gehe in Ehren zu dem Herrn. Dies ist ein Tag der Freude.«

Dann stieg sie auf und ritt, von dem Gefolge begleitet, über die Zugbrücke in die Burg von Falaise.

Sie paßten zueinander, die Gerberstochter und der Nachfahr normannischer Herzöge. Beide waren schön und stolz; sie war Brunhilde und er Sigurd, und beide waren sich dessen bewußt.

Eine ungewöhnliche Würde umgab Arlette, als ob sie ihr Leben auf Schlössern verbracht hätte. Gleichgültig und verächtlich begegnete sie Kränkungen, denn nicht wenige glaubten, ihr Einfluß auf den Herrn werde naturgemäß nur vorübergehend sein. Robert war überrascht von seinen eigenen Gefühlen. Er war erfüllt von ihr. Er suchte keine andere Frau mehr, und den Mitgliedern seines Haushaltes wurde es schnell klar, daß mangelnde Achtung vor Lady Arlette ihnen schlecht bekommen würde.

Sie war überglücklich, als sie merkte, daß sie ein Kind erwartete. »Nun werde ich immer jemand haben, der mich an Euch erinnert«, sagte sie zu Robert.

Leidenschaftlich erklärte er ihr, daß es dessen nicht bedürfe, weil sie immer an seiner Seite bleiben würde.

Sie schüttelte den Kopf, denn obwohl sie dem Schwur lebenslanger Treue glaubte, wußte sie, in welch gefährlicher Zeit sie lebten. Und Robert war kein friedfertiger Mann; schon in dieser dem Bruder abgenommenen Burg befand er sich in Gefahr.

Aber nichts störte ihre Liebe in diesen ersten Wochen nach ihrer Begegnung, und das Band zwischen ihnen wurde fester von Tag zu Tag. Robert entdeckte in Arlette eine Tiefe des Gemütes, die ihn entzückte, und Arlette sah in Robert eine romantische, legendäre Gestalt. Er schien geradewegs aus den Geschichten der Großmutter herausgetreten zu sein; er war Rollo und Sigurd zugleich.

Robert war in der Tat eine farbige Persönlichkeit, ein Mann voller Gegensätze, fähig zu teuflischer Grausamkeit und hingebungsvoller Güte. Er war extravagant, liebte Raffinesse und Ritterlichkeit, und seine Beziehung zu Arlette förderte diese Seite seines Wesens. Er war ein starker Mann; nach Meinung vieler war es eine Tragödie für die Normandie, daß sein weniger bedeutender Bruder Richard der Erstgeborene war. Die Eigenschaften seiner seefahrenden Vorfahren mischten sich in ihm mit dem glühenden Wunsch, ein guter Christ zu sein. Jung war er – erst siebzehn Jahre, als er Arlette traf – hochgewachsen, gut aussehend, lebenssprühend; nicht umsonst hieß er Robert der Prächtige.

Als er erfuhr, daß Arlette schwanger war, war auch er überglücklich.

Er wollte einen Sohn, der ihm ähnlich würde.

In absehbarer Zeit würde er heiraten müssen, um einen legitimen Erben zu bekommen, der später Herzog der Normandie werden sollte. Er war überzeugt, daß sein schwächlicher Bruder nicht im Besitz dessen bleiben konnte, was ihm, Robert, zustehen müßte, wäre er nicht der Zweitgeborene.

Arlette und er waren glücklich miteinander.

Eines Nachts hatte sie einen seltsamen Traum. Schreckerfüllt erwachte sie und stammelte: »Nein . . . ich trage ein Kind . . . nicht diesen großen Baum.«

Robert beruhigte sie sanft, und an ihn geschmiegt erzählte sie ihm, was sie geträumt hatte.

Sie träumte, daß sie gebären sollte und ungeduldig darauf wartete, den ersten Schrei des Kindes zu hören. Aber statt eines Kindes sei ein großer Baum aus ihr herausgewachsen, der seine Zweige über die Stadt Falaise bis Rouen ausbreitete und wuchs und wuchs, bis er sich über die ganze Normandie und darüber hinaus erstreckte.

»Das ist ein Zeichen«, sagte Robert. »Das Kind, das du trägst, ist kein gewöhnliches Kind. Es wird ein großer Mann werden, vielleicht so groß wie der mächtige Rollo.«

Sie beruhigte sich und war es zufrieden, wünschte aber leidenschaftlich, daß ihr Kind bald geboren würde, ein Sohn, dessen war sie sicher, den Robert anerkennen würde. Aber könnte er wirklich seinen Bastard-Sohn als künftigen Herrscher der Normandie erziehen? Eines war ihr klar, läge es in seiner Macht, so würde er es tun, und ihr Kind fände seinen Platz unter den Herzögen der Normandie.

Arlette ging oft in die Hütte ihres Vater. Dort saß ihre alte Großmutter am Spinnrad wie in Kindertagen. Zu ihren Füßen hatte sie gesessen und den Geschichten aus fernen Zeiten gelauscht. Sie erzählte der Großmutter ihren seltsamen Traum.

»Das Kind, das du trägst, wird ein Knabe sein«, sagte die alte Frau. »Er wird ein großer Mann werden.«

»Er wird ein Bastard sein«, entgegnete Arlette. »Robert muß

unbedingt heiraten. Was geschieht mit den Söhnen, die er von seiner rechtmäßig angetrauten Frau bekommt?«

»Unsere Herzöge haben stets ihre Mätressen mehr geliebt als ihre Frauen. Wilhelm Langschwert war ein Bastard – und hast du vergessen, was Richard dem Furchtlosen widerfahren ist?«

»Erzähl es mir noch einmal«, bat Arlette. Und wieder saß sie in der dämmerigen Hütte, die Spindel ruhte, und die Großmutter erzählte von vergangenen Zeiten.

»Als Richard der Furchtlose auf der Jagd zu einer Hütte kam, sah er dort eine schöne Frau. Er begehrte sie leidenschaftlich und erinnnerte ihren Mann, einen Waldarbeiter, an das Herrenrecht.«

Arlette nickte. Wie oft waren junge Mädchen zu dem Lehnsherrn gebracht worden, damit er sie vor der Heirat entjungferte.

»Die Frau des Waldarbeiters war aber ihrem Mann herzlich zugetan und fest entschlossen, daß kein anderer, so hochgeboren er auch sein möge, seinen Platz einnehmen sollte. Sie bat also ihre Schwester Gunnor, die ebenso schön war wie sie: ›Wenn es dunkel ist, geh in des Herzogs Schlafzimmer und liege statt meiner mit ihm im Bett, denn du hast keinen Ehemann und betrügst also niemand.‹ Gunnor willigte ein, und als Richard schließlich die Täuschung entdeckte, war er so in Gunnor verliebt, daß er lachend der treuen Frau des Waldarbeiters verzieh.«

»Aber er heiratete die Tochter des Königs von Paris.«

»Und liebte sie nicht. Sie gebar ihm keine Kinder, und als sie starb, heiratete er Gunnor, die ihm viele Kinder schenkte. Eines unter ihnen war Richard, der zweite Herzog der Normandie, der Vater deines Robert.«

Nachdenklich ging Arlette zurück aufs Schloß.

In wenigen Wochen würde ihr Kind geboren werden, und Arlette hatte ihr Wochenzimmer vorbereitet. Aus dem Fenster konnte sie hinab zum Fluß Ante blicken; die Erinnerung an jenen Tag stieg wieder in ihr empor, an dem sie dort Wäsche gewaschen hatte.

Roberts Liebe erschien ihr wie ein Wunder, und daß sie sein Kind gebären sollte, machte ihr Glück vollständig.

Sie hatte die Wäsche für das Kleine vorbereitet und konnte es kaum erwarten, das Kind in den Armen zu halten.

An diesem Tag hatten die Jäger einen prächtigen großen Hirsch erlegt; die ganze Halle duftete nach dem Wildbret. Die Köche waren emsig am Feuer beschäftigt, ein Knabe drehte den Spieß, und bald würde man sich zum Mahle setzen.

Arlette hatte ihre samtene Tunika mit langen fließenden Ärmeln angelegt, die ihr so gut stand, ihre Flechten gelöst, so daß ihr goldenes Haar bis auf die Schultern fiel. Ihr Zustand ließ sie nicht minder schön erscheinen.

Robert war fröhlicher Stimmung. Er plante neue Eroberungen. Arlettes wegen war er lange in Falaise geblieben, aber bald würde er Wachen auf dem Schloß zurücklassen und weiter nach Rouen ziehen, der ersten Stadt der Normandie. Wenn sie in seine Hände fiel, konnte er in der Tat jubeln.

Das Fleisch wurde zerlegt und zunächst dem Herzog serviert, dann Arlette. Sie benutzte ein verziertes Messer, so daß sie nicht wie das Gesinde mit den Fingern essen mußte. Schnell hatte sie höfische Sitten erlernt.

Das Hirschfleisch war zart, sie hatten herzhaft zugelangt und ließen sich jetzt den Trunk schmecken; einer der fahrenden Sänger sollte gerade ein altes Seefahrerlied anstimmen, das die Wikinger auf ihren Eroberungszügen gesungen hatten, als draußen ein Lärmen anhob. Ein Mann stürzte herein und warf sich vor Roberts Füße.

Seine Kleidung war schmutzbedeckt, keuchend rief er: »Herr, sie sind nur wenige Meilen entfernt. In der Morgendämmerung werden sie angreifen.«

Robert hieß den Mann sich setzen und berichten.

Er war ein Wirt, einer von den Anhängern Roberts, die ihn als Herzog der Normandie zu sehen wünschten. Bewaffnete waren in sein Haus eingedrungen, hatten zu essen verlangt und seine Töchter genommen und sich dann über ihren Bechern unterhalten. Sie waren auf dem Wege zur Burg von Falaise und planten einen Überraschungsangriff.

Robert stand auf.

»Das Fest ist aus!« rief er.

Der Bote erhielt zu essen und zu trinken, weitere Fragen wurden gestellt. Robert befahl seinen Männern, sich auf die Verteidigungsanlagen zu begaben.

Dann blickte er Arlette an.

»Du darfst nicht hierbleiben, es könnte dir etwas zustoßen. Du mußt sofort zu deinem Vater zurückkehren.«

Sie sagte: »Mein Platz ist bei dir.«

Er lächelte ihr zärtlich zu. »So ist es«, erwiderte er, »aber es geht um das Kind, an das wir zuerst denken müssen. Um nichts in der Welt darf ihm etwas geschehen.«

Das sah sie ein und ließ sich zu ihres Vaters Haus bringen.

Von der Burg hörte man Schlachtgetümmel. Herzog Richards Männer hatten sie umzingelt und kampierten auf den grasbedeckten Hängen. Gellende Schreie drangen bis in die Stadt, wenn von den Türmen kochendes Pech herabgegossen wurde. Arlette lauschte auf das Dröhnen des Rammbocks. Wie mochte es Robert ergehen? Würde er die Burg gegen seinen Bruder halten können?

Ungeduldig erwartete sie Nachrichten von der Schlacht, obwohl sie des Ausgangs sicher war. Robert mußte siegreich sein, alles andere war unvorstellbar. Die Bewohner von Falaise standen wie ein Mann auf seiner Seite, sie wollten einen starken Führer der Normandie, und Robert war dieser Mann.

Aber nun drängte das Kind ans Licht der Welt, und sie konnte an nichts anderes mehr denken. Die Großmutter und eine zweite Frau standen ihr bei. Es war ein kräftiges Kind, das aus voller Lunge schrie, und sie überließen es zunächst sich selbst, um sich um die Mutter zu kümmern.

»Es kann warten«, erklärte die Großmutter. »Aber was würde unser Herr sagen, wenn Arlette etwas zustieße?«

Man legte den Knaben auf ein Strohlager, und als Arlette die Worte hörte: »Ein Junge, ein gesunder Junge!« erinnerte sie sich des Traumes von dem großen Baum, der aus ihrem Leib herausgewachsen war und über der Normandie und den angrenzenden Landen sein schützendes Dach ausgebreitet hatte.

Als die Frauen sicher waren, daß für Arlette keine Gefahr mehr bestand, wandten sie ihre Aufmerksamkeit dem Kind zu.

In seinen Fingern hielt es Stroh von seinem Lager. »Seht euch das an«, rief die Großmutter, »er hat schon nach dem Stroh gegriffen.«

Seine Mutter lächelte: »Schon jetzt ergreift er alles«, sagte sie.

»Noch nie habe ich soviel Kraft bei einem Neugeborenen gesehen«, murmelte die Großmutter.

So wurde der Bastard in eines Gerbers Hütte beim Lärm der Schlacht geboren. Er wurde Wilhelm genannt, und seine Mutter glaubte, daß er zu Großem geboren sei.

DER HERZOG DER NORMANDIE

Die steinernen Burgmauern erhoben sich über der Stadt; Wachen standen auf den Türmen; in der großen Halle drängten sich die Diener um das Feuer, und der Duft gebratenen Wildes erfüllte die Luft. Lady Arlette saß mit ihren Damen über der Halle in ihrer Kemenate. Ihre Tochter Adeliz spielte mit Stickseiden zu ihren Füßen, und während des Gesprächs lauschten die Frauen nach draußen.

Ab und zu erhob sich Arlette und blickte aus dem in die dicke Steinmauer geschnittenen Fenster, um Ausschau zu halten nach einem Trupp Reiter, angeführt von Robert. Sie wußte, er sehnte sich danach, bei ihr zu sein, sie zu liebkosen und sie seiner seit sechs Jahren unveränderten Liebe zu versichern. Dann aber würden seine ersten Worte lauten: »Und wo ist der Sohn?«

Sie lächelte und blickte hinunter auf den Hof, wo er mit seinen Freunden spielte, den Söhnen von Baronen und Grafen, die Robert zu seinen Gefährten bestimmt hatte.

»Er muß unter Männern aufwachsen«, hatte der Vater gesagt, »und schnell lernen, nicht unter den Röcken seiner Mutter Schutz zu suchen.«

Das hatte er schon gelernt. Sie beobachtete seinen stolzen Gang – ein geborener Führer, wenn es je einen gab. Sein kurzer, bis zu den Knien reichender grüner Rock stand ihm gut, Nakken, Arme und Beine waren unbedeckt. *Ein* Blick auf die Schar der Jungen genügte, um Roberts Sohn herauszufinden. Sie spielten mit Stöcken (in ihren Augen Schwertern), und wurden auch schon in den ritterlichen Künsten unterrichtet, die alle edelgeborenen Knaben beherrschen mußten.

»Folgt mir! Kommt! Thor mit uns! Thor mit uns!« rief Wilhelm.

Wo hatte er das gelernt? fragte sich Arlette. Vielleicht von den alten Frauen im Haus, die nie ihre Herkunft von jenseits der Meere vergaßen und immer noch Sehnsucht nach den Kiefernwäldern und Fjorden hatten.

Plötzlich ließ Wilhelm seinen Stock fallen; er mochte nicht mehr kämpfen, viel lieber wollte er jetzt jagen und seinen neuen Falken erproben.

Sollte sie ihn rufen? Sollte sie sagen: »Wilhelm, dein Vater kann jeden Augenblick eintreffen, du wirst gleich das Hufgetrappel im Hof hören. Zieh dir ein anderes Wams über. Kämm dich noch einmal, dein Vater soll stolz auf dich sein, wenn er kommt?« Oder sollte ihn sein Vater nicht lieber so sehen, wie er da stand: mit glänzenden Augen, stolz, das Scheingefecht gewonnen zu haben, oder mit seinem Falken, den Hunden und Pferden?

Robert lag nichts an einem sauber gekleideten und ordentlich gekämmten Jungen, er wollte einen Sohn, der später ein Krieger, ein Heerführer sein würde. Sie kannte seine Absicht, den Jungen zu seinem Nachfolger zu machen, zum Herzog der Normandie, wenn er selbst im Grabe ruhen würde. Ihr Traum damals war eine Prophezeiung gewesen. Der Knabe da unten im Burghof war dazu ausersehen, Herrscher der Normandie zu werden, obwohl er nur Roberts illegitimer Sohn war.

Wilhelm ahnte nichts von den prüfenden Blicken seiner Mutter. Er mußte seine Spielstunde nutzen, bald würde der alte Mauger ihn rufen lassen und ihn zum hundertsten Male ermahnen: »Junger Herr, nicht nur in Spielen, auch aus Büchern muß gelernt werden.«

Wilhelm liebte Onkel Mauger nicht; er spürte eine gewisse Verschlagenheit und brachte es nicht fertig, ihn als Erzbischof und gelehrten Mann zu verehren. Wieviel lieber mochte er da Osbern, den Seneschall. Auch der konnte streng sein, aber auf eine achtunggebietende Weise. Aber am liebsten hatte er Gallet, den Narren, und seine närrischen Einfälle. Es hieß, sein Geist sei verwirrt, aber Wilhelm war dessen nicht so sicher. Er verstand es, Hunde zu zähmen und Falken zu dressieren. So ein Mann konnte doch kein völliger Narr sein? Außerdem liebte er Wilhelm – ein weiterer Beweis für seinen klaren Verstand – und tat nichts lieber, als dem kleinen Herrn, wie er ihn nannte, einen Gefallen zu erweisen.

Dann war da noch sein Vetter Guy, der mit ihm gemeinsam erzogen und in den ritterlichen Künsten unterwiesen wurde. Er

24

sollte mit Wilhelm lernen, wie ein Normanne zu Pferde zu sitzen und kriegerische Tugenden zu beherzigen, und er mußte zu seinem großen Kummer auch die langweiligen Schulstunden bei Onkel Mauger teilen, der auch sein Onkel war.

Ab und zu warf Guy sich in die Brust, weil er von legitimer Geburt war. Wilhelm verstand nicht genau, was das bedeutete, er spürte nur, daß Guy offensichtlich stolz darauf war. Onkel Mauger könne sie wohl gemeinsam unterrichten und bestrafen, wenn sie faul gewesen seien, flüsterte Guy Wilhelm zu, aber dennoch bleibe er, Wilhelm, ein Bastard, und das dürfe man nicht vergessen.

Wilhelm schnupperte verzückt den Duft des Wildbrets am Spieß. Heute war ein besonderer Tag, sein Vater kam. Deswegen hatten die Jäger einen von allen bestaunten prächtigen Zehnender ins Schloß gebracht, der dazu beitragen sollte, den besondern Anlaß zu feiern.

Wilhelm war hungrig und wünschte, sein Vater würde jetzt kommen. Er ging in die Halle und betrachtete das brutzelnde Fleisch.

»Tretet etwas zurück, junger Herr«, sagte einer der Diener, »sonst werdet Ihr bespritzt.«

»Ja, junger Herr, besonderes Fleisch an einem besonderen Tag.«

»Mein Vater wird bald hier sein«, berichtete Wilhelm. »Er kommt aus Rouen.«

Sie antworteten nicht, denn sie wußten Bescheid, und er wollte ihnen auch keine Neuigkeiten erzählen, sondern sich nur mit ihnen unterhalten.

Sie vergaßen ihn und setzten ihr Gespräch von vorher fort. Er blieb stehen und lauschte. Das tat er eigentlich ziemlich oft. Er hörte gerne zu, wenn sich die Leute unterhielten, besonders wenn man ihn offensichtlich nicht bemerkte, denn gerade dann wurde es interessant. Heute wurde nicht von seines Vaters Besuch gesprochen, obgleich das nahe gelegen hätte, sondern von jemand, der in der Nähe lebte und nach Wilhelms Dafürhalten der Teufel in Person sein mußte.

Wenn sie von Talvas von Bellême sprachen, war es oft vorgekommen, daß sie sich bei Wilhelms Nähertreten anstießen und bedeutungsvoll schwiegen. Und gerade deswegen begann er sich für diesen Mann besonders zu interessieren, der etwas Furchterregendes an sich zu haben schien. Er hatte selbst gehört, wie die alten Männer die Jungen warnten, nach Einbruch der Dunkelheit noch auf der Straße zu sein: »Du könntest Talvas in die Hände fallen«, pflegten sie zu sagen, und zwar mit einem so ängstlichen Ausdruck, daß es sogar ihn schauderte, ohne daß er wußte, warum.

Er setzte sich in eine Ecke und dachte an seinen Vater, den Sohn Richards des Zweiten, Herzogs der Normandie. Dessen Vater war Richard der Furchtlose, der erste dieses Namens, gewesen, und Herzog Wilhelm Langschwert, Sohn des großen Rollo, war wiederum der Vater Richards des Furchtlosen.

Mut, Tapferkeit und Furchtlosigkeit waren die erstrebenswerten Eigenschaften der Normannen, so hatte ihn sein Vater gelehrt; nie durften sie in Vergessenheit geraten. Bei Onkel Mauger ging es um Bücher, um Lesen- und Schreibenlernen, eine langweilige Beschäftigung, wenn es Ponies zu reiten und Falken zu zähmen gab, wenn man lernen mußte, das Schwert zu handhaben und mit dem Bogen zu schießen.

Wilhelm war gerne mit seiner Mutter zusammen, die ihm von seinem Vater erzählte, dem größten Herzog der Normandie in ihren Augen, bedeutender als Rollo und Richard der Furchtlose. Sie erzählte ihm die Geschichten der Helden, wie die Großmutter sie ihr erzählt hatte. Sein Großvater Fulbert lebte auch im Palast, und Wilhelm liebte ihn, weil er anders als alle anderen war, die er bisher kennengelernt hatte. Er erklärte Wilhelm, wie ein

Wolf zu häuten und sein Fell zu gerben war und wozu man das Leder benutzen konnte. Es gab so viele interessante Dinge im Leben. Wilhelm fühlte sich sicher und behütet, denn beim Ausreiten hielt sich Osbern immer in seiner Nähe, und er durfte sich nie aus des Seneschalls Sichtweite entfernen. Es fiel ihm natürlich auf, daß man ihm besondere Aufmerksamkeit zuwandte, und zwar nicht nur deswegen, weil er ein kleiner Junge war, den seine Mutter zärtlich liebte und dem sein Vater sehr zugetan war und der viele Freunde im Schloß hatte; er wußte, daß es noch einen anderen Grund gab. Sein Vater war der Herzog der Normandie, und er war des Herzogs einziger Sohn.

Richard der Furchtlose mußte ähnliches gefühlt haben, wenn sein Vater, Wilhelm Langschwert, ihn besuchte – denn offensichtlich lebten Väter nur selten mit ihren Familien zusammen; sie hatten immer etwas anderes zu tun, und immer gehörte dazu der Kampf. Nun wartete er, Wilhelm, auf den Besuch seines Vaters, Roberts des Prächtigen. Wie würden sie *ihn* wohl nennen, wenn er erwachsen war, Wilhelm den . . .? Was würde er sich wünschen? Wilhelm der Tapfere, dachte er, das würde ihm gefallen.

Nun hatten sie ihn vergessen und steckten flüsternd die Köpfe zusammen. Er hörte den Namen Graf Talvas von Bellême. Ja, sie sprachen wieder von Talvas, und die Erzählungen von den Grausamkeiten, die dieser Teufel auf seiner Burg Domfront-Alençon verüben sollte, ließen Wilhelm erschaudern.

Er wollte seine Ohren verschließen, aber er mußte zuhören. Ganz deutlich sah er alles vor sich; die Schloßhalle von Domfront, sicher ähnlich der in Falaise, die zusammengekauerten Gefangenen, junge und alte, die sich unvorsichtigerweise nach Einbruch der Dunkelheit von den Männern des Grafen von Bellême hatten einfangen lassen.

Er konnte es nicht mehr ertragen und sprang schreiend davon:

»Nein, nein! Es ist nicht wahr. Es ist böse. Nur Verräter dürfen so behandelt werden!«

Die Diener starrten ihm nach, und das Gesicht des Kochs wurde noch röter als zuvor.

»Der junge Herr!« rief er.

Eine der Frauen lief Wilhelm nach und fragte: »Was ist los, junger Herr? War es ein böser Traum, ein Alptraum?«

Er sah sie mit grauen blitzenden Augen an. Hielten sie ihn für ein Baby, das mit Märchen von Alpträumen beruhigt werden konnte? Hatte er sie sprechen hören oder nicht? Er war wohl erst fünf Jahre alt, aber er würde ihnen klarmachen, daß fünf Jahre im allgemeinen vielleicht sehr wenig sein mochten, jedoch nicht, wenn es sich um den Sohn des Herzogs der Normandie handelte.

»Es war kein Alptraum«, sagte er. »Ich habe euch von Bellême sprechen hören.«

Die Leute rangen nach Luft. Die Frau kniete sich neben ihn. »Hört zu, junger Herr. Wir haben darüber geredet, aber Ihr habt gehorcht, und horchen tut man nicht, das wißt Ihr wohl. Lady Arlette würde es nicht gerne hören, daß Ihr Euch in der Ecke versteckt und lauscht.«

»Ich habe nicht gelauscht. Ich hörte . . .«

»Was nicht für Eure Ohren bestimmt war! Nun geht hinaus in den Burghof und spielt und vergeßt, was Ihr hier gehört habt. Denn es war nicht recht, daß wir so gesprochen haben, aber es war auch von Euch nicht recht, sich zu verstecken und zu horchen. Und am besten vergißt man, was getan ist und nicht wiedergutgemacht werden kann.«

Er nickte langsam, daran schien etwas Wahres zu sein.

Er würde jetzt zu seinem Falken gehen, dessen Anblick ihm das Herz erwärmte; aber ehe er noch den Schloßhof überquert hatte, hörte er Hufgetrappel und vergaß alles über der Ankunft des Vaters. Er lief zum Tor. An der Spitze seines Gefolges ritt der Vater über die Zugbrücke. Er trug das herzogliche Purpurgewand und auf dem Kopf das mit Hermelin besetzte Samtbarett. Wilhelm sah auch das Schwert in der verzierten Scheide, die Stahlschienen an Beinen und Füßen. Edelsteine funkelten am Barett des Vaters und an seinem Hals.

Er bot in der Tat einen prächtigen Anblick.

Wilhelm wollte den Steigbügel halten, als der Herzog abstieg, durfte aber diesen wichtigen Dienst nicht verrichten; dem Vater entging jedoch sein Versuch nicht, und er freute sich darüber.

Hoch überragte der Herzog den kleinen Knaben. Wilhelm kniete vor ihm nieder, um seinen Segen zu empfangen. Der Herzog, ein frommer Mann, wenn auch seine Taten nicht immer dafür sprachen, murmelte ein Gebet. Wilhelm stand auf, und Robert hob ihn hoch über seinen Kopf.

»Du bist gewachsen, Sohn.«

»Ja, Vater, ich dachte, es wäre Euer Wunsch.«

»Und hast viel gelernt, hoffe ich?«

»Ja, Vater.«

»Wir werden es nachprüfen.«

Bei dem Gedanken, was Onkel Mauger berichten könnte, glitt ein Schatten über Wilhelms Gesicht, aber der Vater strahlte so viel Stolz und Liebe aus, daß er die Furcht schnell vergaß.

»Nun laß uns zu deiner Mutter gehen.«

Und nebeneinander gingen sie in das Schloß.

Robert umarmte Arlette und pries wie nach jeder Trennung erneut ihre Schönheit.

»Du fühlst dich also wohl und glücklich?« fragte er.

»Nun, da du gekommen bist«, antwortete sie.

Er mußte die kleine Tochter Adeliz küssen, die ihn aber trotz ihres Charmes nicht so entzückte wie der Knabe.

Es war gut, zu Hause bei seiner Familie zu sein, und hier war seine Familie. Der Form halber hatte er Estrith, die Schwester

König Knuts von England, geheiratet; aber sie gebar ihm keine Kinder, und er verließ sie bald, um mit Arlette zu leben.

Sie aßen in der Halle, und Robert wollte seinen Sohn an seiner Seite haben. Ein Junge konnte nicht früh genug lernen.

»Er ist erst fünf Jahre«, erinnerte ihn Arlette.

»Dieser Knabe wird früh Verantwortung zu tragen haben.«

»Warum?« fragte Arlette. »Du wirst ihn die Jahre hindurch aufwachsen sehen.«

Robert antwortete nicht, und sein Schweigen beunruhigte sie.

Die Gesellschaft ließ es sich gut schmecken, es wurde herzhaft gegessen und getrunken. Musik, Späße und Geschichten begleiteten das Mahl. Schon oft hatte der kleine Wilhelm gehört, wie Ragnar den Drachen erschlug und Sigurd durch den Feuerreifen sprang, aber er war immer von neuem begeistert. Bald schlief er jedoch ein; seine Mutter nahm ihn auf den Schoß, und erst am nächsten Morgen erwachte er auf dem Strohsack und erinnerte sich, daß ja sein Vater im Schloß war.

In der Ruhe ihres Schlafgemaches sprachen Arlette und Robert bis tief in die Nacht. Und sie redeten von Wilhelm.

»Mein Herz freut sich an diesem Knaben«, sagte Robert. »Viel hast du mir geschenkt, auch meinen größten Schatz, den Sohn.«

»Ja, man muß stolz auf ihn sein.«

»Er ist weit für sein Alter, kaum zu glauben, daß ich erst vor fünf Jahren die Nachricht von seiner Geburt bekam.«

»Wir könnten ihn uns nicht besser wünschen, obschon Mauger über sein mangelndes Interesse an den Büchern klagt.«

Robert lachte. »Ich möchte ihn nicht anders haben. Mein Sohn soll Herzog werden, kein Schreiberling.«

»Das hat noch lange Zeit.«

Robert sagte nichts, und wieder schlich sich Furcht in Arlettes Herz. Sie ahnte, daß er ihr etwas verschwieg, weil er die erste

Nacht nach ihrem Wiedersehen nicht verderben wollte. »Manchmal wünschte ich, du wärst nicht der Herzog«, sagte sie. »Lebte dein Bruder noch . . .«

Das hätte sie nicht sagen sollen. Im tiefsten Herzen wußte sie, daß er am Tod des Bruders nicht schuldlos war und daß dieser Tod wie ein Schatten, wie eine Last auf ihm lag, die er zwar zeitweilig von sich schieben konnte, die aber dann plötzlich wieder in sein Bewußtsein trat, wie eben jetzt.

Die Schlacht um Falaise zur Zeit von Wilhelms Geburt hatte nichts entschieden. Richard III. hatte mit Robert einen Waffenstillstand geschlossen, aber der Gegensatz blieb bestehen. Robert konnte sich nie mit dem zweiten Platz begnügen, er war entschlossen, Herzog zu werden, und das mehr denn je seit der Geburt eines Sohnes.

Eines Tages war Richard von einem Festmahl nicht mehr aufgestanden, ebensowenig wie seine Gäste. Es gab nur eine Erklärung: sie waren vergiftet worden. Und nur sein Bruder Robert hatte alles durch diesen Tod zu gewinnen. Er hatte an dem Mahl zwar nicht teilgenommen, aber diese Tatsache sprach ihn nicht frei. Auf wessen Befehl waren die Speisen vergiftet worden?

Brudermord? Eine Todsünde. Und doch war nur Gutes daraus entstanden, hatte Robert sich eingeredet. Die Normandie hatte jetzt einen starken Herzog; die Zukunft des Landes war für Rollos Nachkommen wichtiger als ein oder zwei Tote.

Das Volk schien auch zu dieser Ansicht gekommen zu sein. Robert war ein guter Herrscher, dem das Geschick der Normandie am Herzen lag, ein religiöser Mann, wenn es seinen Interessen nicht gerade zuwiderlief. Er hatte keinen legitimen Sohn, aber der kleine Bastard von Falaise war ein Beweis, daß er kräftige Söhne zeugen konnte. So vergaß man, wie Richard zu Tode gekommen war, und akzeptierte Robert als Herzog – Robert den Prächtigen oder den Teufel, je nachdem, wie man zu ihm stand.

Arlette wollte dieses Wiedersehen nicht trüben, aber trotzdem versuchen, die Sorgen Roberts herauszufinden.

Zunächst sprachen sie von Wilhelm, für beide ein beglückendes Thema.

»Ich habe mich entschlossen, ihn zu meinem Nachfolger zu machen«, sagte Robert. »Dein Sohn, Liebste, wird der nächste Herzog der Normandie.«

»Wird das Volk ihn anerkennen?«

»Wenn ich es befehle.«

»Wir lieben ihn von Herzen, in unseren Augen ist er ein prächtiger Knabe, der beste in der ganzen Normandie. Doch bedenke meine bescheidene Herkunft. Kann eine Gerberstochter einen Herzog der Normandie gebären?«

»Wenn sie die beste und schönste Frau des Herzogtums ist, ja.«

»Und er ein unehelicher Sohn, wie viele sagen würden?«

»Sag das nie wieder, Arlette. Er ist ein Bastard, daran ist nichts zu ändern. Aber er ist *mein* Bastard, und das ist mehr als irgendeines anderen Mannes legitimer Sohn.«

»Du hast noch viele Jahre als Herzog vor dir, mein Geliebter.«

»Darauf hoffe ich, aber wer kann es sagen. Manch einen trifft es in der Blüte des Lebens.«

Ihr entging der stockende Ton nicht, und sie wußte, daß er an seinen Bruder dachte.

Schließlich sagte er: »Arlette, meine Sünde drückt mich schwer.«

»Du hast der Normandie einen starken Herrscher gegeben«, antwortete sie.

»Ich trage Kains Fluch«, sagte er, »und habe Angst, diese Sünde ewig tragen zu müssen, wenn ich sie nicht sühne.«

Sie hielt ihn fest in ihren Armen. »Heute nacht«, sagte sie, »bist du bei mir und brauchst nichts zu fürchten.«

Er schwieg eine Weile und sagte dann: »Arlette, ich habe überlegt, was ich tun könnte. Wenn ich eine Pilgerfahrt ins Heilige Land machte und dort in Demut vor einem Reliquienschrein kniete, könnte ich die Vergebung meiner Sünden erlangen. Vielleicht sollte ich das tun, Arlette.«

»Du würdest uns so lange allein lassen?«

»Aber bedenke, wenn ich zurückkomme, bin ich aller Sünden ledig. Ich werde ein reines Gewissen haben.«

»Und was wird aus der Normandie während deiner Abwesenheit?«

»Ich habe hier gute und treue Männer.«

»Und werden sie gut und treu bleiben, wenn ihr Herzog nicht da ist?«

»Sie werden ihren Herzog haben.«

»Aber er wird weit fort sein.«

»Ich werde ihnen . . . Wilhelm dalassen.«

»Ein Kind.«

»Schon mehrere unserer Herzöge haben in jungen Jahren ihre Stellung eingenommen.«

»Aber er ist besonders jung . . . und ein Bastard.«

»War das nicht auch Richard der Furchtlose?«

»Du solltest nicht gehen, du solltest hierbleiben, Gott wird dir noch eher vergeben, wenn du dich um deinen Sohn und deine Familie kümmerst, als wenn du diese Pilgerfahrt unternimmst.«

»Ich muß gehen, Arlette, es ist wie ein innerer Befehl.«

Sie wußte nur zu gut, daß es keinen Zweck hatte, ihn überreden zu wollen, so sagte sie: »Und du willst wirklich unseren Sohn zu deinem Nachfolger machen?«

»Das hatte ich schon immer vor.«

»Wann wirst du aufbrechen?«

»Wenn meine Angelegenheiten geregelt sind.«

»Und dazu wird gehören, daß die Barone deinem Nachfolger Lehnstreue schwören?«

»Ja, aber das bedarf noch großer Vorbereitungen.«

»Wirst du dem Kind Anweisungen geben?«

»Ist er alt genug, sie zu verstehen?«

»Er muß alt genug sein, da du ihm ja diese Bürde auferlegen willst.«

»Ich werde bald zurückkommen.«

»Und wird er dein Nachfolger bleiben?«

»Habe ich nicht gesagt, daß er die Herrschaft nach mir übernehmen soll?«

»Du mußt bedenken . . .«

»Daß er ein Bastard ist, ja! Vielleicht wird er ›Wilhelm der Bastard‹ heißen, aber wenn er nicht vergißt, wer seine Eltern waren, wird er den Titel nicht als unehrenhaft ansehen.«

»Du liebst diesen Jungen genauso, wie du einen ehelich geborenen geliebt hättest!«

»Ich liebe ihn mehr, als ich je ein anderes Kind lieben könnte. Er ist der Sohn seiner Mutter, und genauso, wie ich keine andere außer ihr lieben kann, ist es auch mit ihrem Kind.«

»Weil ich also an einem Sommertag im Fluß meine Wäsche wusch, werde ich die Mutter des nächsten Herzogs der Normandie sein?«

»So ist es, erfreut dich dieser Gedanke denn nicht?«

»Nein, denn Wilhelm könnte nur durch den Tod seines Vaters Herzog werden. Bleib bei mir, Robert!«

»Verlange alles andere von mir, aber laß mich mein Gewissen beruhigen. Laß mich ohne Sünden zu dir zurückkehren. Dann werden wir ein noch größeres Glück kennenlernen, und gemeinsam werden wir den Knaben zum Mann heranwachsen sehen.«

»Komm zurück zu mir, Robert«, sagte sie, »Oh, komm zurück!«

Wenn sich der Herzog in der Burg aufhielt, war eine unübersehbare Veränderung zu bemerken. Die Leute sprachen flüsternd, sie gingen ihren Arbeiten eilig nach, die Jäger brachten prachtvolle Hirsche und mächtige Keiler heim; ein Festmahl folgte dem anderen, denn des Herzogs Vasallen kamen von überallher, um ihm zu huldigen.

Sogar Wilhelm merkte, daß Arlette noch schöner wurde, wenn die Eltern zusammen waren, und er wünschte, es möge immer so bleiben.

Nach den ersten Stunden überwand er seine Angst vor dem Vater. Er kletterte gern auf dessen kräftiges Knie und betrachtete aufmerksam das Gesicht des Herzogs, während er sprach, und nur ab und zu glitt sein Blick zu der großen edelsteinbesetzten Spange an dessen Umhang.

Der Vater fragte ihn nach der Jagd, dem Bogenschießen, dem Spiel mit dem Schwert.

»Bis jetzt habe ich nur Stöcke«, sagte Wilhelm. »Kann ich kein richtiges Schwert bekommen?«

»Alles zu seiner Zeit, mein Sohn.«

»Ich möchte auch einen Degen haben.«

»Wozu möchte mein Sohn einen Degen?«

»Wenn ich einen bösen Menschen träfe, zum Beispiel den Grafen Talvas . . .«

»Was weißt du vom Grafen Talvas?«

Wilhelm wurde rot vor Bestürzung, aber er konnte seinen Vater nicht belügen. »Ich habe gehorcht«, sagte er.

»Du hieltest es also für richtig, dich zu verstecken, um mitzuhören, was nicht für deine Ohren bestimmt war?«

»Ich dachte, daß ich alles erfahren müßte, wenn ich Euch ähnlich werden wollte.«

Diese Antwort gefiel dem Herzog.

Immer wieder erstaunte ihn die Intelligenz dieses Knaben, der außerdem stark und robust war. Er war seine Herzensfreude.

»Du hast recht getan«, sagte er, »du mußt schneller lernen als andere deines Alters, ist dir das klar?«

»Ja, Vater.«

»Warum?«

»Weil Ihr mein Vater seid und alles, was Euch gehört, vom Besten sein muß.«

»Eine gute Antwort, mein Sohn. Kannst du den Pfeil weit schießen?«

»Weiter als Guy.«

»Und auch schneller reiten?«

»Ja, Vater.«

»Wie steht es mit deinen Unterrichtsstunden?«

Wilhelm zögerte. »Hat Onkel Mauger mit Euch gesprochen?« fragte er.

Der Herzog lachte. »Noch nicht. Werde ich in diesem Punkte enttäuscht werden?«

»Ich mag keine steinernen Mauern um mich.«

»Nein, natürlich nicht. Aber diese Dinge müssen gelernt werden, Sohn, du wirst sie brauchen. Erst wenn du älter bist, wirst du das verstehen. Du brauchst einen starken Arm, um deine Mutter zu beschützen.«

»Das werdet Ihr tun.«

»Aber wenn ich nicht da bin?«

»Ihr werdet immer da sein.«

Der Herzog blickte traurig auf seinen Sohn. »Wenn ich nicht da sein sollte, ließe ich sie gerne in deiner Obhut. Wirst du mir schwören, sie immer zu beschützen?«

»Vater, ich schwöre.«

»Also brauchst du einen starken Arm und einen klugen Kopf. Draußen erwirbst du das eine, aber für das andere mußt du soviel wie möglich bei Onkel Mauger lernen.«

»Dann will ich fleißig mit meinen Büchern arbeiten, Vater.«

»Es wird mich freuen, wenn du auch dort so gute Fortschritte machst wie anderswo. Denk immer daran, daß ein echter Normanne die Pflicht hat, sein Land um jeden Preis zu verteidigen.«

»Das weiß ich, Vater.«

»Hat Mauger dich die Geschichte der Normandie gelehrt?«

Wilhelms Augen glänzten. Er sprach von Rollo, dem großen Rollo, dem riesenhaften Läufer, jenem Helden, der laufen mußte, weil kein Pferd stark genug war, ihn zu tragen.

»Aber ein Schiff war stark genug«, rief Wilhelm, »und Gottes Gnade brachte ihn in die Normandie. Er segelte mit seinem Schiff die Seine aufwärts, und der König Frankreichs saß zitternd auf seinem Thron . . .«

Der Herzog lachte. »Hat Mauger dir das erzählt?«

»Meine Mutter erzählte es mir. Sie singt mir die alten nordischen Lieder vor, wie es auch die anderen Frauen tun.«

»Vergiß nie, Sohn, daß auch du zu dem mächtigen Stamm gehörst, der auf diesem Boden die Normandie begründete.«

»Nie werde ich es vergessen«, erklärte Wilhelm.

»Du bist noch jung, Sohn, aber wie du schon weißt, mußt du die Kinderschuhe bald ausziehen. Nicht nur über deine Heimat mußt du Bescheid wissen, sondern auch über die angrenzenden Länder. Was weißt du von Frankreich?«

»Frankreich?« fragte der Junge verwirrt. »Meine Mutter erzählte mir, daß der König von Frankreich von Rollo verlangte, seinen Fuß zu küssen, Rollo sich aber weigerte und einen Gefolgsmann anwies, es an seiner Statt zu tun. Als guter Normanne, der nur den Fuß seines Herzogs küßt, hob der des Königs Fuß so hoch, daß der König nach hinten kippte.« Wilhelm lachte. »Recht geschah ihm«, fügte er hinzu.

Der Herzog schwieg. »Eines muß dir klar sein, Wilhelm, wir sind bis zu einem gewissen Grade Vasallen des Königs von Frankreich.«

»Kann die Normandie irgend jemandes Vasall sein?«

Der Herzog lächelte. »Mein Sohn, ich wünschte, du wärst fünf Jahre älter. Dieser kleine Kopf muß noch soviel lernen.«

»Der Kopf ist in Ordnung, Vater, er lernt gerne.«

»Ich bezweifele es nicht. Der König von Frankreich ist ein mächtiger Mann. Er belehnte uns mit diesem Land, und wir tun gut daran, mit ihm in Freundschaft zu leben. Wenn er unsere Hilfe für eine gerechte Sache erbäte, sollten wir sie ihm gewähren.«

»Aber nur, wenn seine Sache wirklich gerecht ist.«

»Und zum Besten der Normandie.«

»Ja, Vater, das verstehe ich.«

»König Robert von Frankreich ist ein guter Mensch, aber ein guter Mensch ist nicht immer ein guter König, mein Sohn. Robert Capet hat ein vornehmes Auftreten, er ist ein Gelehrter, ein Musiker, und er liebt die Dichtkunst, aber er ist schwächlich und wird von seiner Frau, der Königin Konstanze, beherrscht. Es ist nicht gut für einen Mann, von Frauen beherrscht zu werden.«

»Warum läßt er sich von ihr beherrschen?«

»Weil er den Frieden liebt.«

»Es ist gut, den Frieden zu lieben.«

»Nur, wenn es sich um einen guten Frieden handelt. Du mußt aufpassen, wenn dein Onkel Mauger von unseren Nachbarn spricht. Was weißt du von England, Wilhelm?«

»England?« Wilhelm runzelte die Stirn. »Es liegt jenseits der See, nicht wahr?«

»Mehr weißt du nicht? Du mußt mehr lernen, denn wir haben enge Verbindungen zu diesem Land, engere als mit Frankreich. Unsere Normannen besiedelten diese Insel genau wie das Land hier, und unsere Freunde leben dort, Wilhelm, unser eigenes Volk. Meines Vaters Schwester Emma heiratete den König von England. Er hieß Ethelred und befand sich zur Zeit der Heirat im Krieg mit den Dänen. Viele Normannen begleiteten Emma. Aus dieser Ehe gingen zwei Söhne hervor: Eduard und Alfred. Sie sind deine Vettern und leben jetzt in der Normandie.«

»Warum, Vater?«

»Sie leben im Exil, aber darüber später mehr. Du wirst sie

kennenlernen, und ich möchte, daß ihr Freunde werdet, daß ihr euch gut versteht, denn einer von ihnen oder sogar beide könnten eines Tages König von England werden, und die Bande zwischen uns sind eng, seit deine Großtante Emma in dieses Land heiratete. Sie war auch nicht von der Art, einmal Gewonnenes aufzugeben. So heiratete sie nach Ethelreds Tod Knut von Dänemark, der nach langen Kämpfen Englands Thron in Besitz genommen hatte. Er mußte ihr schwören, daß nur ein Kind aus dieser ihrer Ehe die englische Krone erben sollte. Dadurch wurde nicht nur Knuts Sohn aus einer früheren Ehe ausgeschlossen, sondern auch Eduard und Alfred.«

»Aber Eduard und Alfred waren doch auch Emmas Söhne«, sagte der verwirrte Wilhelm.

Der Herzog zog den Knaben zwischen die Knie und sah ihm forschend ins Gesicht.

»Mit Knut herrschten die Dänen in England. Emma wußte, daß die Dänen ihre Söhne Eduard und Alfred nicht anerkennen würden, so wandte sie sich ihrem und Knuts Sohn zu, entschlossen, daß Hardicanute regieren sollte.«

»Würdet Ihr und Mutter andere Söhne mehr lieben als mich?«

Der Herzog nahm seinen Sohn in die Arme und drückte ihn an sich.

»Nie, Wilhelm«, sagte er. »Niemals! Niemals!« Dann setzte er liebevoll hinzu: »Ich stopfe zuviel in deinen jungen Kopf. Komm, wir gehen in den Hof. Du zeigst mir, wie du mit deinen Stöcken fechten kannst, und wir werden mit unseren Falken ausreiten, vielleicht erlegen wir einen Keiler.«

Die Augen des Jungen glänzten. Für eine Weile vergaß er die verwickelten Familienbeziehungen, die ihm sein Vater zu erklären versucht hatte.

Wenn es soweit ist, werde ich gehen, nahm sich der Herzog vor, aber ich sehe, daß ich meine Pilgerfahrt noch etwas aufschieben muß.

Während des Herzogs Aufenthalt in Falaise kam die Nachricht vom Tode des französischen Königs. Robert erklärte Arlette, daß die Sicherheit der Normandie von der Sicherheit Frankreichs abhinge, und daß das Bündnis, noch aus den Tagen Rollos, bestehen bleiben müßte, deshalb sei diese Nachricht auch bedeutsam für ihn.

Der Bote wurde freundlich aufgenommen, er mußte berichten, was am französischen Hofe vor sich ging.

Seit die Königin aus Aquitanien nach Frankreich gekommen war, hatte sie dem armen König das Leben zur Hölle gemacht. Der schwächliche Robert hatte vor ihr Angst, denn sie war herrschsüchtig und boshaft und entschlossen, ihren Willen durchzusetzen – und ihr ältester Sohn Heinrich war nie ihr Liebling gewesen.

Der Bericht des Boten erwies sich als richtig, denn kurz danach traf ein Flüchtling in der Normandie ein: König Heinrich von Frankreich.

Arlette ahnte, daß diese neue Entwicklung am französischen Hof Krieg bedeuten konnte. Sie hatte recht.

In ihrem Schlafgemach sprach Robert davon.

»Müssen denn immer Kriege sein?« fragte sie.

»Es gab immer Kriege«, antwortete Robert. »Ich habe Heinrich Asyl im Kloster St. Jumièges gewährt.«

»Dort bringst du ja alle deine Exilierten unter. Sind nicht auch die Athelinger dort?«

»Ja. Ich möchte, daß Wilhelm seine Vettern kennenlernt. Er soll mich begleiten, wenn ich in Jumièges Heinrich treffe. Es wird Zeit, daß er versteht, was vorgeht.«

»Du vergißt, daß er erst fünf Jahre alt ist. Du willst ihn zum Mann machen, noch ehe er ein Knabe geworden ist.«

»Ich habe das Gefühl, daß er schnell zum Mann heranreifen muß. Er wird mit mir nach Jumièges kommen, und das bedeutet, daß du, mein Lieb', auch mitkommst.«

»Und danach?«

»Ich muß unbedingt gegen die Königinwitwe von Frankreich und ihren hochfahrenden Sohn vorgehen. Wir Herzöge haben dem Capetinger-König Treue geschworen, und ich kann nicht zusehen, wie der jüngere Bruder den Platz des älteren einnimmt.«

Er wich ihrem seltsam fragenden Blick aus. Der Tod seines älteren Bruders lastete schwer auf ihm.

Auf diese Weise lernte also Wilhelm seine angelsächsischen Vettern kennen. Er fühlte sich sofort zu ihnen hingezogen, weil sie so völlig anders waren. Sie waren nicht mehr jung, über dreißig, schätzte Wilhelm, also sogar älter als sein Vater; aber ihre Liebenswürdigkeit ließ sie nicht alt wirken. Sie sprachen leise und waren so blond, daß ihr Haar fast weiß erschien, und sie hatten die blauesten Augen, die Wilhelm je gesehen hatte.

Er war wie verzaubert von diesen blauen Augen. Die Brüder lasen gerne, schrieben Gedichte und komponierten auch Lieder, die sie wunderschön vortrugen. Wilhelm wunderte sich, daß sie diese Beschäftigungen dem Spiel mit dem Schwert und der Jagd vorzogen. Die Jagd interessierte sie nicht. Sollte er sie nicht eigentlich deswegen verachten? Unmöglich, solch edel aussehende Wesen zu verachten.

In ihrer Gegenwart erschienen ihm einige Gefolgsleute seines Vaters ungehobelt und roh. Eduard und Alfred trugen herrliche Kleider und Edelsteine am Hals und an ihren Händen.

Schöne, blauäugige Angelsachsen! dachte Wilhelm, und sie taten ihm leid, weil sie im Exil leben mußten.

Eines Tages, hatte der Vater gesagt, könnten sie Könige von England werden, denn sie hatten mehr Anspruch auf den Thron als der jüngere Hardicanute aus der zweiten Ehe ihrer Mutter.

Aber im Augenblick sorgte sich der Herzog mehr um die Rechte des exilierten Königs von Frankreich als um die der angelsächsischen Vettern.

41

Es war ein eindrucksvolles Bild, als der Herzog an der Spitze seines Heeres ausritt, den König von Frankreich an seiner Seite.

Der Herzog hatte Wilhelm erklärt, daß er den König wieder auf seinen Thron setzen werde; die Pläne der bösen Königin Konstanze wolle er durchkreuzen, ihren jüngeren Sohn absetzen und König Heinrich zurückgeben, was er verloren hatte.

Wie herrlich die normannische Fahne neben den goldenen Lilien Frankreichs im Winde flatterte! Aufgeregt beobachtete Wilhelm, wie diese tapferen Soldaten in die Schlacht marschierten. Die Ritter in ihren Rüstungen trugen die Lanzen in der Hand, ihre Helme und Stiefel aus schimmerndem Stahl blitzten in der Sonne. Auch das Fußvolk war gut ausgerüstet, gegerbte Felle bedeckten die Körper der Krieger und die Füße waren mit Bocksleder umwickelt.

In wilder Erregung begann Wilhelm herumzutanzen.

Seine Mutter neben ihm ergriff seine Hand und hielt ihn fest. Er blickte zu ihr empor und sah, daß sie traurig war. Wie konnte jemand nur traurig sein bei einem solch prächtigen Anblick, und sein Vater war der herrlichste von allen.

Wahrscheinlich war sie traurig, weil er fortging. Sicher berührte das den Vater auch, aber er würde den rechtmäßigen König wieder auf den Thron setzen, und das war den Einsatz wert.

»Wenn ich ein Mann bin«, sagte Wilhelm, »werde ich wie mein Vater an der Spitze meines Heeres reiten.«

Im Schloß war es sehr still. Jedermann war nachdenklich. Wilhelms Mutter stieg jeden Tag auf den höchsten Turm und blieb dort lange Zeit.

Wilhelm vergaß immer wieder seinen Vater, weil soviel zu tun war. Er wollte sich im Bogenschießen hervortun, er wollte Guy in allem, was sie gemeinsam taten, überflügeln, so daß er es seinem Vater stolz erzählen konnte, wenn er zurückkehrte.

Jedesmal, wenn er sich als besonders geschickt erwiesen hatte, sagte er: »Das erzähle ich meinem Vater, sobald er nach Hause kommt.«

Schnell vergingen die Tage, nur die Stunden mit Onkel Mauger zogen sich hin. Guy erzählte ihm flüsternd, daß Onkel Mauger nicht der sei, der er zu sein vorgebe. Obwohl Erzbischof und Christ, verehre er noch die alten Götter, Odin und Thor, und außerdem betreibe er Zauberei.

»Dann ist er ein böser Mann«, flüsterte Wilhelm zurück.

»Wenn dein Vater es wüßte, würde er nie gestatten, daß er dich unterrichtet«, sagte Guy.

»Dann kann es nicht stimmen, denn mein Vater weiß alles, was vorgeht, und er würde Onkel Mauger nie erlauben, mich zu unterrichten, wenn er wirklich kein Christ wäre.«

Aber er liebte Onkel Mauger nicht und beobachtete ihn argwöhnisch während des Unterrichtes. In seiner Phantasie versuchte er sich auszumalen, was man wohl täte, wenn man Zauberei triebe. Graf Talvas konnte er sich besser vorstellen. Ab und zu mußte er an ihn denken. Manchmal träumte er von der Halle in Domfront und den Schrecknissen, die denen widerfuhren, die unachtsam genug sich hatten einfangen lassen.

Nach siegreichem Feldzug kam Robert zurück. Er hatte die Königinmutter von Frankreich und ihren jüngeren Sohn vertrieben und König Heinrich seinen Thron zurückgegeben.

Es gab die üblichen Feste und Schwelgereien zur Feier seiner Rückkehr, aber schon bald erwog er einen neuen Plan. Er wollte für die angelsächsischen Vettern das Gleiche tun wie für den König von Frankreich.

Wilhelm ahnte, was im Gange war. Seit dem Gespräch mit dem Vater hatte er sich eifrig bemüht, alles Wissenswerte über England zu erfahren. Das Land hatte einen besonderen Zauber für ihn, vor allem als Heimat der schönen Athelinger. Seltsamerweise schienen sie mit ihrem abgeschiedenen Dasein im Kloster von Jumièges zufrieden zu sein. Robert besuchte sie noch einmal, und Wilhelm war glücklich, den Vater wieder begleiten zu dürfen.

Die Vettern setzten ihn immer wieder in Erstaunen. Ihre Stimmen waren sanft, ihre Hände weiß und edel geformt, ihre Kleidung prächtig. Sein Vater hatte ihm gesagt, daß sie eben Sachsen und deswegen so anders als die Normannen waren. Auch sie mochten Wilhelm und erzählten ihm Geschichten von England in der Art alter nordischer Sagas. Es ging darin nicht so sehr um Eroberungen und Blutvergießen, als um Frieden und Lernen für jedermann. Sie sprachen gerne von ihrem Vorfahren, dem großen König Alfred, der, obwohl friedliebend, den Dänen Widerstand geleistet und dem Land eine Zeit des Friedens geschenkt hatte. Er war leidenschaftlich darum bemüht gewesen, die Lage seiner Untertanen zu verbessern; Festen und Orgien abgeneigt, hatte er statt dessen Unterricht und Erziehung zu fördern gesucht. Er hatte gerechte Gesetze erlassen und ein System von Geldstrafen eingeführt, wohl wissend, daß Gesetzesbrecher am nachhaltigsten an ihren Geldbörsen zu treffen waren. Wenn ein Mann einem anderen ein Bein abschlug oder ein Auge ausriß, mußte er fünfzig Schillinge zahlen, was eine große Summe Geld war, erklärte Alfred. Diese Geldbußen waren abgestuft. Es kostete zwölf Schillinge, jemandem die Ohren abzuschneiden, und der Verlust eines Zahnes oder eines Mittelfingers kostete den Übeltäter eine Buße von vier Schillingen. Ja, Alfred war ein großer König gewesen.

»Und doch war er bescheiden«, sagte Eduard, »denn mit Größe geht Bescheidenheit einher.«

Das konnte Wilhelm nicht verstehen, aber die Geschichte gefiel ihm, wie Alfred auf der Flucht vor den Dänen in der Hütte eines Hirten Zuflucht fand und, während er am Feuer saß und seine Pfeile und Bogen ordnete, die Fladen anbrannten, die die Frau des Hirten in der Pfanne aufgesetzt hattte. Laut begann sie den König zu schelten (sie hatte keine Ahnung, wer vor ihr saß), er sei zu faul gewesen, die Fladen umzudrehen, dabei habe er doch gesehen, wie sie angebrannt seien, aber zum Essen würde er wohl nicht zu faul sein. Und wie hatte sich der große König verhalten? Er war ruhig sitzen geblieben, hatte sich ausschelten lassen und sogar um Verzeihung gebeten, denn obwohl er während seiner Regierung dem Land kluge Gesetze gegeben hatte, war es ihm doch unterlaufen, die Fladen der alten Frau anbrennen zu lassen.

Das sei echte Demut, erklärte Eduard. Und Alfred wäre mehr ein Heiliger denn ein König gewesen.

Wilhelm erinnerte sich, daß sein Vater gesagt hatte, ein heiliger Mann sei nicht notwendigerweise auch ein königlicher, aber das treffe nicht auf König Alfred zu, wurde ihm versichert.

Doch Alfred war tot, und nicht alles Gute, das er seinem Lande gebracht hatte, war bestehen geblieben. Die Dänen bedrohten ständig den Frieden, und wie sollte ein Land ohne Frieden weiterentwickelt werden? Die Engländer hatten bewegte Zeiten erlebt, und als Ethelred den Thron bestieg, wurde er der ›Unberatene‹ genannt, weil er nie rechtzeitig dem Eindringling entgegentrat. Er hatte Emma geheiratet, die wegen ihrer Schönheit ›Blume der Normandie‹ hieß.

Aus dieser Ehe waren Eduard und Alfred hervorgegangen.

Aber Ethelred konnte den mächtigen Dänen nicht standhalten, und Sven von Dänemark trieb ihn von seinem Thron und in die Verbannung. Und in dieser Verbannung lebten seitdem Eduard und Alfred.

Sie waren allerdings nicht traurig, im Exil leben zu müssen, stellte Willhelm fest. War es möglich, fragte er sich, daß diese angelsächsischen Vettern die friedliche Gelehrtenatmosphäre des Klosters den kriegerischen Zuständen in ihrem eigenen Land vorzogen? Sie schienen das Bemühen ihres Vorfahren, Wissen und Unterricht auszubreiten, mehr zu bewundern als seine Anstrengungen, die Dänen aus dem Land zu vertreiben.

Seltsam waren sie, diese angelsächsischen Vettern, und sie machten einen tiefen Eindruck auf ihn.

Wilhelm merkte bald, warum sein Vater in das Kloster gekommen war. Der Herzog sprach zu ihm darüber, als sie sich von einander verabschiedeten.

»Sie werden unsere Freunde sein, wenn wir ihnen helfen.«

»Werden sie sich daran erinnern, Vater, daß wir ihnen geholfen haben?«

Liebevoll fuhr Robert seinem Sohn durchs Haar. »Da hast du einen wichtigen Punkt erwähnt, mein Sohn. Du wirst noch merken, daß die, denen wir geholfen haben, bereit – sogar allzu schnell bereit – sind, die ihnen geleisteten Dienste zu vergessen. Aber es mag immerhin auch dankbare Menschen auf der Welt geben, und wir müssen hoffen, daß die, denen wir diesmal helfen, dazu gehören.«

»Die Athelinger werden es nicht vergessen, Vater.«

»Du magst diese Vettern, nicht wahr?«

»Ich sehe sie gerne an, ich höre ihnen gerne zu. Sie haben so schöne blaue Augen.«

Robert lachte.

»Ich habe vor, das Land zu erobern, das ihnen rechtmäßig gehört, und werde es ihnen zurückgeben.«

»Ich glaube, sie würden lieber hierbleiben, Vater.«

Robert schwieg, aber die Antwort seines Sohnes gefiel ihm.

»Du wirst mit deiner Mutter an die Küste kommen, wenn wir in See stechen«, sagte er. »Das wird ein prächtiger Anblick sein. Die Schiffe der Normandie, mein Sohn. Vergiß nie, daß wir Seefahrer sind. Alles, was wir besitzen, verdanken wir der See. Unsere Vorfahren verließen ihre Heimat auf der Suche nach fremden Ländern, und sie kamen in den langen Schiffen. An Land sind wir nicht zu schlagen, aber die See *gehört* uns.«

Und es war wirklich ein herrlicher Anblick, als die langen Schiffe, deren Bug wie ein feuerspeiender Drache gemalt war, das Wasser durchpflügten.

Sie fuhren aus, um den Krieg nach England zu tragen, und Wilhelm kehrte mit seiner Mutter zurück und wartete, bis der Vater wiederkäme.

Das Unmögliche war geschehen, seines Vaters Unternehmen war fehlgeschlagen.

Waren die langen Schiffe wirklich besiegt worden? In der Tat, wenn auch nicht von einer anderen Flotte, sondern von den Elementen. An der englischen Küste war ein Sturm ausgebrochen, hatte die normannischen Schiffe auseinandergetrieben, und Roberts Schiff, auf dem auch die angelsächsischen Vettern segelten, war an die Insel Jersey verschlagen worden.

Es war eine traurige Heimkehr. Robert war verzweifelt. In jener Nacht gab es kein Fest, die Lieder der Sänger konnten ihn nicht aufmuntern. Er wollte nichts hören von den Heldentaten der großen Wikinger, da sein eigenes Unternehmen so jämmerlich gescheitert war.

In ihrem Zimmer verbarg er sein Gesicht in den Händen.

»Meine Schiffe verloren«, klagte er, »ich bin das Gespött meiner Feinde.«

»Es war der Sturm«, beruhigte ihn Arlette. »Wer vermöchte ihm Widerstand zu leisten?«

»Es war eine Niederlage«, beharrte Robert und sah Arlette lange an. »Gott ist unzufrieden mit mir«, sagte er, »er wird mir nie vergeben, bis ich meine Sünde gebüßt habe.«

»Ein Sturm kann jederzeit losbrechen«, entgegnete Arlette, »kein Seefahrer ist davor sicher.«

»Aber mir passierte es«, sagte Robert.

Sein Trübsinn dauerte an und teilte sich der ganzen Burg mit. In der großen Halle machten sich die Köche schweigend um ihre

Kessel zu schaffen. Niemand erwähnte das Unternehmen, und Wilhelm machte eine große Entdeckung: auch sein Vater konnte ein Niederlage erleiden.

Die angelsächsischen Vettern jedenfalls würden nicht traurig sein, beruhigte er sich. Er war sicher, daß sie gerne wieder ins Exil zurückgekehrt waren.

Robert kam wieder auf seinen Entschluß zurück und sprach mit Arlette darüber.

»Ich habe viele Sünden begangen«, sagte er, »und ganz offensichtlich ist Gott mit mir unzufrieden. Ich muß ihm beweisen, daß ich ein gutes Leben führen und mich dem Wohl meines Landes widmen will.«

»Er wird es wissen«, erwiderte Arlette.

»Ja, er wird es wissen. Aber Sünden müssen bezahlt werden. Ich werde eine Pilgerfahrt ins Heilige Land unternehmen. Dort werden meine Sünden wie eine Last von mir abfallen. Ich werde wieder frei atmen können. Gott hat mir sein Mißfallen deutlich gezeigt durch den Sturm, der meine Schiffe zerschlug.«

»Wie kannst du die Normandie verlassen?«

»Indem ich einen anderen auf meinem Platz zurücklasse.«

»Wirst du einen der Seneschalle ernennen?«

»Ich werde meinen Nachfolger ernennen ... unseren kleinen Herzog.«

»Wilhelm!«

»Warum nicht? Ich habe beschlossen, daß kein anderer als er mein Nachfolger werden soll.«

»Ein noch nicht sieben Jahre altes Kind.«

»Ein prächtiger Knabe und über seine Jahre hinaus verständig. Ich werde einen Herzog aus ihm machen. Ich werde alles vorbereiten, damit er anerkannt wird, wenn ich nicht da bin.«

»Sprich nicht so. Sind wir nicht glücklich miteinander?« fragte Arlette und war voll trüber Ahnungen.

Wilhelm war in den Wald geritten, wie immer mit Thorold an seiner Seite. Er wußte, im Schloß ging etwas vor. Der Vater blickte seltsam und wie abwesend drein, es gab keine vertrauten Gespräche mehr zwischen ihnen, obwohl des Vaters Augen ihn manchmal wie fragend anstarrten. Auch die Mutter war schweigsam. Manchmal zog sie ihn an sich und hielt ihn fest umklammert. Er wollte sich losmachen, ihr aber auch nicht weh tun. Sie benahmen sich beide seltsam, und er glaubte, daran sei die verheerende Niederlage, die Zerschlagung der Flotte schuld. Er wollte sie daran erinnern, daß zumindest die Athelinger glücklich waren. Sie wollten nicht fortgehen, um England zu erobern und den Thron wiederzugewinnen.

Aber das alles vergaß er draußen in der frischen Luft, denn es war herrlich, durch den grünen Wald zu reiten. Thorold hatte gesagt, er müsse nun statt der Ponies ein richtiges Pferd meistern lernen, und das hatte er getan, aber es war nicht leicht gewesen. So viel mußte gelernt werden, vor allem die ritterlichen Künste, und dazu gehörte die Beherrschung jedes wilden Pferdes.

Die Träger hatten sich mit dem Wildbret bereits nach Hause aufgemacht. In der großen Halle würde eitel Freude herrschen, aber sicher würde es wieder so steif zugehen wie immer seit des Vaters Rückkehr.

Sie hatten den Wald verlassen und ritten gerade in die Stadt ein, als plötzlich ein schwerer, breitschultriger Mann vor ihnen von seinem Pferd stieg und auf sie zu schwankte.

Es ging etwas Furchterregendes von ihm aus; Wilhelm hatte gemerkt, daß die wenigen Menschen, die er zuvor gesehen hatte, in ihren Häusern verschwunden waren. Der Mann war böse, daran gab es keinen Zweifel. Die schmalen lebhaften Augen zeugten davon und der verbissene grausame Mund. Sein Gesicht trug den Stempel unzähliger Ausschweifungen, und man ahnte, daß diese Augen Dinge gesehen hatte, vor denen ein anständiger Mensch sich schaudernd abwenden würde.

Thorold hatte eine Hand auf Wilhelms Zügel gelegt, so daß ihre Pferde dicht nebeneinander standen.

»Graf Talvas«, sagte Thorold, »Ich stelle Euch den Sohn Eures Herrn vor.«

Wilhelm fühlte das Blut ins Gesicht steigen. Das war also der Mann, von dem er so viele Geschichten gehört hatte. Er war der verruchteste, grausamste Mensch nicht nur der Normandie, sondern der ganzen Welt.

Was hatte sein Vater gesagt? »Wenn du Angst hast, blicke dieser Angst ins Auge. Dann läßt sie vielleicht nach.«

Mehr konnte er jetzt nicht tun.

Einige Sekunden lang blickten der Mann und das Kind einander an; der Mann schlug schließlich die Augen nieder. Er wandte sich ab und murmelte vor sich hin: »Fluch über dich. Du und die Deinen werden mein Haus zerstören.« Offensichtlich fürchtete er sich, Wilhelm ins Gesicht zu sehen.

Thorold war verblüfft.

»Was ist geschehen?« fragte er.

»Ich habe ihn nur angesehen, Thorold, ich hatte keine Angst, er hatte Angst vor mir.«

Es war erstaunlich, wie ein Wunder. Welche Kraft hatte dieses Kind, einen solchen Mann zu bezwingen?

Als Arlette hörte, was geschehen war, sagte sie: »Es war die unschuldige Güte des Kindes gegenüber der Verruchtheit des Mannes. Es ist ein Zeichen. Schon einmal wurde mir ein Zeichen zuteil, als ich träumte, daß ein großer Baum aus meinem Körper wachsen würde und die ganze Normandie bis über die Grenzen hinaus bedeckte. Dieses ist ein weiteres Zeichen. Mein Sohn wird bald zum Herzog der Normandie ernannt werden, und er wird der größte Herzog sein, den die Normandie je gekannt hat.«

Herzog Robert ließ Wilhelm rufen und zog ihn auf den steinernen Fenstersitz, der in die dicke Burgmauer geschnitten war, legte den Arm um ihn und hieß ihn, auf das Land hinauszublikken.

»Die Normandie«, sagte Robert. »Unser Land, Sohn. Unser geliebtes Land.«

»Ja, Vater.«

»Du bist jetzt fast sieben Jahre alt, Wilhelm, und wie ich dir schon früher sagte, verständig für dein Alter, wie andere erst mit zehn Jahren.«

Wilhelm glühte vor Stolz, und sein Vater fuhr fort: »Das gefällt mir, denn ich muß dir etwas Wichtiges sagen. Ich gehe auf eine Pilgerfahrt in das Heilige Land.«

»Werde ich Euch begleiten?« fragte Wilhelm und sah sich schon Sarazenen besiegen und das Heilige Kreuz in fremde Länder tragen.

»Nein, Wilhelm, du wirst hierbleiben und deine Mutter und die Normandie beschützen.«

»Kann ich das?«

»Du wirst es können, denn ehe ich fortgehe, werde ich dich zu meinem Nachfolger ernennen. Du wirst Herzog der Normandie, und die Ritter und Edelleute werden dir Lehnstreue schwören.«

»Werden sie das tun?«

»Sie werden es, wenn ich es ihnen befehle.«

»Sie werden vielleicht sagen, ich sei zu jung.«

»Sie können sagen, was sie wollen, solange sie gehorchen.«

»Vater, was muß ich als Herzog tun?«

»Du mußt deine Lektionen lernen, du mußt stark werden, um Männer anführen zu können.«

»Also das gleiche wie jetzt, immer weiter lernen.«

»Ich hatte vorgehabt, deine Erziehung zu lenken, aber es ist nicht möglich. Du wirst verstehen, Sohn, daß ein siebenjähriger Knabe nicht allein ein großes Land regieren kann. Mein guter

Freund Alain von der Bretagne wird in deiner Abwesenheit die Regentschaft führen.«

»*Meiner* Abwesenheit, Vater?«

»Deine Erziehung wird am französischen Hof fortgesetzt werden, und der König wird dein Vormund sein.«

Wilhelm war entsetzt. »Heißt das, ich werde von hier fortgehen?«

»Nur für die Zeit meiner Pilgerfahrt.«

»Was wird aus meiner Mutter?«

»Sie wird hier sicher und glücklich sein.«

»Sicher und glücklich, ohne Euch . . . ohne mich?«

Robert lächelte. Er konnte dem Knaben nicht sagen, wie er um *seine* Sicherheit fürchtete, wenn er nicht da war, um ihn zu schützen. Er konnte auch Arlette nicht sagen, wie gefährlich diese Fahrt war, von der er vielleicht nie zurückkehrte. Am Hofe von Frankreich würde Wilhelm sicherer sein als irgendwo sonst auf der Welt, denn Heinrich würde sein Freundschaftsgelübde halten und sich dem dankbar erweisen, der ihm beigestanden hatte. Er würde für den Knaben Sorge tragen und ihn als Herzog anerkennen.

Auch für Arlette hatte er vorausgeplant. Sie würde einen Mann an ihrer Seite brauchen, und er hatte schon Herlwin von Conteville, dem er völlig vertraute, angewiesen, sie zu heiraten und bis zu ihrem Ende für sie zu sorgen, falls ihn der Tod ereilte.

»Morgen werden wir nach Rouen reiten, und dort werden Ritter und Barone dir Treue geloben. Sie werden feierlich schwören, dich als ihren Herzog anzuerkennen. Danach werde ich beruhigt reisen.«

Es war ein unvergeßliches Erlebnis für Wilhelm, an der Seite seines Vaters nach Rouen zu reiten und diese große Stadt der Normandie vor sich liegen zu sehen.

Silbern schimmerte die Seine in der Sonne. Die Stadt glich einer riesigen, von Mauern und Graben umschlossenen Burg. Der viereckige Turm der Kathedrale und der wie ein Bergfried aussehende ›Turm Rollos‹ überragten die anderen Türme und Dächer.

Das Schloß selbst war größer als das von Falaise. Noch nie hatte Wilhelm einen solchen Stolz empfunden wie jetzt neben seinem Vater in Rouen. Die Menschen kamen aus ihren Hütten, um ihn vorbeireiten zu sehen und ihm zuzujubeln.

Der Herzog lächelte und war es zufrieden.

»Siehst du, Wilhelm«, sagte er, »das Volk liebt dich schon. Ein Herrscher muß alles tun, damit ihn sein Volk liebt.«

Wilhelm dachte bei sich: Fortgehen, weit fort von meiner Mutter, von meiner Heimat. An den französischen Hof. Er versuchte sich an den französischen König zu erinnern, wie er damals in die Schlacht geritten war, um seinen Thron wiederzugewinnen. Er besann sich auf nichts mehr. Er dachte: Ich werde meine Hunde zurücklassen müssen, meine Pferde, meinen Falken. Ich möchte hierbleiben.

Er hätte weinen mögen, aber wie konnte ein Normanne weinen, vor allem, wenn einem gesagt worden war, man hätte keine Zeit, in den Kinderschuhen zu verharren?

Seine Mutter war beklommen und traurig; sie wollte nicht, daß sein Vater in das Heilige Land zog und ihr Sohn nach Frankreich ging.

In der großen Halle waren die Ritter und Barone versammelt. Der Vater führte ihn zu dem Thron, der nur dem Herzog zustand, und hieß ihn darauf niedersitzen.

Dann wandte sich Robert an die Versammlung.

»Vor euch seht ihr euren Herzog!«

Das darauf folgende Schweigen schien unendlich lange zu dauern. Dann hörte man Gemurmel, aus dem Wilhelms scharfe Ohren das Wort ›Bastard‹ verstanden.

Sein Vetter Guy hatte dieses Wort gebraucht, wenn er sich ihm gegenüber seiner ehelichen Geburt rühmte, und es hatte bei Guy wie etwas Unangenehmes geklungen. Doch nun mußte Wilhelm erfahren, daß er ein Bastard war.

Seines Vaters Gesicht wurde plötzlich zornig, und mit diesem Blick konnte er jeden seiner Vasallen zum Schweigen bringen. Sie waren ruhig, als er ihnen erklärte, daß er eine Pilgerfahrt antrete und ihnen ihren Herzog – seinen eigenen Sohn Wilhelm – zurücklasse. Auch wenn er erst sieben Winter erlebt habe, sei er von jetzt an ihr Herzog und sie hätten ihm Treue zu schwören.

Wieder wurde Murren laut, und noch einmal hörte Wilhelm das verhängnisvolle Wort: ›Bastard‹.

»Er ist mein Sohn.« Die Worte kamen wie ein Donnerschlag. Da stand Robert der Prächtige, Robert der Teufel, und seine Worte waren eine Warnung. »Es ist mein Wille, daß ihr diesen Knaben anerkennt. Er ist der von mir gewählte Nachfolger. Bastard mag er sein, aber *mein* Bastard. Ihr werdet ihm alle Lehnstreue schwören.«

Wieder Schweigen, dann rief jemand – es war Osbern von Crépon – »Lang lebe Herzog Wilhelm«.

Er stand vor dem Altar in der großen Kathedrale, während Erzbischof Mauger – strenger noch als je in der Schulstube – ihn fragte: »Wilhelm, willst du im Namen Gottes und des Volkes der Normandie ein guter und getreuer Herrscher sein und dein Volk vor seinen Feinden schützen? Willst du die Wahrheit verteidigen, das Böse strafen und die heilige Kirche schützen?«

»Ich will«, sagte Wilhelm, »so wahr mir Gott helfe.«

»Küß die Bibel«, flüsterte der Erzbischof, und er tat es.

Dann traten zwei Bischöfe vor und legten das hermelinbesetzte Herzogsgewand aus rotem Samt um seine Schultern. Es war so schwer, daß er es kaum tragen konnte. Eine goldene Herzogskrone wurde auf seinen Kopf gesetzt. Sie war so groß, daß sie ihm über die Augen rutschte. Mit einem Schwert in der Hand und der Bürde auf Kopf und Schultern mußte er zum Thron schreiten.

Unter dem auf ihm lastenden Gewicht beinahe zusammengesunken, empfing er den Treueid der Ritter und Barone.

»Sire, ich erkläre mich zu Eurem Vasallen in Wort und Tat. Ich schwöre Euch Treue und Anerkennung Eurer Gesetze, soweit es in meiner Macht liegt«, sprach einer nach dem anderen.

Triumphierend verfolgte Robert die Zeremonie, und nie zuvor hatte er an seinem Sohn einen solchen Gefallen gefunden.

So wurde Wilhelm Herzog der Normandie; einige Tage später brachen Robert und sein Sohn nach Paris auf.

AM HOF VON FRANKREICH

Während der ersten Wochen am französischen Hof war Wilhelm krank vor Heimweh. Sein Vater hatte sich zärtlich von ihm verabschiedet – wie fremd er doch im Pilgerkleid aussah! Keine Spur mehr von Robert dem Prächtigen.

Der König von Frankreich war freundlich; er hatte Robert geschworen, für Wilhelm wie für einen eigenen Sohn zu sorgen, aber Wilhelm, seit kurzem nun ein Herzog, dem seine Vasallen den Lehnseid geschworen hatten, konnte sich nur schwer damit abfinden, selbst ein Vasall des französischen Königs zu sein.

Am Tage der Abreise seines Vaters hatte der König mit Wilhelm gesprochen. Er sollte an seinem Hof in allen ritterlichen Künsten unterwiesen werden, seinen eigenen Falken für die Jagd, Hunde und Pferde haben, und er, der König, würde alles in seiner Macht für den Sohn des Mannes tun, der ihm in der Stunde der Not beigestanden hatte.

So konnte Robert mit gutem Gewissen Abschied nehmen, doch Wilhelm sehnte sich nach Hause, durfte aber als echter Normanne seinen Kummer nicht zeigen.

Knaben edler Herkunft waren seine Gefährten bei Spiel und Unterricht, aber sie waren Franzosen, keine Normannen. Sie waren kleiner als die nordischen Riesen, und Wilhelm blickte verächtlich auf sie herab; er fand ihr Benehmen geziert und zimperlich, wenn auch ihre Tischsitten eleganter als die seinen waren. Bald war klar, daß er nicht zu ihnen gehörte.

Auch die Unterrichtsweise unterschied sich von der Osbern von Crépons und seiner Ritter. Die Franzosen sagten nicht so offen ihre Meinung, wie Wilhelm es gewöhnt war. Unterweisung in ritterlichen Tugenden war zu Hause Teil der Kriegskunst, in Frankreich gehörte sie zum religiösen Unterricht.

Wilhelm, gewöhnt seine Meinung zu sagen, äußerte beißende Kritik.

»Ihr macht ja Mönche aus euren Rittern«, sagte er, »bei uns in der Normandie sind sie Krieger.«

Der französische Page mit seidigen Locken und Ringen an den Fingern lachte spöttisch: »Aber wir wissen doch längst, daß die Normandie ein Land der Seeräuber ist!« sagte er zu seinen Gefährten.

Wilhelm brauste augenblicklich auf. Dieser gezierte französische Knabe verhöhnte seine Vorfahren! Der große Rollo, Wilhelm Langschwert, Richard der Furchtlose hätten den Franken schnell gezeigt, wer der Herr war!

»Rollo segelte die Seine herauf«, rief er, »Rollo verheerte das Land!«

»Seeräuber«, sangen die Jungen und umringten Wilhelm.

Der junge Herzog konnte sich nicht beherrschen. Er schlug nach rechts und links, und zwei Pagen fielen zu Boden; zwei weitere versuchten vergeblich, Wilhelm zu überwältigen. Er würde ihnen zeigen, wie ein Normanne mit vier Franzosen fertig wird. Aus einer Nase schoß Blut, da schrie einer der Franzosen nach den Wachen.

»Der Normanne ist verrückt geworden«, rief er.

Zwei bewaffnete Wachen ergriffen Wilhelm.

»Was ist los, kleiner Wilder?«

»Sie sollen nicht schlecht von meinem Land und den Normannen sprechen.«

Die Wachen lachten. »Der hat das Temperament eines Teufels. Man sollte ihn in Ketten legen, bis er sein ungestümes Wesen verliert und anständiges französisches Benehmen lernt.«

»Laßt mich los«, schrie Wilhelm und wurde puterrot. »Wie könnt ihr wagen, den Herzog der Normandie zu belästigen!«

Er machte einen solchen Lärm, daß die Wachen und herbeigeeilten Priester, unsicher geworden, wie dieser junge, in der Obhut des Königs zurückgelassene Herzog zu behandeln sei, beschlossen, ihn vor den König selbst zu bringen.

Ernst hörte sich Heinrich den Vorfall an und betrachtete schweigend den Knaben. Er war zu altklug, stellte er bei sich fest, zu früh als Erwachsener behandelt worden, ein prächtiger Knabe, gewiß, aber zu vorlaut.

»Mir scheint, gewisse dir zuteil gewordene Ehren sind dir zu Kopf gestiegen«, sagte er. »Dein Vater hat mich gebeten, dein Temperament zu zügeln, dich zu strafen, wenn du es verdienst. Du verdienst es jetzt, und ich werde dich so strafen, wie es dich am härtesten trifft. Eine Woche wirst du nicht ausreiten, weder deine Hunde noch Falken sehen, sondern in deinem Zimmer bleiben. In dieser Zeit werden zwei Priester mit dir lernen. Wenn dein Temperament das nächste Mal mit dir durchgehen will, bedenke, was dich das gekostet hat.«

Unglücklich verließ Wilhelm den König. Er sehnte sich nach Falaise. Er sehnte sich nach Rouen, nach der Normandie, und vor allem nach seiner Mutter.

Im Laufe der Zeit lernte er sich zu fügen. Seine Redeweise wurde gedämpfter, sein Benehmen eleganter. Ein Edelmann mittleren Alters, ein fähiger Mann, betreute ihn jetzt, der in Wilhelm den begabten Schüler erkannte. Es war eine Freude, ihn den Gebrauch kriegerischer Waffen zu lehren, und bald hieß es, daß sich keiner der am Hofe erzogenen Knaben mit Wilhelm von der Normandie messen könne.

Es war aber auch unvermeidlich, daß er in bezug auf seine Person und seine Geburt aufgeklärt wurde.

»Wie kommt es, daß dein Großvater ein Gerber und dein Vater ein Herzog ist?« wurde er gefragt.

Seltsam, wie auch er zugeben mußte, aber doch nur scheinbar, als er die Wahrheit erkannte.

Sein Vater hatte seine Mutter nie geheiratet. Eine Ehe stand außer jeder Möglichkeit, weil sie die Tochter eines Gerbers war. Aber sie hatten einen Sohn – das war er. Er war ein Bastard.

Diese Erkenntnis schmerzte ihn, er empfand die Tatsache als entehrend. Hatte man ihn nicht sogar schon ›Wilhelm den Bastard‹ genannt? Er wurde aggressiver, wollte beweisen, daß er, wenn schon ein Bastard, sich doch gegen ihren Spott zur Wehr setzen konnte. Sein Benehmen trug ihm Strafe ein, und oft aß er seine Mahlzeiten allein, ohne Wein oder Bier, oder er mußte über seinen Büchern sitzen, anstatt sich mit seinen Hunden und Pferden abzugeben. Er erkannte seine Torheit, wußte, daß er sein Temperament zügeln mußte, aber das Blut stieg ihm zu Kopf, wenn er nur das geflüsterte Wort ›Bastard‹ hörte.

Ein Jahr verging. Noch immer dachte Wilhelm sehnsüchtig an die Normandie, aber er hatte sich an die Sitten der Fanzosen gewöhnt, an ihre Feste und Bankette, ihre unbekümmerte Art, Religion und Vergnügen zu verbinden. Er arbeitete hart und lernte viel.

Gelegentlich kamen Nachrichten von seinem Vater. Er sei in

Rom huldvoll vom Papst empfangen worden. Trotz seines Wunsches, Buße zu tun, konnte er aber seinem Hang zur Prachtentfaltung nicht entsagen. Er haßte das schäbige Pilgergewand, es widerstand seiner Natur, er wollte auch nicht für einen gewöhnlichen Pilger gehalten werden. So beschloß er, den groben Rock und den Pilgerstock abzulegen und sich prächtig zu kleiden, ein schönes Pferd zu reiten, so daß jedermann wußte, wen er vor sich hatte. Unterwegs pflegte er Almosen zu verteilen, und alle Welt empfand ehrfürchtige Scheu vor Robert, dem Herzog der Normandie.

Wilhelm war beglückt, wenn solche Nachrichten eintrafen, und er war sicher, daß sein Vater eines Tages wieder nach Hause kommen und ihn aus Paris in die Normandie zurückholen würde.

Zwei Jahre war Wilhelm nun schon am französischen Hof. Er war erwachsener geworden und kein Kind mehr.

Eines Tages ließ ihn der König holen, und als er Heinrichs Gesicht sah, wußte er, daß etwas Schreckliches geschehen war.

»Ich habe schlechte Nachricht für dich«, sagte Heinrich sanft.

»Handelt es sich um meinen Vater, Sire?«

Der König nickte.

»Ist er krank?«

»Er ist tot, Wilhelm.«

»Tot? Mein Vater tot?«

»Er starb als Christ.«

»Aber er ist zu jung, um zu sterben.«

»Der Tod ist immer gegenwärtig, und dein Vater suchte ihn.«

Wilhelm konnte dem König nicht weiter zuhören, er konnte nur an seinen Vater denken – wie er fröhlich und prächtig gekleidet die Halle betrat, sich am Kopfende der Tafel niedersetzte, wie er Arm in Arm mit der Mutter herumspazierte. Und nun war er tot.

»Meine Mutter?« fragte er.

»Sie wird heiraten, wie dein Vater es wünschte. Er hat sogar schon den Mann für sie ausgesucht.«

»Ich muß zu ihr.«

»Nein, Wilhelm, du mußt hierbleiben.«

»Sie wird mich brauchen.«

Der König legte ihm die Hand auf die Schulter. »Es ist ein harter Schlag für dich. Geh in dein Zimmer, ruhe dich aus und bitte Gott um seine Hilfe, die du jetzt mehr als je zuvor brauchen wirst. Bleib allein mit deinem Kummer und mach noch keine Pläne. Was sein soll, wird sein. Laß alles seinen Lauf nehmen.«

Wilhelm befolgte des Königs Rat. Er lag auf seinem Bett und dachte nach. Ein Gedanke überfiel ihn. Er war jetzt in Wahrheit der Herzog der Normandie, und ein Herzog gehörte zu seinem Volk. Hatte sein Vater nicht gesagt, er müsse schnell erwachsen werden? Hatte Robert geahnt, was ihm zustoßen würde?

Der französische Hof trauerte um den Herzog der Normandie. Um Wilhelm zu trösten, wurde immer wieder betont, daß er auf einer heiligen Pilgerfahrt, also nicht mit seiner Sündenlast behaftet, gestorben sei. Gewiß, es war ein Trost, aber Wilhelm wünschte sich die vergangenen Tage zurück und wußte doch, daß sie nie wiederkehren würden.

Oft dachte er an seine Mutter und daran, wie ihre Schönheit aufblühte, wenn sein Vater nach Hause kam, wie ihre Augen strahlten und wie sie stets vom Turm nach ihm Ausschau hielt, wenn er abwesend war.

Nach und nach erfuhr Wilhelm Näheres über seines Vaters Pilgerfahrt: Wie er durch die Provence und Lombardei nach Rom gereist und gnädig vom Papst empfangen worden war. Wie er das härene Gewand des Pilgers mit einem seinem Rang angemessenen vertauscht hatte und reich geschmückt auf einem goldbeschlagenen Maultier ritt.

Und wenn der Maulesel ein goldenes Hufeisen verlor, blieb es liegen, und das Tier erhielt ein neues aus dem gleichen kostbaren Metall. Niemand konnte je einen Zweifel haben, daß dieser vornehme Pilger wirklich Robert der Prächtige war.

Als ihn der Kaiser von Konstantinopel empfing und der Herzog in der Halle keine Stühle vorfand, breitete er seinen prächtigen Umhang auf dem Boden aus, setzte sich darauf und befahl seinem Gefolge, es ihm nachzumachen. Beim Abschied ließen sie die Gewänder liegen, um damit kundzutun, daß sie sich nicht erniedrigen würden, sie aufzuheben, denn so kostbar sie anderen auch erscheinen mochten, in ihren Augen waren es eben nur Kleinigkeiten.

Solch verschwenderisches Gebaren erfreute die Armen, die sich auf alles stürzten, was der reiche und extravagante Herzog fortwarf.

Robert kam krank im Heiligen Land an und war zu schwach, um zu laufen, so daß eine Sänfte zusammengebaut wurde, die von vier Eingeborenen getragen wurde. Normannische Pilger, die ihn unterwegs trafen, fragten ihn: »Was sollen wir Eurem Volk sagen, wenn wir in die Normandie zurückkehren?«

»Sagt ihnen«, antwortete der Herzog, »daß ihr euren Herrn gesehen habt, wie er von vier Teufeln ins Paradies getragen wurde.«

Das gefiel den Pilgern, und nach ihrer Rückkehr erzählten sie begeistert von dem Herzog, der, wie sie sagten, durch seine Prachtentfaltung und Großzügigkeit jedermanns Achtung und Ehrfurcht gewonnen hatte. Um nach Jerusalem hineinzukommen, mußte der Eintritt in Gold bezahlt werden, und viele Pilger waren voll des Jammers, weil sie das Gold nicht aufbringen konnten. Es stellte sich heraus, daß Robert ihre immerwährende Dankbarkeit und Achtung gewonnen hatte, weil er den Eintritt für sie bezahlte. Auch unterwegs hatte er freigiebig Almosen verteilt, so daß er mit Segenswünschen überschüttet wurde.

Wilhelm war glücklich darüber; was auch sein Vater gesündigt haben mochte, sicher war ihm für seine guten Taten während der Pilgerfahrt Vergebung zuteil geworden.

Robert war auf dem Rückweg gestorben. Wahrscheinlich war Gift in seinem Becher, denn auch sein Freund und Begleiter, der Graf d'Arques, hatte von dem Wein getrunken und war gestorben.

Wie viele Menschen wurden in der Blüte ihres Lebens dahingerafft, dachte Wilhelm, so, als ob man sich eines lästigen Insektes entledige.

Dann dämmerte die schreckliche Erkenntnis in ihm auf, daß er seinen Vater nie wiedersehen würde.

Er mußte den König sprechen. Er mußte ihm sagen, daß er unbedingt nach Hause zurückkehren wollte.

Der König hörte ernst zu. »Ich habe deinem Vater versprochen«, sagte er, »daß ich während seiner Abwesenheit für dich sorgen würde.«

»Aber ich muß nun in mein Herzogtum zurück. Ich bin der Herzog.«

»Du bist noch ein Knabe, zehn Jahre alt. Ein Zehnjähriger kann kein Land regieren. Dein Vater hat fähige Männer eingesetzt, die für dich die Regentschaft führen.« Der König sah ihn prüfend an und fragte sich, wieviel er ihm mitteilen sollte. Er zögerte. Nein, es wäre grausam, den Knaben mit der Wahrheit zu belasten und zu sagen: »Dein Land befindet sich in Aufruhr. Und das ist nur natürlich. Die Herren der Normandie wollen sich nicht von einem Kind regieren lassen – noch dazu von einem Bastard.«

Wilhelm sah den König fest an, aber dieser sagte: »Du bist noch zu jung. Du mußt hier bleiben, weil ich meine Pflicht erfüllen muß.«

»Ich muß nach Rouen zurückkehren«, beharrte Wilhelm.

»Ich *muß* wissen, was dort vor sich geht.«

»Du wirst es schnell genug erfahren«, sagte der König.

Eines Tages hörte Wilhelm eine Kavalkade in den Schloßhof reiten. Er verließ seine Gefährten und lief zu dem mit Zinnen bewehrten Tor. Dort erblickte er ein Schar Männer. Ein Freudenschrei entfuhr ihm, als er unter ihnen seinen alten Freund Thorold und neben ihm Osbern de Crépon erkannte.

»Osbern!« rief er. »Thorold!«

Sie hatten ihn auch gesehen, sprangen von den Pferden und knieten auf den Steinen vor ihm. Wie stolz er war! Zum ersten Mal seit er an den französischen Hof gekommen war, fühlte er sich tatsächlich als ihr Herzog.

»Osbern, was bedeutet das? Seid ihr gekommen, mich heimzuholen?«

»Wir wollen dem König von Frankreich darlegen, daß Eure Rückkehr notwendig ist.«

Wilhelm konnte vor Freude kein Wort sagen. Dann erinnerte er sich, daß ja sein Vater tot war, und schämte sich dieser Freude.

»Aber ich will ja nach Hause«, rief er. »O Osbern, Thorold. Ihr wißt ja nicht, wie ich mich nach Hause gesehnt habe.«

EINE GEFÄHRLICHE REISE

Es war eine bittersüße Heimreise. Nur zu gut erinnerte Wilhelm sich des Weges – aber damals war sein Vater neben ihm geritten. Nichts konnte jedoch die Erleichterung und das Glück beeinträchtigen, die er beim Anblick der Normandie empfand.

»Warum sehen unsere Felder grüner aus?« fragte er Osbern. »Warum erscheinen unsere Wälder größer?«

»Weil es normannische Felder und Wälder sind, Herr.«

Osbern ritt an Wilhelms Seite, der prächtige und gut aussehende Osbern – er war verändert. Mit dem Alter konnte es nichts zu tun haben, wenn Osbern ihm jünger vorkam, dann einfach deswegen, weil er selbst älter geworden war. Wilhelm sah ihn gerne an und bewunderte sein ausgeprägtes normannisches Profil. Osbern begegnete ihm jetzt respektvoller als früher. Natürlich, dachte Wilhelm, ich bin nun in Wahrheit ihr Herzog.

Auf der anderen Seite ritt Thorold, der kräftige Normanne, sein Leibwächter. Auch er war respektvoll und würde nicht mehr spöttisch lachen, wenn der vom Pferd gefallene Junge stöhnte, oder ihm gar befehlen, aufzusitzen und weiterzureiten.

Hinter ihm weitere Vasallen: Raoul de Vacé, die Grafen von Beaumont, Eu, Meulan und Pont-Audemer, auch Roger de Vielles, die hervorragendsten Männer der Normandie waren gekommen, ihn in sein Reich zurückzuholen, zu beweisen, daß sie seine treuen Untertanen waren.

Rouen! Wie schön lag die Stadt im Sonnenschein!

»Oh, ich sehe Rollos Turm«, rief Wilhelm. Wie herrlich der Fluß mit Turmspitzen und Hausgiebeln an beiden Ufern.

»Ich möchte wetten, daß meine Mutter vom höchsten Turm nach mir Ausschau hält«, sagte er zu Osbern.

Osbern blickte zu Thorold, und Wilhelm sah, daß sie einander zunickten.

»Lady Arlette ist nicht mehr in Rouen.«

»Nicht in Rouen? Weiß sie denn nicht, daß ich komme?«

»Sie hat wieder geheiratet, wie Euer Vater es bestimmt hatte, den noch von ihm ausgesuchten Sir Herlwin de Conteville.«

Wilhelms Gesicht verdüsterte sich. Er konnte es sich nicht vorstellen. Seine Mutter mit einem anderen Mann. Rouen, Falaise nicht mehr ihr Zuhause.

Diese Veränderungen gingen ihm nahe.

Die Leute kamen aus ihren Häusern.

»Lang lebe Herzog Wilhelm«, riefen sie. »Lang lebe unser kleiner Herzog!«

»Wie anhänglich sie sind«, sagte Wilhelm gerührt und bemerkte nicht den Blick, den sich Thorold und Osbern zuwarfen.

Ohne seine Mutter erschien ihm das Schloß seltsam leer. Er hatte sich so auf sie gefreut. Er hatte Adeliz wiedersehen und von seinem Leben am französischen Hof erzählen wollen.

Als Knabe war er weggegangen, als regierender Herzog kam er zurück. Darin lag vielleicht eine gewisse Genugtuung. Stolz blickte er vom höchsten Turm des Schloßes weit über Stadt und Land.

»Das gehört mir«, sagte er laut, »mein, alles mein.« Er streckte die Hände aus, als ob er alles umfassen wollte, um es nie wieder herzugeben.

In der großen Halle des Schloßes knieten die Ritter vor ihm wie damals und schworen ihm Lehnstreue. Sie würden ihm mit ihrem Leben dienen, und er versprach, sie mit dem seinen zu schützen.

Er war tatsächlich ihr Herzog.

Aber als die Zeremonie vorüber war, begann wieder der Unterricht, und man erwartete, daß er sich unter der strengen Aufsicht von Onkel Mauger von neuem an seine Bücher setzte.

Er wehrte sich: » Nun bin ich Herzog und brauche keine Schulstunden mehr.«

Mauger zeigte sein unangenehmes, hämisches Lächeln.

»Mein Herr irrt sich. Sprachen, Geschichte und Literatur sollte ein Herzog genauso beherrschen wie den Umgang mit einem Schwert.«

»Der Meinung bin ich nicht«, sagte Wilhelm von oben herab, »und ich werde tun, was mir paßt.«

Mauger schob sein unsympathisches, verschlossenes Gesicht dicht an das Wilhelms: »Laßt Euch sagen, junger Herr, Ihr werdet von jetzt an weniger Zeit für Euer Vergnügen haben als je zuvor. Ihr müßt Euch der Verantwortung stellen, und das können Dumköpfe nicht.«

»Bin ich etwa ein Dummkopf?«

»Ihr könntet als solcher gelten, wenn Ihr meint, weiteres Lernen nicht nötig zu haben.«

»Mir scheint, alles Schöne sei vorbei, und nur das Schlechte ist geblieben.«

»Ihr habt noch viel zu lernen, mein Herzog. Nur um das festzustellen, wollen wir nicht noch mehr Zeit verlieren.«

So saß er wieder über seinen Büchern, und Mauger ließ seine Blicke herablassend auf ihm ruhen.

Aber es schien eine Veränderung in der Luft zu liegen.

Er wurde in die große Halle gebeten, und als er auf dem Thron Platz genommen hatte, ergriff Raoul de Vacé im Namen der Versammlung das Wort.

Angesichts der im Herzogtum herrschenden Unruhen schien es angebracht, daß sich der Herzog seinem Volke zeigte. Er sollte daher durch die wichtigsten Städte der Normandie reiten.

Wilhelm war Feuer und Flamme. Endlich einmal etwas anderes als mit dem alten Mauger über Lateinbüchern hocken. Außerdem würden sie durch Conteville kommen, und er könnte seine Mutter wiedersehen.

Osbern, der ihm nach des Vaters Tod und der Trennung von seiner Mutter am nächsten stand, blieb es überlassen, ihn über die Lage aufzuklären.

Er betrat Wilhelms Zimmer und setzte sich auf einen Stuhl.

»Es gibt viele Dinge, Herr, die Ihr erfahren müßt«, sagte er, »und als erstes, daß in Eurem Lande Aufruhr herrscht. Äußere Bedrohung bedeutet für jedes Land eine große Gefahr, aber noch größer ist die von innen.«

»Von innen, Osbern, was heißt das?«

»Einige der Barone sind der Ansicht, die Normandie brauche einen starken Herzog. Ihr seid erst zehn Jahre alt.«

»Ich werde ein starker Herzog werden und nicht immer zehn Jahre alt bleiben.«

»Ihnen geht es um jetzt und heute, Herr, nicht darum, wie es in acht Jahren aussieht. Auch Alain von der Bretagne ist nicht der, für den ihn Euer Vater hielt.«

»Ein Verräter!«

»Nicht unbedingt – aber kraftlos. Im ganzen Herzogtum gärt es. Man kann nicht sicher sagen, wem zu trauen ist.«

»Euch werde ich immer vertrauen, Osbern.«

»Natürlich, und es gibt noch einige mehr. Auf Thorold könnt Ihr Euch verlassen.«

»Bis zum Tode. Thorold und die anderen, die mir Treue schworen.«

»Ihr dürft nicht zu vertrauensselig sein.«

»Osbern, ich will nicht im unklaren bleiben.«

»Daran denke ich auch nicht. Viele, die Euch Lehnstreue schulden, sind widerspenstig. Sie sagen, Ihr seid zu jung und . . . andere stünden in der Nachfolge vor Euch. Sie sagen . . .«

Wilhelm stand auf mit geballten Fäusten und blitzenden Augen.

»Sie sagen, ich sei ein Bastard. Ist es das, Osbern?«

Osbern blickte zu Boden. »Das sagen sie, Herr.«

»Und wenn ich ein Bastard bin. War nicht auch Wilhelm Langschwert ein Bastard? War nicht Richard der Furchtlose einer? Und war Richard nicht ungefähr genauso alt wie ich, als sein Vater ermordet wurde?«

«Das ist richtig, und auch damals mußten gefährliche Zeiten durchgestanden werden. Dasselbe gilt jetzt für Euch, Herr. Wir müssen wachsam sein. Wir wollen Euch dem Volk vorstellen, es wird sehen, daß Ihr, wenn auch jung an Jahren, doch sein Herzog seid.«

»Ich will das Volk kennenlernen, um ihm das zu sagen. Ich werde die Verräter herausfinden, ich werde sie mit meinen eigenen Händen umbringen. . .«

»Beruhigt Euch, Herr. Wir wollen keine Zeit mit wilden Träumen vergeuden. Zuerst müssen wir die Feinde finden und dabei stets auf der Hut sein. Ich werde vor Eurer Tür schlafen und wenn nötig in Eurem Zimmer. Thorold wird immer in der Nähe sein. Ihr seht die Gefahr?«

»Ich sehe sie«, sagte Wilhelm. »Wann brechen wir auf?«

»In einigen Tagen. Zuerst reiten wir nach Caen und danach nach Lisieux und Falaise.«

»Werde ich meine Mutter sehen?«

»Wir werden sie in Conteville aufsuchen.«

»Dort brauchen wir keine Verräter zu fürchten.«

»Nein, Eure Mutter und ihr Mann werden immer Eure treuen Freunde sein.«

»Ich würde auch gerne meine angelsächsischen Vettern besuchen. Als ich in Frankreich war, habe ich oft an sie gedacht, weil ich mich dort aus meinem Land verbannt fühlte, wie sie aus dem ihren . . . Osbern, stimmt etwas nicht?«

»Während Ihr in Frankreich ward, ist viel geschehen.«

»Das stimmt. Mein Vater ist gestorben, und meine Mutter hat geheiratet, und ich bin nicht mehr nur dem Namen nach Herzog der Normandie. Ich weiß, daß viel geschehen ist.«

»Auch jenseits der See hat sich viel ereignet«, sagte Osbern.

»In England?« fragte Wilhelm.

»Ich weiß, Euer Vater hat Euch viel von diesem Land erzählt. Immer war es sein Wunsch, es den rechtmäßigen Erben zurückzugeben. Knut, König von England, starb, während Ihr in Frankreich ward. Und erinnert Ihr Euch? Er hatte aus einer früheren Ehe einen Sohn, Harald, aber Eure Großtante Emma nahm ihm das Versprechen ab, ihren und Knuts Sohn zum Nachfolger zu bestimmen.«

»Ja, ich erinnere mich, und meine Vettern Eduard und Alfred Atheling waren die rechtmäßigen Erben als Söhne König Ethelreds und Emmas, da sie Knut erst nach dessen Tod heiratete.«

»Ich sehe, Ihr kennt Euch aus in diesen verwickelten Familienbeziehungen. Ihr werdet also auch wissen, daß der Sohn Knuts und Emmas Hardicanute war. Als Knut starb, war Hardicanute in Dänemark, und Harald erklärte sich zum König. Das führte zu einer Teilung des Landes, der Norden erkannte Harald an und der Süden bestand auf Hardicanute, obgleich er nicht im Lande war. So wurde der Norden von dem einen und der Süden von dem anderen regiert, beide jedoch Dänen, was den Sachsen mißfiel.«

»Ein geteiltes Land bedeutet immer Unsicherheit«, sagte Wilhelm.

»Ganz richtig. Überdies war Königin Emma höchst unzufrieden, da Hardicanute sich weigerte, Dänemark zu verlassen, und Harald also König von ganz England wurde. Sie war nicht die Frau, ruhig zuzusehen, wenn man ihr nahm, was ihr gehörte.«

»Sie ist eine Normannin«, sagte Wilhelm stolz.

»Jawohl, Normannin, und welcher Normanne gibt gern etwas von seinem Besitz heraus?«

»Warum sollte er, wenn er ihn erworben hat? Ich werde um jeden Zollbreit normannischen Bodens kämpfen, solange Leben in mir ist.«

»Wir wollen hoffen, daß das nicht nötig ist. Ich wollte Euch berichten, daß Emma ihre beiden Söhne von Ethelred, Eduard und Alfred, kommen ließ. Sie hätten einen größeren Anspruch auf den Thron als Hardicanute und sollten diesen Anspruch geltend machen.«

»Das freut mich, denn ich bin diesen Vettern zugetan, Osbern. Ich werde nie ihr blondes Haar und ihre schönen klaren blauen Augen vergessen. Nie wieder habe ich solche Augen gesehen.«

Osbern wich zurück, und Wilhelm blickte ihn bestürzt an.

»Osbern . . . sie sind doch nicht tot?«

»Hört mich an«, sagte Osbern. »In England lebt ein mächtiger Mann, von dem Ihr sicher noch viel hören werdet. Er heißt Earl Godwin und muß ein kluger Mann sein, denn es wird berichtet, er habe sein Leben als Hirte begonnen.«

»Wie konnte er dann ein Graf werden?«

»Es wird erzählt, daß während des Krieges mit den Dänen ein dänischer Hauptmann vom Wege abkam und einen jungen sächsischen Hirten danach fragte. Dieser Hirte Godwin führte ihn unter der Bedingung in Knuts Lager zurück, daß man ihn in das dänische Heer aufnehme und ihm eine gute Stellung gebe. Das geschah, und Godwin war so klug, daß er schnell aufstieg und später sogar das ganze Heer befehligte. Außerdem sah er gut aus, und Knuts Schwester verliebte sich in ihn und heiratete ihn. Er wurde also nicht nur Oberbefehlshaber, sondern auch Mitglied der königlichen Familie.«

»Er muß wirklich ein kluger Mann sein.«

»Das ist er, und in Hardicanutes Abwesenheit regierte er das Land.«

»So wurde also aus dem Hirten ein König?«

»In jeder Hinsicht, nur dem Namen nach nicht. Aber Hardicanute weigerte sich auch weiterhin zurückzukehren. So wurde Harald König von ganz England. Er ist kein Christ. Er verlacht alles, was heilig ist. Deswegen ließ Emma Eduard und Alfred aus der Normandie nach England kommen, um ihr Recht auf den Thron zu beanspruchen.«

»Und gingen sie, Osbern?«

»Ja, sie gingen. Wir gaben Eduard eine Flotte von vierzig Schiffen. Er landete und stieß in Winchester auf eine wilde Horde Soldaten, die ihn zurücktrieb. Er erkannte, daß er unerwünscht war, und kehrte durch die Gnade Gottes in die Normandie zurück.«

»Ist er jetzt in Sicherheit, Osbern?«

»Eduard ist in Sicherheit.«

»Aber . . . Alfred nicht?«

»Ihr seid sehr jung für solche Geschichten. Es war grausam und böse. Es war ehrloser Verrat. Alfred landete an der Küste von Kent und ritt von Canterbury nach Guildford. Sechshundert Normannen und Flamen begleiteten ihn. Sie wurden in Ehren empfangen von Godwin, der inzwischen mit Harald, dem König von ganz England, verbündet war. Nach einem Bankett kamen nachts Haralds Männer und nahmen Alfred und die seinen gefangen. Jeder zehnte wurde Sklave, die anderen barbarisch abgeschlachtet.«

»Und Alfred?«

»Sie zogen ihn aus, setzten ihn nackt auf einen Esel und banden seine Beine unter dem Leib des Tieres zusammen. So brachten sie ihn nach Ely.«

Wilhelm ließ kein Auge von Osberns Gesicht. Er wagte nicht zu fragen, aber Osbern antwortete trotzdem.

»Ja, sie ermordeten ihn . . . auf die grausamste Art ermordeten sie ihn. Sie stachen seine Augen aus.«

»Seine schönen Augen«, schrie Wilhelm.

»Des Messers Spitze stieß in sein Hirn. Danach lebte er nicht mehr lange.«

Wilhelm ballte die Fäuste. »Bei Gott, wenn ich das nicht räche, sollen mich diese schönen Augen mein Leben lang verfolgen. Sag mir, wer vollbrachte diese schändliche Tat? Ich werde nach England ziehen. Ich werde ihn töten.«

»Herr, Ihr habt Eure eigenen Schlachten zu schlagen. Wir sind nicht sicher, wer ihn tötete. Unmöglich kann er von seiner Mutter in den Tod gelockt worden sein. Ich glaube nicht, daß sie es getan hat, denn sie hat jetzt England verlassen und ist nach Flandern gegangen.«

»Und Eduard? Was wurde aus Eduard?«

»Ich hörte, er sei noch melancholischer als zuvor. Er trauert um seinen toten Bruder.«

»O Osbern, wie niederträchtig die Menschen sind!«

»Daran wollen wir immer denken, mein Herzog. Wir wollen die äußerste Vorsicht walten lassen, damit sie nie Gelegenheit bekommen, ihre Grausamkeit an Euch auszulassen.«

Es war eine aufregende Reise durch Städte und Dörfer. Überall kamen die Menschen aus ihren Häusern, um ihm zuzurufen. Sie warfen Blumen auf seinen Weg.

»Lang lebe der Herzog«, riefen sie.

Wie glücklich war er, nach Conteville zu kommen und seine Mutter wiederzusehen. Sie strahlte vor Freude und war immer noch so schön, wie er sie in Erinnerung hatte. . .

Sie schloß ihn in die Arme wie früher, als er noch ein kleiner Junge war, weinte und sagte ihm, wie sehr sie in vermißt hatte.

»Und ich Euch, Mutter«, sagte er. »Wie oft habe ich an Euch gedacht!«

»Und nun bist du Herzog, wie stolz bin ich auf dich, Wilhelm.«

Sie sprachen von seinem Vater und wurden traurig. »Er war immer gut zu mir«, sagte seine Mutter. »Er sorgte sogar für einen Ehemann, wenn er nicht mehr wiederkommen sollte.«

»Und gefällt er Euch, Mutter?«

»Er ist ein guter Mann, entschlossen, des Herzogs Befehl nachzukommen und für mich zu sorgen.«

»Ihr seid also nicht unglücklich?«

»Ich bin so glücklich, wie ich es ohne deinen Vater sein kann. Ehe er fortging, sagte er mir: ›Wir müssen immer für die Zukunft leben. Das, was vor uns liegt, ist wichtig, nicht das Vergangene.‹ Manchmal denke ich, er wußte, daß er nie zurückkommen würde.«

»Es ist seltsam, Mutter, daß Ihr nicht in Rouen seid.«

»Wie gerne lebte ich bei dir. Aber ich muß in dem Haus meines Mannes leben, und du bist der Herzog.«

Er konnte sehen, daß sie zufrieden war, und als sie ihm sagte, daß sie ein Kind erwarte, freute er sich, denn er wußte, daß die Kinder aus dieser neuen Ehe ihren Kummer um Robert lindern würden und auch um den Sohn, der, als Herzog der Normandie, nicht bei seiner Mutter aufwachsen konnte.

Er konnte nicht in Conteville bleiben, obgleich er es gerne getan hätte. Er mochte seinen Stiefvater und genoß die Zärtlichkeiten seiner Mutter.

Osbern sagte ihm, daß Arbeit auf ihn warte. Trotz des guten Eindrucks, den er auf seine Untertanen gemacht hatte, waren seine Feinde mächtig.

Osbern hatte ihm die Namen seiner Widersacher genannt. Auch Talvas von Bellême gehörte dazu. Er dachte an das lang zurückliegende Zusammentreffen, als er in sein abstoßendes Gesicht geblickt hatte; er erinnerte sich auch an den Fluch, den dieser Mann gegen ihn ausgestoßen hatte. Nie würde er die schrecklichen Geschichten über die barbarischen Grausamkeiten vergessen, die Talvas an unschuldigen Menschen verübte. Wie teuflisch würde er erst mit jemandem umgehen, den er haßte! Talvas lag auf der Lauer, um ihn in seine Gewalt zu bekommen. Einen Augenblick dachte er daran, sich zu seiner Mutter zu flüchten, sie zu bitten, bei ihr in Conteville bleiben zu dürfen. Sie würde ihn dort verstecken, sie und sein Stiefvater würden alles tun, ihn zu schützen.

Dann schämte er sich. War er nicht als Nachkomme Rollos Herzog der Normandie? Hatte Rollo je darüber nachgedacht, was ihm zustoßen würde, wenn er in die Hände seiner Feinde fiele? Oder etwa Richard der Furchtlose? »Bitte, Gott, mach mich so groß und furchtlos wie meine Vorfahren es waren«, betete er.

Männer seiner eigenen Familie standen gegen ihn. Illegitime Brüder seines Vaters hatten erklärt, wenn ein Knabe, noch dazu Bastard, zum Herzog gewählt werden könnte, warum dann nicht Männer? Er hatte den Verdacht, daß Mauger ihrer Meinung war. Seine verschlagenen spöttischen Blicke im Schulzimmer verrieten viel.

Mauger war böse. Man sagte, er triebe Zauberei. Vielleicht auch in diesem Augenblick? Bat er jetzt murmelnd seine bösen Schutzgeister, den Herzog der Normandie seinen Feinden auszuliefern? Wandte er sich um Hilfe an den Allvater Odin? Bat er Thor, ihm seinen Hammer zu leihen? Aber der Christengott hatte größere Macht als die heidnischen Götter. Dessen war Wilhelm gewiß, und genauso fest glaubte er an seine Bestimmung.

Wenn das Volk ihm zujubelte, vergaß er seine Befürchtungen. Die Frauen lächelten ihm zärtlich zu. »Gottes Segen auf unseren kleinen Herzog!« Der schöne Knabe gefiel ihnen. So sollte ihrer Meinung nach ein Herzog der Normandie aussehen. Und weil er jung war, liebten ihn die Frauen, auch wenn sich die Männer fragten: »Wie kann ein Kind die Normandie regieren?« Aber seine Regenten waren starke Männer und entschlossen, die Wünsche Herzog Roberts zu erfüllen.

Es beglückte ihn, durch sein Reich zu reiten, von treuen Untertanen empfangen zu werden, die sich geehrt fühlten, ihn unter ihrem Dach zu begrüßen.

Eines Nachts kamen sie müde von des Tages Ritt zum Haus eines solchen Untertanen, aßen und gingen zu Bett. Thorold und Osbern schliefen abwechselnd in seinem Zimmer, während der andere jeweils vor der Tür Wache hielt.

Wilhelm schlief fest, denn er war abends immer müde, als er plötzlich Thorold neben seinem Bett sah.

»Wacht auf!« sagte Thorold.

Er fuhr hoch. »Was ist, Thorold?«

Als Antwort hob ihn Thorold hoch, und hüllte ihn in ein großes Tuch.

»Thorold, ich kann nichts sehen, ich ersticke.«

Keine Antwort. Er wurde aus dem Haus getragen, über einen
Sattel gelegt, und Thorold ritt um sein Leben und das des kleinen
Herzogs.

Wilhelms Herz schlug schnell; er war in Gefahr. Irgend jemand hatte erfahren, daß er in diesem Hause war und wollte ihn
holen. Vielleicht suchte sie ihn jetzt.

Er sah die boshaft funkelnden Augen von Talvas vor sich,
der mit seinem Schwert in das Stroh hineinstach. ›Komm heraus,
du kleiner Bastard! Bastard! Bastard!‹ Wie er das Wort haßte!
Wenn sie ihn nicht so nennen könnten, würde er dann auch so
durch die Nacht gejagt werden? Aber Alfred war kein Bastard
gewesen, und doch hatten sie seine Augen ausgestochen . . .
seine schönen Augen. Er war tot. Besser tot zu sein, als ohne
Augen zu leben – Gefangener grausamer Menschen!

Plötzlich stand das Pferd. Er hörte Stimmen.

Thorold hob ihn vom Sattel, es gelang ihm, seinen Kopf zu befreien und die kühle Nachtluft zu atmen.

»Sind wir in Sicherheit?« fragte eine Stimme.

»Nein. Sie sind uns vielleicht gefolgt. Wir müssen uns unbedingt hier verstecken, bis frische Pferde aufgetrieben sind.«

»Auf dem Heuboden«, sagte jemand.

»Thorold«, sagte Wilhelm gebieterisch, »was sind das für
Feinde?«

Aber Thorold nahm heute keine Notiz von ihm. Das sah ihm
ähnlich. Er konnte äußerst respektvoll sein, wenn keine Gefahr
drohte, aber in einem solchen Falle ließ er keinen Zweifel daran,
daß Wilhelm ein Knabe war und den Älteren zu gehorchen hatte.

Wie ein Bund Stroh wurde er auf den Heuboden gebracht und
mit Heu zugedeckt.

»Bleibt dort liegen. Keinen Laut. Bewegt Euch nicht, bis ich komme.«

Jetzt gab Thorold die Befehle.

Er lag also unter dem Heu und lauschte auf Pferdehufe, Osbern neben ihm, bereit, sich auf die Feinde zu stürzen und seinen kleinen Herzog mit seinem Leben zu verteidigen. Und ich werde auch kämpfen, nahm sich Wilhelm vor.

Schließlich war die lange Nacht zu Ende. Thorold hatte Pferde aufgetrieben. Sie ritten weiter in sicheres Gebiet auf ihrer Tour durch die Normandie.

Aber ihre Feinde waren mächtig, und was noch gefährlicher war, sie hielten sich verborgen.

Wilhelms Freunde erkannten nun, wie riskant es für ihn war, sich offen seinem Volk zu zeigen, denn seine Feinde konnten auf diese Weise erfahren, wo er jede Nacht schlief, und sich ihm heimlich nähern.

Sie waren überall, selbst dort, wo niemand sie erwartete. Graf d'Eu, einer von Wilhelms treuesten Gefolgsleuten, wurde bei einem Ausritt überfallen. Die Anhänger des kleinen Herzogs starben einer nach dem anderen.

Wilhelm wußte, daß ihn seine Feinde jagten. So mußte sich der Wolf vorkommen, wenn die Meute hinter ihm her war. Aber mit Thorold und Osbern fühlte er sich sicher, bei diesen beiden Riesen, von denen immer einer an seiner Seite blieb.

Dann kam der Tag, da Thorold nicht mehr da war.

Noch nie hatte sich Wilhelm so verlassen gefühlt als in jener Stunde, in der man ihm sagte, er würde Thorold nie wiedersehen. Das war noch schlimmer, als nach Frankreich zu gehen, als die Mutter zurückzulassen, schlimmer sogar als des Vaters Tod, denn als Robert starb, waren schon zwei Jahre vergangen, seit er ihn zum letzten Mal gesehen hatte.

Und nun war Thorold tot, der große, immer wachsame Thorold, für immer von ihm gegangen.

Nie mehr würde ihm die rauhe Stimme gebieten, stillzuliegen oder den Mund zu halten. Nie mehr würde dieser große schutzspendende Körper sich zwischen ihn und seine Feinde stellen. Thorold war tot. Sie hatten ihn vergiftet. Verschlagene, grausame Männer hatten – entschlossen, sich nicht von einem jungen Bastard regieren zu lassen – Thorold getötet.

Von diesem Augenblick an war Wilhelm kein Kind mehr. Ein übermächtiger Haß brannte in seinem Herzen. Er hatte Thorold geliebt. Es gab keinen stärkeren, mutigeren Mann als Thorold. Er liebte auch Osbern, aber der war weniger herrisch, mehr Ritter als Krieger. Diese beiden Männer bedeuteten ihm mehr als jeder andere, seit er Frankreich verlassen hatte. Sie waren an die Stelle seiner Eltern getreten. Und nun war Thorold tot.

»So möge Gott mir helfen«, sagte Wilhelm, »ich werde mich an Thorolds Mördern rächen.«

Nachts weinte er in seinem Bett um Thorold. Er hoffte, seine Vorfahren würden diese Tränen nicht sehen. Was würde Rollo von einem Herzog halten, der weinte? Hatte Richard der Furchtlose geweint, als er seinen Vater verlor? Vielleicht insgeheim, und man könnte Tränen verzeihen, wenn niemand sie sah.

Wäre ich doch schon ein Mann, dachte Wilhelm, so daß ich Thorolds Mörder offen bekämpfen könnte – und jeden anderen, der wagt, mich Bastard zu nennen.

Osbern ließ ihn von jetzt an nie mehr allein. Er schlief sogar mit ihm im gleichen Bett. Auch Osbern vermißte Thorold.

Sie unterhielten sich nun oft, und Osbern versuchte nicht mehr, die Wahrheit zu verbergen. »Wie haben viele Feinde«, sagte er, »das wißt Ihr nun. Aber wir haben auch Freunde. Zu viele wollen das Herzogsgewand tragen, und sie mißtrauen sich gegenseitig. Darin liegt unsere Stärke. Wir können so nicht weiterleben. Viele Eurer Anhänger hörte ich sagen, Ihr solltet zu Eurer Mutter zurückgehen. Dort werdet Ihr sicher sein.«

»Meine Feinde könnten auch dorthin kommen.«

»Nein. Wir würden Conteville stark befestigen. Ihr wäret bei denen, die Euch lieben. Euer Stiefvater hat einigen Einfluß, und *er* besitzt treue Freunde. Eure Mutter würde alles für Eure Sicherheit tun. Ihr könntet den Unterricht fortsetzen und ein Leben wie Knaben Eures Alters führen.«

»Ich bin der Herzog, daß vergißt du.«

»Selbst wenn Ihr es mir erlaubtet, könnte ich es nicht vergessen«, sagte Osbern lächelnd. »Aber wir können so nicht weitermachen, eines Tages würden wir unseren Feinden in die Hände fallen. Ihr müßt am Leben bleiben . . . als ein Symbol. Wir müssen diese schwierige Zeit Eurer Minderjährigkeit hinter uns bringen, und wenn Ihr mündig seid, könnt Ihr Euren rechtmäßigen Platz einnehmen. Aber wenn wir in diesen vier oder fünf Jahren Euch sicher bewahren können und Eure treuen Freunde währenddessen Eure Feinde in Schach halten, dann könnt Ihr, wenn die Zeit gekommen ist, Eure Pflichten übernehmen.«

»Ich bin bereit, schon jetzt gegen meine Feinde anzutreten. Bei Gottes Herrlichkeit, Osbern, ich sehne mich danach, in der Schlacht meinen Mann zu stehen.«

»Ein ernstes Wort, mein Herzog.«

»Männer gebrauchen ernste Worte. Ich habe die Kindheit hinter mir.«

Osbern schüttelte den Kopf. »Wir können nur erwachsen werden, Herr, wenn die Kindheit uns entläßt. Laßt uns den Tatsachen ins Auge sehen. Ihr seid zu jung, um zu regieren, und Ihr müßt darauf vorbereitet werden. Als Flüchtling im eigenen Land ist das nicht möglich. Darauf haben sich Eure treuen Freunde und Ratgeber geeinigt. Ihr seid Herzog und werdet es bleiben, aber wegen Eures zarten Alters müßt Ihr auf die hören, die klüger sind als Ihr.«

In einer Auseinandersetzung konnte ihn Osbern noch immer schlagen. Und in seinem Herzen wußte er, daß Osbern recht hatte. Sogar Richard der Furchtlose mußte in seiner Jugend auf die Argumente seiner Ratgeber hören.

Sie waren auf dem Weg nach Conteville und blieben über Nacht in dem Haus eines Mannes, den Osbern als loyal kannte. Sie aßen und zogen sich in den ihnen angewiesenen Raum zurück. Ein großer Raum voller Schatten. Mit dem Messer in der Hand ging Osbern wie stets zu den Wandbehängen, bereit, jeden, der sich dort versteckte, sofort zu erledigen.

Alles war in Ordnung.

Sie legten sich zum Schlafen hin. Osbern neben ihn, nächst der Tür, um ihn zu schützen, und so schliefen sie ein.

Irgend etwas hatte Wilhelm geweckt. Es war dunkel. Er lag still und lauschte. Schritte auf der Treppe? Das langsame verstohlene Öffnen einer Tür? Nein, alles war ruhig.

Er schloß die Augen. Wieder einmal hatte er sich getäuscht. Es war immer das gleiche, wenn er nachts erwachte. Dann beruhigte ihn Osberns massiger Körper neben sich, und er schlief wieder ein. Im Halbschlaf träumte er, jemand neige sich über das Bett, und er hörte im Traum eine Stimme. ›Stirb . . . stirb, du Bastard.‹

Wieder ein Alptraum, dachte er. Er konnte Osbern neben sich fühlen und schlief beruhigt wieder ein.

Es war Morgen, denn durch die schmalen Öffnungen drang ein Lichtschein.

»Osbern«, flüsterte Wilhelm, »es ist Morgen.«

Osbern antwortete nicht, und nach einigen Minuten stand Wilhelm auf.

»Osbern, bist du aber heute verschlafen. Wach auf, Osbern!«

Wilhelm berührte Osberns Schulter. Seine Hand war klebrig. Er sah auf Osbern herab.

»Osbern! Osbern!« schrie er.

Blut war auf dem Bett. . . Osberns Blut.

»Osbern, mein lieber, lieber Freund! Wach auf! Sprich mit mir!«

Aber Osbern würde nie mehr aufwachen. Er war in der Nacht erstochen worden.

In Wilhelms Ohr klang noch das Wort, triumphierend und boshaft: ›Bastard‹. Und er wußte, daß Osbern versehentlich an seiner Stelle getötet worden war.

Er war zwölf Jahre alt, und obwohl an Jahren noch ein Kind, hatte er schon wie ein Mann gelitten. Thorold tot. Osbern tot. Er hatte diese Männer geliebt. Er wollte fort und ihre Mörder bekämpfen, er wollte schreckliche Rache an ihnen nehmen.

Das war nicht möglich. Aber es gab noch Männer, die sich an ihren Eid erinnerten. Er war ihr Herzog, und sie würden ihm mit ihrem Leben dienen. Sie würden Krieg gegen seine Feinde führen, aber es war zu gefährlich für ihn, im Lande umherzureisen. Nur knapp war er dem Tode entgangen. Die beiden tapferen Männer – Thorold und Osbern – waren in seinem Dienst gestorben. Er konnte nicht hoffen, jedesmal davonzukommen.

»Ihr seid eine Gallionsfigur«, wurde ihm gesagt. »Bis jetzt seid Ihr noch zu jung, Herzog mehr als dem Namen nach zu sein. Erinnert Euch, wie Euer Vater darauf hielt, daß Ihr in jeder Weise für Eure Stellung vorbereitet werdet.«

Er wußte, was das bedeutete – zurück ins Schulzimmer, um die Kriegskünste nicht in der Praxis, sondern mit seinen Lehrern zu studieren. Natürlich hatten sie recht. Er war erst zwölf Jahre alt. Wäre er nur zehn oder fünf Jahre früher geboren. Aber was nützte es, sich dagegen aufzulehnen?

Er willigte ein, zurück zu seiner Mutter zu gehen.

Er wußte, sie würde vom Turm aus nach ihm Ausschau halten, sie kam ihm aber schon zur Begrüßung entgegen, als er in den Hof einritt.

»Mein Sohn«, rief sie, »ich danke Gott, daß du zu mir nach Hause gekommen bist.«

Sie nahm ihn in die Arme und schämte sich ihrer Tränen nicht. Er fürchtete auch, weibische Rührung zu zeigen. Aber wie herrlich, wieder zu Hause zu sein!

Sie hatte einen warmen Erfrischungstrunk für ihn vorbereitet, denn er sei viel zu dünn, klagte sie.

»Wilhelm, mein Junge, ich werde dich aufpäppeln. Du hast das beste Zimmer im Schloß. Komm, ich zeige es dir. Und dann bringe ich dich zu deiner Schwester Adeliz und deinen Brüdern. Odo konnte es kaum erwarten, er guckt bestimmt schon aus dem Fenster. Er hat schon soviel von dir gehört. Sogar der kleine Robert weiß Bescheid. Herlwin, mein Mann, hat geschworen, dir mit seinem Leben zu dienen, und du weißt ja, daß dein Vater ihm ein großes Lehen übertragen hat, damit er für mich sorgen kann und dein treuer Vasall ist. Hier stehen alle auf deiner Seite, jeder Mann, jede Frau und jedes Kind.«

Ja, es tat gut, sich in Conteville verwöhnen zu lassen, es war beinahe wie damals in Falaise.

Er umarmte seine Schwester Adeliz; wie groß sie geworden war, seit er sie das letzte Mal gesehen hatte. Auch die Kinder gefielen ihm. Odo war ein heller kleiner Kerl, der mit großen Augen zu ihm aufsah, als sei er der Held seiner Lieblingssage, denn seine Mutter hatte ihm die gleichen Geschichten erzählt wie früher Wilhelm.

Einen Tag ließ er es sich mit seiner Mutter, dem Stiefvater und den Kindern wohl sein. Sie waren seine Familie, auf die er sich genau so fest verlassen konnte wie auf Thorold und Osbern! Er wußte nun, wie schwer es war, die wirklichen Freunde herauszufinden, so daß er es doppelt genoß, sich wieder sicher zu fühlen.

Es gab Hunde und Pferde und Falken in Conteville.

»Sucht Euch aus, was Euch gefällt«, sagte Herlwin, »wir haben hier eine gute Jagd.«

Sie ritten zusammen aus. »Die Leute hier sind loyal bis zum letzten Mann«, sagte sein Stiefvater. »Sie sind von mir abhängig und würden nicht wagen, eine Hand gegen meinen Stiefsohn zu erheben, selbst wenn sie es wollten. Aber sie wollen es nicht. Sie sind auf Eurer Seite.«

Und tatsächlich riefen die Leute ihm zu: »Lang lebe der Herzog.«

Endlich konnte er wieder schlafen, wie er es seit jenem schrecklichen Morgen nicht mehr getan hatte, als er Osberns blutigen Körper neben sich fand.

Müde, aber glücklich pflegte er nach einer Jagd ins Schloß zurückzukehren. Wie in Falaise wurden in der großen Halle Feste gefeiert. Er saß jetzt am Kopfende auf dem Platz seines Vaters, seine Mutter zur Rechten, der Stiefvater zur Linken.

Mit Odo lag er im Gras am Burggraben und erzählte ihm, wie sie den Hirsch mit ihren Pfeilen erlegt hatten und was für ein schönes Tier er war. Er schleppte seinen kleinen Halbbruder Huckepack im Hof herum und führte ihn auf dem Pony aus. Der Junge hing zärtlich an ihm.

Aber das fröhliche Treiben nach dem Essen liebte er nicht. Er wollte keine Balladen und Geschichten von Helden hören, weil sie ihn an Thorold und Osbern erinnerten. So pflegte er mit Herlwin Schach zu spielen.

Die Mutter sah ihnen lächelnd zu. Es war wie damals, wenn sein Vater nach Hause gekommen war.

Als Wilhelm einige Tage nach seiner Ankunft von einem Ausritt mit dem Stiefvater in das Schloß zurückkehrte, erwartete sie seine Mutter in der Halle.

Ihr Lächeln sagte ihm, daß sie eine angenehme Überraschung für ihn hatte.

»Es will dich jemand sprechen, Wilhelm«, sagte sie. »Er will dich bitten, ihn wieder in deinen Dienst zu nehmen.« Sie wandte sich um und rief: »Tritt näher, Gallet.«

Und schon kniete der Narr Gallet vor ihm und küßte seine Hände.

Er mußte sich beherrschen, durfte keine kindischen Tränen vergießen. Warum sollten sie hochquellen beim Anblick dieser schmächtigen, vor ihm knienden Gestalt mit den beinahe ausdruckslosen Augen, die zu ihm aufsahen, als wäre er einer der Götter oder Helden aus den Nordlanden?

»Sei willkommen, Gallet«, sagte er, »du alter Narr.«

Gallet verstand diese Begrüßung, obgleich er ein Narr war.

»Werdet Ihr einen prächtigen Sperber haben, Herr, den ich zähmen kann?« fragte er.

»Willkommen, Gallet«, wiederholte Wilhelm, »es freut mich, dich in meinen Diensten zu haben.«

Aber er konnte seine Zeit nicht nur mit sportlichen und familiären Vergnügungen verbringen. Hier war zwar Sicherheit, aber sein Reich war in Aufruhr. Treue Männer kämpften für sein Erbe. Obgleich er sich ihnen nicht anschließen konnte, mußte er doch ihren Wünschen Folge leisten, und das hieß: zurück ins Schulzimmer und Lernen, sowohl mit Büchern wie mit Waffen.

Er mußte seinen Unterricht mit Onkel Mauger wieder aufnehmen, was ihm gar nicht gefiel. Kein Kind mehr, doch auch noch kein Mann, mußte er diesen zynischen Lehrer ertragen, der zu den gelehrtesten Männern des Herzogtums gehörte. Mauger sagte, Herrscher müßten mit der Vergangenheit vertraut sein, um die Fehler ihrer Vorgänger zu erkennen, und aus dieser Erkenntnis versuchen, sie zu vermeiden. Wilhelm mochte seinen Onkel nicht, mußte aber zugeben, daß er wohl recht hatte.

Der Sohn seines Stiefvaters aus einer früheren Ehe kam als Wilhelms Gefährte nach Conteville. Er fasste zu Raoul de Tancarteville eine spontane Zuneigung, und war froh, einen Kameraden zu haben. Er liebte zwar seine Schwester Adeliz, aber sie konnte als Mädchen eben nicht an seinem Unterricht und seinen Vergnügungen teilnehmen wie jemand seines Geschlechts.

Kurz darauf traf auch sein Vetter Guy ein. Wie freute sich Wilhelm, ihn wiederzusehen! Guy war der Sohn von Herzog Roberts Schwester, und sie kannten sich schon seit Kindertagen.

»Wir sollen zusammen Unterricht haben, Vetter«, sagte Guy. »Es wird sein wie damals in Falaise.«

Wilhelm war glücklich, weil er eben das im Grunde wollte: zu den glücklichen Tagen von Falaise zurückkehren, Schrecken und Elend der letzten Zeit vergessen, friedlich in seinem Bett schlafen, sich mit Guy und Raoul auseinandersetzen und, anstatt Schlachten zu schlagen, mit den beiden herumbalgen und dann darüber lachen.

Das waren glückliche Jahre – sie genossen die jungenhaften Vergnügungen. Innerhalb der Burgmauern von Conteville schien die Außenwelt weit entfernt. Hauptsache, Wilhelms Anhänger konnten sich gegenüber den Rebellen halten. Es gab Scharmützel, Schlachten, Niederlagen und Siege; aber die Männer, die treu für den Willen Roberts des Prächtigen eintraten, wurden stärker. Ihr Symbol war der Knabe, der in der Sicherheit von Conteville heranwuchs.

Arlette war beinahe so glücklich, wie sie mit Robert gewesen war, und fühlte sich jetzt sicherer. Robert hatte sie ständig allein lassen müssen, und sie hatte immer in Angst gelebt, um dann wieder in überschwenglicher Freude das Zusammensein mit ihm zu genießen. Nun erlebte sie ein friedliches Glück, wenn sie auch nicht zu weit vorausplanen konnte. Eines Tages würde Wilhelm sie verlassen müssen, aber für die nächsten Jahre war er bei ihr, sie hatte ihre Tochter Adeliz und ihre beiden Kleinen, Odo und Robert, und einen liebevollen, guten Mann. Auf dem großen Gelände von Conteville konnte Wilhelm sogar ausreiten, ohne eines Mörders Messer fürchten zu müssen.

Wilhelm war wieder ein richtiger Junge geworden. Er wachte nicht mehr auf, um verstört nach dem blutigen Leib Osberns zu tasten. Seine einzige Sorge war jetzt, schneller als Guy zu reiten, seine Pfeile weiter zu schießen. Beide genossen diesen Wettstreit, obgleich es gelegentlich Raufereien gab. Guy hatte begriffen, daß er nur das Wort ›Bastard‹ auszusprechen brauchte, um Wilhelm in Wut zu versetzen; so ließ er es hämisch ab und zu einfließen. »Ach, der arme Kerl ist ja ein Bastard.« Dann blickte er Wilhelm mit gespieltem Erstaunen an, wenn dieser rot vor Wut wurde.

Herlwin riet Wilhelm, die einfachen Menschen auf dem Lehnsgut kennenzulernen. »Ein Herrscher sollte alle seine Untertanen verstehen lernen, einfache und edel geborene«, sagte er.

So ritten Wilhelm und Guy mit einigen wenigen aus und machten unterwegs bei einfachen Hütten Halt. Es war nicht weit zur Küste, und viele der Bewohner dort waren Fischer. Wilhelm hörte aufmerksam zu, wenn sie ihm von ihrem Fang erzählten. Er verstand es, zwanglos mit ihnen zu reden, viel besser als Guy, der sich immer seiner Stellung als legitimer Sohn der Tochter eines normannischen Herzogs bewußt blieb. Er konnte nie vergessen, daß Richard der Furchtlose auch *sein* Urgroßvater war.

Herlwin war erfreut, daß Wilhelm bei dem einfachen Volk beliebt war.

»Es wird Euch zustatten kommen, Wilhelm«, sagte er.

An klaren Tagen konnten sie von der Küste aus Land erkennen.

»England«, sagte Wilhelm. »Ich erinnere mich gut meiner Athelinger Vettern. So schöne junge Männer! Armer Alfred. Du weißt, was ihm zugestoßen ist?«

»Sie stachen seine Augen aus«, sagte Guy.

»Er hatte die schönsten Augen, die ich je gesehen habe, nur die Eduards waren genau so schön.«

»Mit schönen Augen allein erobert man keinen Thron.«

»Der arme Alfred wird nie mehr einen Thron bekommen. Sie haben ihn umgebracht. Sie stachen seine schönen Augen aus, und das Messer verletzte sein Gehirn.«

»Es war besser für ihn zu sterben. Ich möchte lieber tot sein als blind.«

»Eduard lebt noch in der Normandie. Ich möchte ihn gerne wiedersehen, meinen lieben Vetter.«

»Auch der meine, Wilhelm. Sie sind die rechtmäßigen Erben Englands. Sie kommen noch vor Hardicanute. Sie sind die wirklich *legitimen* Erben.«

Er warf Wilhelm einen schrägen Blick zu und fuhr keck fort: »Sie sollten vor den Launen und . . .«

Wilhelm stieg das Blut ins Gesicht. Er schob sein Kinn noch mehr vor als sonst, seine Lippen preßten sich zusammen. Das waren Gefahrenzeichen.

Guy blickte boshaft drein. Nein, er wollte lieber vorsichtig sein, und fuhr fort: ». . . vor den Launen und Wünschen derer kommen, die sie vertrieben haben. Ich glaube, unsere alte Tante Emma ist ein ziemlicher Drachen. Was meinst du, Wilhelm?«

»Sie ist eine Frau, die kämpfen wird, um zu behalten, was sie hat. Sie ist Normannin.«

»Augenblicklich sitzt ihr Sohn Hardicanute auf dem Thron – ich habe gehört, er sei aus Dänemark zurückgekommen – und regiert nun das Land dort drüben. In Dänemark hat er gute Trinksitten gelernt und verbringt seine Zeit mit Essen und Trinken. Vielleicht wünschte unsere wackere Emma jetzt, sie hätte nicht den Pakt mit Knut geschlossen, und ihr Sohn Eduard wäre König.«

Sie hielten ihre Pferde an und blickten über das Meer.

»Wie ruhig es heute daliegt«, sagte Wilhelm. »An einem solchen Tag wäre meinem Vater die Eroberung gelungen, und Alfred hätte nie seine Augen verloren.«

»Wer weiß, was jetzt geschehen wird«, sagte Guy. »Vielleicht geht Eduard Atheling nach all den Jahren in der Normandie doch zurück. Man erzählt zwar, daß er lieber hier als Mönch leben möchte als drüben wie ein König. Und doch ist er von Rechts wegen der König, denn er ist der *legitime* Erbe. . .«

Er warf Wilhelm einen Blick zu und gab seinem Pferd die Sporen. Er stob davon, Wilhelm setzte ihm nach und überholte ihn, um wieder einmal zu beweisen, daß ein Bastard durchaus einen ehelich Geborenen ausstechen konnte.

So vergingen die Jahre, und Wilhelm wuchs zum Manne heran.

»Neuigkeiten aus England«, sagte Herlwin eines Tages, als er in Wilhelms Zimmer trat, »Hardicanute ist tot.«

»Was geschieht nun?« fragte Wilhelm.

»Wir können nur abwarten.«

»Vielleicht ist das die Chance für Eduard«, sagte Wilhelm. »Wie gerne würde ich meinen Vetter besuchen.«

»Wilhelm, Ihr beurteilt alle Menschen nach Euch. Es wird gesagt, daß Eduard Atheling nicht nach der Krone strebt.«

»Wahrscheinlich ist er vorsichtig – bedenkt, was seinem Bruder zustieß.«

Sie unterhielten sich noch eine Weile und gingen dann zusammen in die große Halle, wo der Wildschweinbraten sie erwartete.

Nach dem Essen sprachen sie weiter über England und was nun wohl geschehen würde.

»Ein Jammer, daß Hardicanute überhaupt nach England zurückgekehrt ist. Er hat dem Land nichts Gutes gebracht«, meinte Herlwin.

»Und doch wurde er ganz herzlich begrüßt«, sagte Wilhelm, »sowohl von den Dänen wie von den Sachsen.«

»Das stimmt«, warf Guy ein, »denn er kam mit sechzig Schiffen und seinen Männern, um gegebenenfalls seinen Anspruch durchzusetzen. Ich hörte, seine erste Tat als König sei die Rache an seinem toten Bruder Harald gewesen. Er ließ die Leiche ausgraben, den Kopf abtrennen und beides in die Themse werfen.«

»Das konnte ihm nichts einbringen«, sagte Wilhelm, »er bewies damit nur, daß er nicht viel wert war.«

»Aber er reagierte damit seine Wut auf Harald ab, also tat es ihm vielleicht gut.«

»Er war ein schlechter König, und kaum jemand wird seinen Tod beklagen.«

»Er belegte das Volk mit Steuern, so daß es heftig aufbegehrte«, sagte Herlwin, »und in Worcester ließ er die Stadt plündern und die Bewohner enthaupten, weil sie seinen Steuereinnehmern Widerstand geleistet hatten.«

»So kann man nicht regieren«, erklärte Wilhelm.

»Nun, Vetter«, fragte Guy, »würdest du als Herrscher zulassen, daß deine Untertanen deiner spotteten?«

»Niemand sollte wagen, meiner zu spotten. Aber ich will Gerechtigkeit in meinem Reich. Wenn das Volk gegen die Steuern protestiert, werde ich die Vorwürfe prüfen.«

»Mit dem Mund ist es leicht, ein guter Herrscher zu sein«, gab Guy zurück. »Sieh dir deinen Narren Gallet an, wie er diese klugen Worte aufsaugt. *Er* glaubt dir, Vetter.«

»Dann ist er kein Narr.«

» Ich möchte wetten, er versteht nicht ein Wort von dem, was du sagst. Stimmt's Gallet?«

»Ja, Herr«, erwiderte Gallet.

»Da hast du es, Wilhelm. Es verehren dich die, denen es an Verständnis mangelt. Über kluge Männer wirst du keinen so leichten Sieg erringen.«

Herlwin sagte: »Kommt, Herr Guy, wir wollen keinen Zank. Es geht um eine ernste Sache. Was in unseren Nachbarländern passiert, kann auch Einfluß auf unser Land haben – und unser Herzog erkennt das durchaus.«

Herlwin hatte immer das Bedürfnis, Guy daran zu erinnern, daß Wilhelm sein Lehnsherr war, und wenn auch kleine Wortgefechte im Schulzimmer nichts ausmachten, konnten sie doch vor der Dienerschaft nicht geduldet werden.

Wilhelm verstand Herlwins Gedanken und lächelte. Er konnte ganz gut mit Guy fertig werden.

Er sagte: »Eines Tages wirst du vielleicht merken, Guy, was ich für ein Herrscher bin. Angesichts der Tatsache, daß dieser Tag höchstwahrscheinlich kommen wird, würde ein klügerer Mann seine Zunge im Zaum halten.«

Etwas gedämpfter als sonst lenkte Guy ab:

»Dieser Hardicanute lebt also nicht mehr, und darüber scheint keine große Trauer zu herrschen.«

»Die tatsächlichen Herrscher waren Graf Godwin – und Emma«, sagte Wilhelm. »Hardicanute lebte zu sehr seinem Vergnügen, ihm ging es nur um die Steuern, um sein Wohlleben – hauptsächlich Essen und Trinken – zu bezahlen.«

»Das ist alte dänische Sitte«, warf Herlwin ein. »Die Dänen sind starke Männer und müssen viel essen und trinken. Man wundert sich, daß sie überhaupt noch Zeit für Eroberungen hatten.«

»Aber jetzt hat das englische Volk die dänische Herrschaft von Herzen satt«, erwiderte Wilhelm. »Knut war ein guter König, aber sein Sohn mitnichten. Ich glaube, die Sachsen und Angeln haben genug von ihnen. Sie würden Eduard Atheling willkommen heißen.«

»Ob er wohl gehen wird?«

»Ich habe immer wieder von den Ereignissen in England gehört«, sagte Wilhelm. »Meine Lehrer haben mir stets eingeschärft, daß nicht nur die Geschichte der Normandie, sondern auch die unserer Nachbarn wichtig sei. Die Dänen haben die Herrschaft zu lange ausgeübt, und sie sind Fremde. Sie bezahlen keine Steuern, sie betreten die Häuser der Sachsen und zwingen sie, ihnen zu essen zu geben und sie als Gäste zu behandeln, solange sie auch bleiben wollen. Der Eindringling maßt sich überdies die Stellung des Hausherrn an, und wenn er Frau oder Tochter seines sächsischen Gastgebers begehrt, dann nimmt er sie. Will der Sachse seine Ehre rächen, wird er bestraft. Daher mußten viele Sachsen in die Wälder fliehen, wo sie als Räuber lebten und versuchten, sich von dort aus an den dänischen Herren zu rächen. Sie wurden wie Wölfe behandelt, ein Kopfpreis wurde ausgesetzt, und sie hießen sogar Wolfsköpfe.«

»Wilhelm hat seine Lektion gut gelernt«, meinte Guy leichthin. »Sag mal, Vetter, hast du vor, England deinem Herrschaftsbereich zuzuschlagen?«

»Der Herzog ist klug«, sagte Herlwin. »Diese Angelegenheiten können sehr schnell auch uns betreffen. Die dänische Herrschaft war grausam, und ich würde mein Schloß und meine Ländereien bei einer Wette auf die Rückkehr Eduards verpfänden, denn das englische Volk hat die Dänen gründlich satt und wird den Atheling unterstützen.«

»Wurde dieser Hardicanute vergiftet?« fragte Guy.

»Es könnte sein«, antwortete Herlwin. »Er nahm an dem Hochzeitsessen eines seiner dänischen Freunde teil. Ihr könnt Euch die Szene ausmalen. Die Gesellschaft saß schon stundenlang bis tief in die Nacht hinein bei Tisch. Hardicanute hob einen Becher, um einen weiteren Toast auszubringen. Er trank, taumelte und fiel zu Boden.«

»Das kann durchaus Gift gewesen sein«, sagte Wilhelm.

»Was beweist, wie vorsichtig Herrscher sein sollten«, fügte Guy hinzu und lachte Wilhelm ins Gesicht.

»Sie müssen ständig auf der Hut vor Verrätern sein«, stimmte Wilhelm zu. »Aber diese Lektion lernen sie schon auf ihrer Mutter Schoß.«

Wenig später erfuhren sie, daß Graf Godwin sich auf die Seite Eduard Athelings gestellt hatte und dieser aufgefordert wurde, nach England zurückzukehren.

Ehe er nach England segelte, kam Eduard nach Conteville, um sich von Wilhelm zu verabschieden.

Er kniete vor dem Herzog nieder, und Wilhelm sagte: »Ich bitte Euch, Eduard, steht auf. Ihr werdet bald König sein, und ich bin nur ein Herzog.«

Er wollte wissen, was Eduard von seiner Rückkehr hielt. Natürlich war er besorgt, denn er erinnerte sich nur zu genau, was Alfred zugestoßen war.

»Ihr wißt, daß ich Euch das Beste wünsche«, sagte Wilhelm.

»Und ich Euch. Ich werde nie vergessen, daß Ihr mir in Eurem Land Asyl gewährt habt.«

»Mich dünkt, Ihr verlaßt uns nur ungern.«

»Ich hatte mich an das Leben eines Mönches gewöhnt.«

»Als König könnt Ihr leben, wie es Euch gefällt.«

»Meint Ihr, ein König könnte das? Eine der Bedingungen für meine Rückkehr ist, Graf Godwins Tochter, Editha, zu heiraten.«

»Dieses Mannes Tochter heiraten? Es gibt Gerüchte, daß er an der Ermordung Alfreds beteiligt war.«

Eduard sah ihn traurig an. »Er ist der mächtigste Mann in England.«

«Er muß schlau sein, als Sohn eines Hirten nach solchen Ehren zu streben! Ihr müßt Euch vor ihm in acht nehmen, Eduard.«

»O, ich muß mich vor soviel in acht nehmen.«

»Ich habe oft an England gedacht und erinnere mich gut der Geschichten, die Ihr und Euer Bruder mir von König Alfred erzählt habt. Denkt Ihr auch noch daran?«

»Ja, er war ein großer König, einer unserer größten.«

»Vielleicht werdet Ihr auch ein solcher.«

»Er hatte viele Kinder. Ich werde keine haben.«

»Ihr müßt Erben haben.«

»Nein, das werde ich nicht. Ich habe vor Gott und allen Heiligen ein Gelübde der Ehelosigkeit abgelegt.«

»Aber Ihr sollt heiraten!«

»Nur weil Graf Godwin diese Bedingung stellte.«

»Eduard, hättet Ihr Euch nicht weigern können, hinüberzugehen?«

»Ich sah es als meine Pflicht an. England braucht einen sächsischen König. Das Land ist der Fremdherrschaft müde. Hätte ich nicht eingewilligt, wäre ein dänischer Prätendent aufgetaucht. Ich muß meine Pflicht tun und hoffe, sie immer zu erfüllen. Aber ich werde mein Gelübde ständiger Enthaltsamkeit unter keinen Umständen brechen.«

»Ihr müßt einen Erben als Nachfolger auf dem Thron haben.«

»Wilhelm, warum solltet *Ihr* mir nicht auf dem Thron von England folgen?«

»Ich, Eduard?«

»Seid Ihr nicht der Großneffe meiner Mutter Emma? Es könnte mir zufallen, meinen Nachfolger zu benennen.«

Nachdenklich sagte Wilhelm: »Ich habe mich immer für England interessiert – weit mehr als für Frankreich, das uns ja doch näher liegt.«

Eduard lächelte ihm zu. »Ich werde nie vergessen, was ich der Normandie verdanke, Wilhelm. Ich muß nach England gehen, weil es meine Pflicht ist. Ich muß Editha heiraten, obgleich es nur dem Namen nach geschehen wird. Aber mein Herz wird in der Normandie zurückbleiben, und ich werde die Sitten dieses Landes mitnehmen. Solange ich König bin, werden Normannen in England immer willkommen sein. Eines Tages werdet Ihr mich dort besuchen.«

Sie nahmen Abschied, und Wilhelm wünschte Eduard eine glückliche Reise.

Er wartete ungeduldig auf die Nachricht seiner Ankunft und fürchtete oft, er könnte wie Alfred verraten werden.

Schließlich hörte er, daß die Engländer, der dänischen Herrschaft überdrüssig, Eduard herzlich begrüßt hatten. Er hatte Editha geheiratet und sein Gelübde, die Ehe nicht zu vollziehen, gehalten. Die Mönche zollten Beifall und nannten ihn einen Heiligen, und bald hieß er im ganzen Land Eduard der Bekenner. Und weil er länger als siebenundzwanzig Jahre in der Normandie gelebt hatte, war er mehr Normanne als Sachse. Eine normannische Begleitung war ihm zwar nicht gestattet worden, doch begannen immer mehr Normannen, nach England hinüberzugehen. Als erstes schaffte Eduard die dänischen Steuern ab. Das machte ihn beliebt, und da er so fromm war, wurde er bald überall verehrt. Das Volk murrte zunächst nicht, als normannische Sitten eingeführt wurden, und es galt als vornehm, wie am Hofe normannisch zu sprechen.

Wilhelm suchte soviel wie möglich über England zu erfahren. Ein neuer Ehrgeiz war in ihm erwacht. Er wollte nicht mehr nur ein großer Herzog der Normandie werden, um neben Rollo und Richard dem Furchtlosen bestehen zu können. Er wollte auch König von England werden.

DER VERRÄTER

Es wurde Zeit für ihn, Conteville zu verlassen. Rouen war die Hauptstadt, und dorthin zog er mit seiner Mutter, seinem Stiefvater und ihrer Familie. Er war erst siebzehn Jahre alt, aber doch alt genug, um nun an Beratungen teilzunehmen. Seine Minister waren erstaunt über sein politisches Verständnis, dabei hielt er sich vorsichtig zurück, war nie überheblich und auf militärischem Gebiet genial. Das Herzogtum war noch nicht völlig befriedet, aber die Schar seiner Anhänger wuchs, und als er älter wurde, verstummten allmählich die Klagen über seine zu große Jugend.

Guy war nicht mit nach Rouen gezogen. Der Abschied von seinem Vetter war Wilhelm nicht leicht gefallen, und er hatte ihm als Zeichen seiner Zuneigung das Schloß von Brionne geschenkt. Traurig verabschiedete er sich von Guy, und obgleich dieser sich unbekümmert gab, war auch er bewegt.

»Es wird seltsam sein ohne dich«, sagte Wilhelm.

»Mit wem wirst du dich jetzt schlagen?«

»Da wird es andere geben.«

»Und doch wird es anders sein, Wilhelm. Mit ihnen wird es Training sein. Mit mir . . . gib es zu, Vetter, manchmal hättest du mich umbringen können.«

Wilhelm gab es zu.

»Das verlieh unseren Kämpfen Würze, stimmt's?«

»Ohne dich wird es zahm werden.«

»Stell dir mich in meinem Schloß in Brionne vor. Dort brauche ich wenigstens vor niemand das Knie zu beugen. Und sehr bald wirst du die Waffen eines Ritters tragen, dann bist du wirklich der Herzog und unser aller Herrscher. Die Zukunft liegt rosig vor dir.«

»Dennoch werde ich dich vermissen«, sagte Wilhelm.

Der König von Frankreich war nach Rouen gekommen, um an einer für Wilhelm bedeutsamen Zeremonie teilzunehmen. Er sollte seinem Volk beweisen, daß er der Waffen eines Edelmannes würdig und der ritterlichen Künste mächtig war.

Diese Zeremonie sollte die Krönung seiner harten Lehrjahre sein und jeden Zweifel an seiner Eignung als Herrscher beseitigen.

Das verhaßte Wort ›Bastard‹ war ihm allerdings immer gegenwärtig und spornte ihn an, mehr zu leisten, als gefordert war. Hatte Richard der Furchtlose daher seinen Namen? Hatte auch er den Impuls gehabt, den Makel seiner Geburt auszulöschen?

Heinrich traf ein, war freundlich und höflich. Aber Wilhelm, nun klüger geworden, war sich durchaus bewußt, daß für den König die Freundschaft mit ihm eine Frage der Nützlichkeit war, er durfte sich durch süße Worte und freundliches Verhalten nicht täuschen lassen, aber auch nicht vergessen, daß auch er des Königs Hilfe brauchte, um seiner aufsässigen Untertanen Herr zu werden und die Ruhe im Lande wiederherzustellen.

Ein großes Fest wurde veranstaltet, und Wilhelm selbst stand hinter des Königs Stuhl, um ihm als Zeichen des Respektes und der Verehrung aufzuwarten. Beide waren sich der Unsicherheit ihrer Freundschaft bewußt. Erst im vergangenen Jahr hatte Heinrich ein Fort an der normannisch-französischen Grenze zerstören lassen. ›Keinem soll es gehören‹, hatte der König zwar gesagt, aber kurz danach eine neue Befestigung errichten lassen und mit einer französischen Garnison belegt. Das war zuviel für Wilhelm. Er war jetzt achtzehn Jahre, also alt genug, seine Männer in die Schlacht zu führen. Wäre er dem Anspruch der Franzosen nicht entgegengetreten, hätten ihn seine Feinde sofort für ungeeignet gehalten. Er setzte sich an die Spitze seiner Männer, griff das Fort an und schlug die Franzosen in die Flucht.

Dieses Ereignis schien vergessen, denn der König war nun in

Rouen, Wilhelm hatte ihn als seinen Lehnsherrn anerkannt und ihm gehuldigt, indem er ihm bei Tisch aufwartete.

Alles war für die große Zeremonie vorbereitet.

Die Bürger von Rouen hatten sich um das Feld versammelt, wo Wilhelm seine ritterlichen Künste unter Beweis stellen und die goldenen Sporen gewinnen sollte.

Unter den Blicken der schweigenden Zuschauer ritt er ein. Hoch zu Roß, im stählernen Kettenhemd, den blitzenden Schild am linken Arm, die Lanze in der Rechten, bot er einen prächtigen Anblick. Groß und schlank, von imponierender Gestalt, das edel geschnittene Gesicht unter dem glänzendem Helm, wirkte er genau so stark und trotzig wie die auf seinen Schild gemalten Löwen.

Seine erste Aufgabe bestand darin, eine auf einen Pfosten gesetzte Strohpuppe, die mit einem aus Stahlrauten gefertigten normannischen Waffenrock gekleidet war und einen Schild trug, zu durchbohren. Im Galopp mußte er Schild und Waffenrock durchstoßen. Dazu waren jahrelange Übung, überdies große Geschicklichkeit und genaue zeitliche Berechnung erforderlich.

Wilhelms Herz schlug wild, ein Mißerfolg würde ihn für immer als unfähigen Herrscher ausweisen. Durch die anfeuernden Rufe der Zuschauer klang in seinen Ohren das alte Wort ›Bastard‹ nach. Er wußte die Augen des französischen Königs aufmerksam und unergründlich auf sich gerichtet. Wünschte er Wilhelm Erfolg oder Niederlage? Nur einer durfte Wilhelm ganz vertrauen, Arlette, seiner geliebten und ihn liebenden Mutter, die in ihrer mit Gräsern und Kräutern, Minze und Rosen ausgestreuten Loge inbrünstig wie nur je in ihrem Leben für seinen Erfolg betete.

Voll aufgeregter Spannung verfolgten seine Halbbrüder Odo und Robert das Schauspiel, der guten Wünsche seines Stiefvaters und der anderen loyalen Edelleute war er sicher. Gern hätte er Guy in der Nähe gehabt, warum war er nicht da? Wahrscheinlich zu beschäftigt in Brionne, überheblich geworden, seit er Schloßherr war.

Hier ging es um mehr als goldene Sporen, er war kein gewöhnlicher Schüler der ritterlichen Künste. Er war der Herzog der Normandie, eines Landes, das noch nicht zur Ruhe gekommen war. Ein hoher Einsatz stand auf dem Spiel, hing davon ab, daß er im Galopp diese leblose Figur genau im richtigen Augenblick mit der Lanze durchbohrte.

Wie viele der anwesenden Edelleute waren wirklich seine Freunde? Wie viele hofften auf seinen Erfolg? Wie viele beteten um eine Niederlage? Jetzt war es soweit. ›Rollo, Wilhelm Langschwert, Richard der Furchtlose, Robert der Prächtige, ihr meine verehrten Ahnen, laßt mich nicht im Stich‹, betete er. ›Laßt mich den Platz an eurer Seite einnehmen als einer der großen normannischen Herzöge.‹

War es das Dröhnen der Pferdehufe oder sein Herzschlag, die in seinem Kopf widerhallten? Die Zeit schien still zu stehen, die Puppe war weit entfernt, glich einem zum Leben erwachten spöttischen, boshaften Zauberer, der ihm eine Niederlage bereiten wollte. ›Bastard‹, schien er zu rufen. ›Kann ein Bastard Herzog der Normandie werden?‹

Wilhelm schluckte den aufsteigenden Zorn hinunter. »Euer Temperament schadet Euch«, hatte der alte Mauger gesagt, »Ihr müßt ruhig sein, um hart zu werden.«

Er befand sich nun genau vor der Puppe. Seine Lanze fuhr hoch, durch den Schild, durch den Panzer. Eine Sekunde hing die Gestalt in der Luft, schlug dann zu Boden. Und er saß noch zu Pferde, ritt um das Feld unter dem Beifall der Menge.

Die goldenen Sporen waren sein.

Rouen feierte. Überall, wo er sich zeigte, jubelte man ihm zu. Er war der richtige Herzog für sie. Noch nie zuvor hatten sie ein solche reiterliche Geschicklichkeit gesehen.

Seine Mutter weinte vor Freude.

»Wie wünschte ich, dein Vater hätte diesen Tag erlebt! Wie stolz wäre er gewesen! Noch nie hat ein Herzog der Normandie sich so hervorgetan, selbst Rollo könnte neben dir nicht bestehen.«

Er lachte sie aus. »Seid nicht ungerecht gegenüber Rollo.«

In den nun folgenden glücklichen Tagen fühlte er sich geborgen in der Liebe seiner Familie.

»Niemand kann jetzt noch sagen, ich sei zu jung, um zu regieren, und ich habe die Absicht, die Zügel in die Hand zu nehmen«, sagte Wilhelm.

Sein Stiefvater pflichtete ihm bei.

Ja, dachte Wilhelm, niemand kann jetzt zwar sagen, ich sei zu jung, aber Bastard können sie mich immer noch nennen.

»Meine erste Aufgabe wird sein, alle Edelleute zusammenzurufen«, sagte er, »damit sie mir noch einmal den Lehnseid leisten.«

»In Rouen?«

»In Bayeux, denke ich. Wenn sie den Eid schwören, wird es schwerer für sie, sich gegen mich zu erheben. Also, auf nach Bayeux.«

Er sagte seinen Halbbrüdern, seiner Mutter und seiner Schwester Lebewohl. Arlette umarmte ihn zärtlich.

»Ich bin so stolz auf dich, daß ich es gar nicht in Worte fassen kann«, sagte sie.

»Deine Augen zeigen es, Mutter.«

»Ich wußte, daß du es schaffen würdest. Ich weiß, daß du alles erreichen wirst, was du dir vornimmst. Ich werde nie den Traum vor deiner Geburt vergessen. Es war kein Traum. Es war eine Prophezeiung.«

»Der Traum von dem großen Baum, der aus Euch herauswuchs und dessen Zweige sich über die Normandie erstreckten?«

»Ja, mein Sohn, und darüber hinaus. Über das Meer. . .«

»Bis nach England«, sagte er. »Mutter, breitete sich der Baum über England aus?«

»Er breitete sich aus über nah und fern, soviel kann ich dir sagen.«

Er küßte ihre Hände. »Und ich sage Euch: Im ganzen Land gibt es keine Frau, die ich zu meiner Mutter haben wollte, außer Euch.«

Sie legte ihre Wange an seine Hand. »Gott segne dich, Wilhelm, er möge dir immer gnädig sein.«

Plötzlich änderte sich ihre Stimmung. Sie hob ihre schönen Augen zu ihm auf und sagte: »Wilhelm, du wirst nun heiraten müssen.«

Er lachte. »Ich habe viel zuviel zu tun.«

»Es ist deine Pflicht, Söhne zu bekommen, Wilhelm. Wer wird dir sonst nachfolgen? Es müssen deine Söhne sein.«

Heiraten? Er grübelte darüber nach. Bisher war wenig Zeit für Frauen gewesen. Aber natürlich hatte sie recht. Er würde heiraten müssen.

Wenn er in der Normandie die Ordnung wiederhergestellt hatte, würde er sich die Sache überlegen.

Triumphierend ritt er unter dem Jubel seiner Anhänger in Bayeux ein. Seine Augen glänzten vor Freude beim Anblick dieser schönen Stadt.

Mein, sagte er sich. Alles mein!

Er war immer von neuem begeistert, wenn er seine Besitzungen betrachtete.

Sicher würde er Guy in Bayeux treffen, denn natürlich müßte er unter den Edelleuten sein, die kommen würden, den Eid zu leisten. Guy würde wieder seine boshaften Bemerkungen über den Herzog der Normandie machen, und er würde es ihm heimzahlen, indem er einen gewissen Herrn erwähnte, dem offenbar der Besitz von Brionne und Vernon zu Kopf gestiegen war.

In der großen Halle waren die Ritter versammelt. Er setzte sich auf den Thron, musterte sie und erinnerte sich, wie ihn sein Vater vor langer Zeit dem Volk von Rouen als Herzog vorgestellt hatte.

Einer nach dem anderen trat vor, kniete nieder, küßte seine Hand und schwor ihm Treue.

Aber wo war Guy? Warum war Guy nicht gekommen?

Herlwin betrat sein Zimmer.

»Ihr habt mir etwas zu sagen?« fragte Wilhelm.

Herlwin nickte.

»Es handelt sich um Guy. Ist er krank? Bei Gott . . . er ist doch nicht tot?«

»Nein, Wilhelm. Er ist lebendig, sogar mehr als uns lieb sein kann.«

Wilhelm stand auf, die Hand am Schwert.

»Was bedeutet das?«

»Er war immer ein arroganter junger Teufel.«

»Ihr wollt sagen, er konspiriert gegen mich?«

»Er glaubt, einen größeren Anspruch auf die Herzogswürde zu haben durch seine Mutter, Eures Vaters Schwester.«

»Bei Gottes Herrlichkeit, bin ich nicht meines Vaters Sohn?«

»Und uns von ihm als Herzog vorgestellt. So ist es, und alle Robert dem Prächtigen loyal Gesinnten sind auf Eurer Seite. Aber es gibt einige . . .«

»Rebellen, und Guy unter ihnen. Guy, mein alter Freund und Gefährte.«

»Ihr habt immer miteinander gestritten.«

»Aber es war nie böse gemeint.«

»Nicht von Euch, Wilhelm.«

»Also Guy möchte Herzog werden.«

»Er hat einige Anhänger. Er sagt . . .«, Herlwin zögerte.

»Ich weiß, was er sagt«, rief Wilhelm, »er sagt, welches Recht hat ein Bastard auf die Herzogswürde? Das ist es, nicht wahr, Herlwin?«

»So ist es, mein Herzog.«

Wilhelm wurde purpurrot. »Ich gab ihm Brionne, ich gab ihm Vernon – zwei meiner schönsten Schlösser. Ich hätte sie behalten können, und Gott weiß, daß ich sie nur ungern hergab. Und ich gab sie Guy und damit die Möglichkeit, sich gegen mich zu erheben. Warte, Guy von Brionne, warte, wenn du in meine Hände fällst!«

Der Abfall Guys ging ihm näher, als er zeigen wollte. Allein wollte er darüber nachdenken.

In Conteville hatte er sich daran gewöhnt, allein und inkognito auszureiten, und er hatte dabei das einfache Volk besser kennengelernt, als es beim Adel sonst üblich war. Er pflegte sich als Sohn einer Kaufmannsfamilie auszugeben und erfuhr auf diese Weise viel über die Lebensbedingungen des Volkes und was es selbst davon hielt. Das war ein großer Vorteil.

Er war fest entschlossen, die Lage der Armen in seinem Land zu verbessern, sobald in seinem Herzogtum Frieden herrschte.

Während dieses Ausritts dachte er allerdings nur an Guy. Also waren diese Balgereien im Schulzimmer tödlich ernst gemeint gewesen? Guy hatte demnach nie echte verwandtschaftliche Gefühle für ihn gehegt? Seine spöttischen Reden über den Bastard hatten nur seinen unbezähmbaren Neid verborgen. Guy wollte Herzog der Normandie werden. Wilhelm lachte bei dem Gedanken. Der leichtsinnige, nur an sein Vergnügen denkende Guy! Hochmütiger, arroganter, eifersüchtiger Guy, dessen einzige Tugend die legitime Geburt war!

Und Guy hatte ihn verraten.

Wilhelm hatte sich daran gewöhnt, am Meer Entspannung zu suchen, wenn Anstrengungen und Schwierigkeiten auf ihn einstürmten. Schon der Anblick der See beruhigte ihn. Seine Mutter meinte, es käme von seinen Wikinger-Vorfahren, daß die normannische Küste ihn besonders anzog. Jenseits des Wassers lag Eduards Königreich, und er nahm jede Nachricht von drüben begierig auf. England faszinierte ihn um so mehr, seit Eduard ihn auf den Gedanken gebracht hatte, es könnte eines Tages ihm gehören.

Eduard hatte, es könnte eines Tages ihm gehören.

wer konnte es wissen? Wenn er nun *ihn* zu seinem Nachfolger bestimmte? Dann würde er hinübergehen und sich das Land, das ihm zustand, nehmen.

Und Brionne und Vernon hatte er seinem falschen Vetter gegeben! Es war weit bis ans Meer, heute würde er die Küste nicht mehr erreichen, sondern in einem Gasthof übernachten müssen, jedoch ohne sich zu erkennen zu geben.

Er erhielt ein Zimmer, bezahlte und zog sich zurück.

Die Gedanken an Guys Verrat ließen ihn nicht los, und er erinnerte sich wieder an den Morgen, als er Osbern tot neben sich gefunden hatte.

Welch treuer Mann – anders als sein Vetter Guy!

Wie sollte man wissen, wem man trauen konnte?

Er zog sich aus, legte sich auf den Strohsack und bedeckte sich mit seinem Umhang. Immer wieder überfielen ihn Erinnerungen an Guy, Guy, der versuchte, ihn beim Reiten auszustechen, bei Ringkämpfen auf die Matte zu werfen, den Pfeil weiter zu schießen, und immer bereit war, ihn mit dem Ruf ›Bastard‹ zu verspotten.

Ein Pochen an der Tür schreckte ihn auf. Im Handumdrehen war er aus dem Bett und prüfte den schweren Riegel, den er stets seit Osberns Tod in fremden Häusern vorschob.

Er lauschte an der Holztür.

»Herr . . . Herr . . .«

Er kannte diese Stimme, aber es war doch nicht möglich!

»Wer ist da?«

»Gallet . . . Gallet, Euer Narr.«

Er hatte sich also nicht getäuscht, zog den Riegel weg, und Gallet betrat schmutzbedeckt und zerzaust das Zimmer.

»Gallet, was ist passiert?«

»Flieht, Herr. Es ist nicht viel Zeit. Sie sind schon unterwegs, höchstens noch eine Meile von hier entfernt.«

»Wer Gallet, wer? Sag mir, wer?«

»Ranulfe von Bayeux, Néel von Coutances und viele mehr. Sie unterstützen Guy von Brionne. Ich hörte sie ihren Plan entwerfen. Sie hielten mich für zu dumm, um zu begreifen. Einer von ihnen hat Euch bis zu diesem Gasthof verfolgt. Herr, ich bitte Euch, wenn Euch Euer Leben lieb ist, geht . . . geht sofort.«

»Segen über dich, Gallet«, sagte Wilhelm, ergriff halbnackt, wie er war, seinen Umhang und lief die Treppe hinunter, aus dem Haus in den Stall. Er sattelte sein Pferd und ritt davon.

Die kühle Nachtluft ließ ihn, der nur ungenügend bekleidet war, frösteln. Als er die Straße erreichte, hörte er Hufgetrappel. Er bog in den Wald ab und verhielt dort, wohl wissend, daß die Reiter auf dem Weg zum Gasthof Mord im Sinn hatten.

Nie würde er diesen Ritt durch die Nacht vergessen, mit halberfrorenen Gliedern, unbewaffnet, auf einem fast erschöpften Pferd. Was würde ihm wohl geschehen, wenn er jetzt seinen Feinden in die Arme liefe.

Das Glück war auf seiner Seite.

Ein Mann kam auf ihn zugeritten. Was mochte er wohl denken, denn Wilhelm mußte einen seltsamen Anblick bieten.

»Führt dieser Weg nach Falaise?« fragte er, »ich bin nicht sicher und habe dort dringend zu tun.«

Bei des Mannes Antwort fiel ihm ein Stein vom Herzen.

»Mein Herzog, ich bin Euer treuer Untertan. Sagt mir, was ich für Euch tun kann.«

»Zunächst etwas Warmes zu essen und Kleidung, dann ein Pferd.«

»Folgt mir, Herr.«

Wilhelm hatte das Glück gehabt, Hubert de Rye, einen seiner treuen Untergebenen, zu treffen. In kurzer Zeit hatte er warme Kleidung auf dem Leib, ein gutes Mahl im Magen und ein ausgeruhtes Pferd.

Hubert de Ryes drei Söhne begleiteten den Herzog nach Falaise.

Wieder einmal knapp davon gekommen.

Guy, dachte Wilhelm, du wolltest mich also ermorden.

Er mußte ständig an Guy denken, denn obwohl er in seinem Leben schon viele Verräter kennengelernt hatte, war keiner wie Guy.

Manchmal fühlte er sich zutiefst getroffen, dann wieder von brennendem Haß erfüllt. Er würde Guy bestrafen, würde ihm zeigen, was es hieß, den Bastard zu verraten.

Er würde Guy und die Aufrührer mit Krieg überziehen.

Dieses Mal kam der König von Frankreich, wie er versprochen hatte, Wilhelm zur Hilfe. Wilhelm hatte seine Sporen gewonnen, sich in den ritterlichen Künsten ausgezeichnet, dazu ein breites Wissen erworben, er war fähig, sein Land zu regieren. Dem König ging es damals um einen friedlichen Nachbarn, und er hielt die Gelegenheit für günstig, Wilhelm zu zeigen, daß der Zwischenfall an der Grenze ihre Freundschaft nicht beeinträchtigt hatte. Er bot dem Herzog Hilfe an.

Nun standen sich also Wilhelm und Guy tatsächlich gegenüber. Guy war nicht der einzige Verräter, aber nur ihn hatte er im Sinn. Mit dieser Schlacht wollte er sich und allen Verrätern beweisen, daß nur er der Herzog der Normandie war.

Wilhelm stürzte sich in das Schlachtgetümmel. Er zählte nicht, wie viele von seiner Lanze durchbohrt wurden, aber jeder Stoß, jedes Aufeinanderprallen der Stahlschilde würde seinem Vetter zeigen, was es hieß, gegen den Herzog der Normandie aufzubegehren. In allen von seiner Hand Getöteten sah er seinen Vetter Guy.

Die Franzosen schlugen sich gut, und die Feinde des Herzogs waren ihm und seinen Verbündeten nicht gewachsen.

Sein erster Sieg! Er hatte ihn ehrenhaft erkämpft und überdies seinen rebellierenden Untertanen eine Lektion erteilt.

Sein erster Gedanke galt der Benachrichtigung seiner Mutter, denn er kannte ihre Ängste.

»Heute habe ich den Rebellen gezeigt, wer der Herzog der Normandie ist«, schrieb er.

Das stimmte, aber als er an der Seite des französischen Königs das Schlachtfeld überblickte und das Stöhnen der Verwundeten und Sterbenden hörte, beklagte er bitter diese blutige Auseinandersetzung und betete inständig um Frieden in der Normandie.

»Kriege bringen keinen Gewinn«, sagte er, »aber Verrätern muß eine Lektion erteilt werden, und das kann nur mit Blut geschehen.«

Guy hatte sich unter seinen Feinden befunden, aber wo war er jetzt?

Lag er irgendwo zwischen diesen blutigen Leibern?

Guy wurde nicht gefunden. Er war entkommen, so glaubte man, um in der ihm von seinem Herzog geschenkten Burg Zuflucht zu suchen.

»Glaubt er etwa, dort vor meinem Zorn sicher zu sein?« rief Wilhelm.

Der König von Frankreich kehrte in sein eigenes Land zurück, aber Wilhelms Aufgabe war noch nicht beendet.

Schön war diese Burg von Brionne! Ihre grauen Mauern

schienen unangreifbar, trotzig, beinahe sorglos. Brionne, die Stadt, die zu dem Schloß gehörte, lag von Steinmauern umschlossen, von deren Wällen der Feind mit Pfeilen belegt werden konnte.

Wilhelm erkannte, daß die Belagerten im Vorteil waren. Wie sollte eine solche Festung gestürmt werden?

Nun mußte er sein militärisches Können unter Beweis stellen. Sollte er aufgeben? Sollte er sich von Guy auslachen und verhöhnen lassen? »Seht Euren Herzog. Er ist geschlagen. Aber was kann man auch von einem Bastard erwarten?«

Es mußte einen Weg geben, und er würde ihn finden.

Er fand ihn. Am Flußufer ließ er zwei Türme erbauen, von denen aus er Stadt und Burg bombardieren ließ; niemand durfte herein und heraus. Die Belagerung von Brionne hatte begonnen.

So standen sie sich gegenüber, er und Guy, und der Sieg des einen würde dem Ehrgeiz des anderen ein Ende setzen.

Guy war also in seiner Burg eingeschlossen, aber gut ausgerüstet für eine lange Belagerung, und Wilhelm erkannte, daß er Brionne nur aushungern konnte.

Wochen vergingen, es wurde Winter. Wilhelm wütete gegen die Verzögerung, aber immer mehr Anhänger schlossen sich ihm an, denn die normannischen Ritter erkannten jetzt die Macht und Stärke ihres Herzogs.

Er hatte Zeit zum Grübeln. Sein Temperament war zwar hitzig, aber er konnte sich auch in Geduld üben. Er mußte dieses Warten durchhalten, das letzten Endes zum Erfolg führen würde. Dann und wann besprach er mit seinen Vertrauten seine künftigen Pläne für die Normandie. Bauen faszinierte ihn, sogar die Errichtung dieser beiden Türme hatte ihn tief befriedigt. Sein Volk sollte ein gutes Leben führen können, er wollte Gesetze erlassen, damit Gerechtigkeit im Land herrsche. »Aber zunächst brauchen wir Frieden«, pflegte er zu schließen.«

Der Winter verging.

»Wir müssen hier zwar in Untätigkeit verharren«, sagte Wilhelm, »aber entfernen wir uns, bedeutete das den Sieg meines verräterischen Vetters. Ich habe einen Plan. Ich werde hier eine Besatzung zurücklassen und Domfront zurückerobern, das der Graf von Anjou widerrechtlich besetzt hält, desgleichen Alençon.«

Er begann mit Domfront, das, auf den Angriff nicht vorbereitet, bald aufgab. Nach dieser schnellen Kapitulation rechnete er nicht mit dem hartnäckigen Widerstand in Alençon.

Überdies trieben die Bewohner ihren Spott mit ihm, indem sie über die Stadtmauern Häute hingen und mit ihren Lanzen darauf einschlugen.

»Häute, Häute für den Gerber-Bastard.«

Um Wilhelms Beherrschung war es geschehen. Er hatte dem Grafen von Anjou Gnade gezeigt und ihn entkommen lassen, aber das hier war zuviel.

»Bei Gottes Herrlichkeit«, gelobte er, »sie werden es büßen!«

Er führte einen wütenden Angriff gegen die Stadt. Brennendes Pech wurde gegen ihre Mauern geschleudert, und seine Empörung brannte genauso lichterloh.

»Nach der Eroberung sollen sie Hände und Füße verlieren«, schwor er.

Die Schlacht war kurz und heftig. Noch nie zuvor hatte der Herzog der Normandie so verbissen gekämpft. Er haßte die Bewohner von Alençon, wie er noch nie zuvor einen Feind gehaßt hatte.

Schnell erkannten sie ihren Fehler, den Herzog der Normandie herausgefordert zu haben. Verrat, selbst Mord konnte er vergeben, aber sich als Bastard verspottet zu sehen, konnte er nicht ertragen. Man brachte die Gefangenen vor ihn. Er sah zu, wie seine Befehle ausgeführt wurden, blieb hart, als sie um Gnade schrien. Sie hatten das Unentschuldbare begangen, sie hatten ihn Bastard genannt.

Er war allein. Würde er je den Anblick der sich in Schmerzen windenden Körper vergessen? Würde er je die Erinnerung an die auf ihn gerichteten Augen verbannen können? Er würde von gequälten Körpern und blutigen Arm- und Beinstümpfen träumen – von Männern, die nie wieder laufen, nie wieder arbeiten konnten. Sie würden ihn für immer verfluchen.

»Aber sie nannten mich Bastard«, rechtfertigte er sich. »Sie verdienten den Tod, aber ich war gnädig, ich nahm nur ihre Hände und Füße.«

Ein Herrscher mußte manchmal hart sein können. Er kämpfte um sein Leben. Man konnte ihm nicht nachsagen, daß er nicht mutig und kühn sei, wohl aber, daß er ein Bastard war.

Die Leute sollten lernen, was es kostete, so von ihrem Herzog zu sprechen. Er mußte die Männer von Alençon vergessen.

Nach der Eroberung von Domfront und Alençon kehrte er nach Brionne zurück.

Es war jetzt Sommer. Die Belagerung dauerte nun schon viele Monate.

Wie lange würden sie noch aushalten?

»Die Burg ist reif zur Übergabe«, sagte einer seiner Heerführer. »Wir haben schon Überläufer. Sie sagen, sie seien am Verhungern.«

Wilhelm lächelte. Seine Taktik war also richtig gewesen. Guy würde nun wissen, mit wem er es zu tun hatte.

Wie leicht wäre es gewesen, die Burg direkt anzugreifen – und geschlagen zurückweichen zu müssen.

Er hatte recht gehabt, abzuwarten und währenddessen Domfront und Alençon zu nehmen. Vielleicht waren Nachrichten über das, was den Männern von Alençon zugestoßen war, nach Brionne hineingeschmuggelt worden. Wie würden sie sich jetzt fühlen? Zitterten sie vor Angst? Betrachteten sie vielleicht ihre kostbaren Hände und Füße?

Während er zur Burg hinaufritt, wurde die Zugbrücke herabgelassen und eine Gestalt erschien, ein gebrochener verhungerter Mann, der kaum noch gehen konnte.

War das etwa Guy?

Wilhelm ging auf ihn zu und sah ihn an.

»Vetter«, sagte er, »mein Vetter, der Verräter.«

Guy warf sich vor Wilhelm auf die Knie.

Guy! Was hatte er mit ihm vorgehabt? Welcher Bestrafung hatte er ihn zuführen wollen? Jetzt konnte er nur noch Mitleid mit dieser armseligen, verzweifelten Kreatur empfinden.

Er hob ihn auf.

»Du bist nur noch ein Knochengrüst, Vetter«, sagte er.

»Und du wirst mich töten.«

»Dich töten?« antwortete Wilhelm. »Das hieße ja, dich fürchten. Ich fürchte niemand, Vetter, bestimmt nicht einen solch kümmerlichen Hungerleider wie dich.«

»Was hast du mit mir vor?«

»Ich werde dir deine Burgen wegnehmen«, sagte Wilhelm. »Diese schönen Schlösser werden wieder mir gehören. Du kannst hingehen, wohin du willst, aber ich möchte dich nie wiedersehen.«

Siegreich kehrte er nach Rouen zurück, und als ihn seine Mutter umarmte, erinnerte er sich, daß sie schon lange meinte, er solle eine Frau nehmen.

Er dachte daran, wie glücklich sein Vater und Arlette gewesen waren, wenn Robert nach Falaise zurückkehrte, wie sie sich an den Kindern gefreut hatten.

Er brauchte eine Frau, die ihn liebte und ihn warm umfing, wenn er nach Hause kam. Er brauchte Söhne, die ihm nachfolgten.

Danach verlangte er. Er wollte enger mit seinem Volk verbunden sein.

Er würde heiraten, und zwar eine Dame von edler Herkunft,

schon um seines Sohnes willen. Das Kind durfte kein Bastard sein und auch nicht von Kaufleuten abstammen.

Er sprach mit seiner Mutter darüber, die diese vertraulichen Gespräche innig liebte.

»Da ist Matilda von Flandern«, sagte sie, »eine Dame von hohem Rang, eine Prinzessin. Sie ist die Richtige für dich, Wilhelm.«

»Matilda von Flandern! Sie ist die Tochter von Baldwin von Flandern, von edler Herkunft und heiratsfähig, habe ich gehört.«

»Das stimmt«, antwortete die Mutter. »Herlwin ist schon lange der Ansicht, daß sie zu dir passen würde.«

»Dann werde ich die Dame heiraten, Mutter.«

Arlette lachte.

»Du solltest erst einmal um sie werben.«

Und weil Wilhelm ungern Zeit vergeudete und sich immer mehr mit dem Gedanken einer Heirat vertraut machte, beschloß er, dem Rat seiner Mutter zu folgen.

BEGEGNUNG AUF DER STRASSE

Im Tapisseriezimmer des Schloßes von Lille saßen zwei Mädchen über ihre Arbeit gebeugt. Geschickt handhaben sie die Nadel und betrachteten ab und zu kritisch ihre Stickerei. Sie waren noch sehr jung, noch nicht zwanzig Jahre alt, und ihre kostbare Kleidung unterschied sie von den Frauen, die im Hintergrund Seidenfäden sortierten oder Gobelins stickten.

Die jüngere, Matilda, war die schönere der beiden. Ihr flachsblondes Haar war zu einem langen Zopf geflochten, der bis zu den Knien gereicht hätte, aber hochgenommen und von einem juwelenbesetzten Haarnetz zusammengehalten war. Ein langes blaues Gewand mit weiten Ärmeln stand ihr gut zu Gesicht.

Auch ihre Schwester Judith war ein schönes Mädchen, beide waren stolz und selbstbewußt, denn ihr Vater, der Graf von Flandern, ein gütiger, freundlicher Mann, dem das Wohl seiner Untertanen am Herzen lag, verwöhnte seine Töchter. Ihre Mutter war die Schwester des regierenden französischen Königs.

Augenblicklich war im Schloß eine gewisse Aufregung zu spüren, weil der Gesandte Eduards des Bekenners einen Bräutigam für Judith vorgeschlagen hatte, so daß sich alle Aufmerksamkeit auf sie richtete.

Matilda legte ihre Stickerei beiseite und fragte: »Wirst du ihn nehmen, Judith?«

Der liebevolle und nachsichtige Vater überließ Judith allein die Entscheidung.

Nachdenklich neigte sie den Kopf.

»Diese Sachsen sind schöne Männer.«

»Nie sah ich klarere blaue Augen«, stimmte Matilda zu und dachte dabei an den Gesandten Brihtric Meaw, ›Schnee‹ genannt wegen seiner weißen Haut. Er war der schönste Mann, den sie je gesehen hatte. Wenn Tostig ihm gliche, sollte Judith ihn ohne Zögern nehmen.

»Sie haben eine liebenswürdige Art.«

»Liebenswürdig! Dein zukünftiger Schwiegervater scheint weit davon entfernt.«

»Sie können nicht alle gleich sein.«

»Solltest du nicht eigentlich Tostig noch besser kennenlernen?«

»Wenn es nur möglich wäre.«

»Ich würde nie einen Mann heiraten, den ich nicht gesehen habe«, bemerkte Matilda. Sie war immer die Beherztere gewesen, verwöhnter Liebling ihres Vaters, den sie mit ihren geradeaus geäußerten Ansichten amüsierte.

»Es ist weit nach England.«

»Ich würde immer von einem Mann erwarten, daß er mir den Hof macht«, fuhr Matilda fort, »und wenn ihm der Weg zu mir zu weit ist, dann wäre es mir auch zu ihm zu weit.«

»Du bist albern.«

»Ich sage, was ich fühle. Ist es albern, seine Meinung zu äußern?«

»Wir sind keine Dorfmädchen, deren Ehe nur sie allein betrifft.«

»Meine Ehe soll nur mich betreffen.«

»Welcher Unsinn, Matilda. Du weißt genau, daß für uns die Heirat arrangiert wird.«

Matilda lächelte. Sie stand nicht gern abseits, und als von Judiths Heirat gesprochen wurde, hatte sie sofort auch an die ihre gedacht. Sie brauchte nicht weit zu suchen. Ihre Augen waren auf den schönen Sachsen Brihtric gefallen. Welch Charme! Welche Schönheit! Diese blauen, blauen Augen! Die sanfte Art zu reden! Wie hart klang die flämische Sprache, verglichen mit der sächsischen. Sie wollte sächsisch lernen und nur noch diese Sprache sprechen. Am liebsten wäre sie zu Brihtric gegangen und hätte ihm gesagt, daß ihre Wahl auf ihn gefallen sei. Er würde kein einfacher Gesandter bleiben, denn sie, die Prinzessin, wollte ihn heiraten. Er würde zum Prinzen ernannt werden und von ihrem Vater Landbesitz erhalten. Das Herz wurde ihr weit vor Liebe zu dem schönen Sachsen. Der armen Judith war Tostig, der Sohn des Grafen Godwin, vorgeschlagen worden. Sie tat ihr leid, denn keiner konnte so schön wie Brihtric sein.

»Tostig ist der Sohn eines ehemaligen Hirten«, sagte sie.

»Graf Godwin ist der mächtigste Mann in England«, wehrte sich Judith, »daher hat man mir seinen Sohn vorgeschlagen.«

»Den Sohn eines Hirten!«

»Wie klug muß er sein.«

»Kluge Männer haben oft dumme Söhne.«

»Du bist eifersüchtig, Matilda, weil du noch keinen Mann hast.«

Matilda mußte lachen. »Keine Angst, Judith, ich werde mir meinen Mann aussuchen, aber ich gebe zu, daß ich gerne nach England ginge.«

»Es wurde immer wieder von diesem Land gesprochen, aber seit es von dem frommen Eduard regiert wird und dort Frieden herrscht, hört man nicht mehr soviel.«

»Was ich von Eduard höre, gefällt mir nicht sonderlich. Ich glaube, er ist ziemlich langweilig. Stell dir vor, er ist zwar verheiratet, aber die Ehe ist nie vollzogen worden. Ich möchte wissen, was Königin Editha davon hält.«

»Vielleicht wünscht sie es.«

»Das kann schon sein bei einem solchen Ehemann.«

»Es heißt, er sei ein Heiliger.«

»Wer möchte einen Heiligen zum Mann? Ich möchte einen starken Mann, der glaubt, er beherrsche mich. Und ich werde ihn in diesem Glauben halten, dabei aber tun, was ich will.«

»Weil du das mit Vater so gemacht hast, glaubst du wohl, du könntest einen Ehemann genauso behandeln?«

»Ich glaube, es wird mir gelingen«, lächelte Matilda.

Sie dachte an Brihtric. Er entsprach eigentlich nicht ihrer Beschreibung. Er war sanft, romantisch, ein echter Sachse; aber da war noch ein Zug um sein Kinn, der ihr eine gewisse Entschlossenheit verriet.

Wie schön bist du, Brihtric, dachte sie. Und wie werden deine blauen Augen strahlen, wenn ich dir sage, daß ich beschlossen habe, dich zu heiraten!

Sie ergriff einen blauen Seidenfaden und begann zu sticken. So blau waren seine Augen, und seine Haut war so weiß wie Schnee. Mein geliebter Schnee, wie glücklich wirst du sein.

Sie würde ihm sagen: »Liebster Brihtric, ich habe dich erwählt.« Und er würde antworten: »Wie gerne möchte ich Euch heiraten, aber Ihr seid eine flandrische Prinzessin und ich bin nur ein bescheidener Diener meines Königs.« Sie würde ihn beruhigen: »Ich werde heiraten, wen ich will. Überlaß das nur mir. Ich werde mit meinem Vater sprechen.«

Worüber lächelst du?« fragte Judith.

»Ich dachte daran, daß, wenn du Tostig nimmst und ich auch nach England heirate, wir uns nicht zu trennen brauchten.«

»Das wäre mir lieb, Matilda.«

»Mir auch«, sagte Matilda.

Der Graf von Flandern und seine Frau kamen, um den Fortgang der Stickarbeit zu betrachten. Die anmutige Adelais vergaß auch als Frau des Grafen nie, daß sie die Tochter eines Königs von Frankreich war. Baldwin, ihr Mann, war stolz auf sie; er war ein nachsichtiger Ehemann und Vater, und da er viele gute Eigenschaften hatte und trotz seines gütigen und freundlichen Wesens ein starker und gerechter Herrscher war, liebte ihn sein Land fast so wie seine Familie.

Matilda war berühmt wegen ihrer Gobelinstickerei, nicht nur in Flandern, sondern über die Grenzen hinaus. Sie galt also nicht nur wegen ihrer edlen Abkunft als gute Partie, sondern auch weil sie eine Kunstfertigkeit besaß, die bei einer Ehefrau besonders geschätzt wurde.

Ein beinahe fertiggestellter Wandteppich zeigte Matildas Ahnentafel. Baldwin und Adelais führten ihn immer wieder stolz ihren Gästen vor.

Matilda stammte nicht nur durch ihre Mutter von dem französischen Königshaus ab, sondern auch König Alfred der Große gehörte zu ihren Vorfahren, denn seine Tochter Elstrith hatte Baldwin II. von Flandern geheiratet. Diese wunderbare Arbeit berichtete von den Heiraten ihrer Familie, und Adelais betrachtete immer besonders liebevoll die Partie, die zeigte, wie sie die goldenen Lilien Frankreichs einbrachte.

Es gab auch eine Verbindung zur Normandie, denn Mathildas Großmutter, Eleanor, war die Tante des regierenden Herzogs Wilhelm.

Die Arbeit an dieser Stickerei hatte Matildas Stolz auf ihre Abkunft noch erhöht und ihr außerdem den Ruf eingetragen, klug und ideenreich wie kaum eine andere Frau in Europa mit der Nadel umgehen zu können. Adelais meinte, es würde sehr leicht sein, für ihre Tochter Matilda einen passenden Ehemann zu finden. Die Eltern bewunderten ihre Arbeit, und Adelais ging zu der Wand mit dem Familienteppich. Baldwin legte die Hand auf Matildas Schulter.

»Es ist schön, Tochter, Wie herrlich blau und weiß nebeneinander stehen.«

Matilda lächelte glücklich.

»Wenn Judith uns verläßt, wirst du es dann allein vollenden können?« fragte Baldwin.

»Noch bin ich nicht fort, Vater«, sagte Judith.

»Und ich hoffe auch, du wirst noch lange bei uns bleiben, mein liebes Kind«, versicherte Baldwin.

»Wir müssen uns beeilen«, fügte Matilda hinzu, »denn auch ich könnte bald an der Reihe sein.«

»Daran zweifle ich nicht«, sagte der Graf. »Und nun komm bitte mit mir und deiner Mutter, Judith. Ich möchte dir etwas sagen.«

Bereitwillig stand Judith auf.

Sie wird Tostig heiraten, dachte Matilda, und wird nach England gehen, und dann bin ich an der Reihe.

Sie stickte weiter an ihrem Gobelin und freute sich besonders an den schönen Blauschattierungen, die sie an Brihtrics Augen erinnerten.

Als sie aus dem Fenster sah, kam er gerade über den Schloßhof.

»Brihtric«, rief sie ihm zu, »einen fröhlichen guten Tag wünsche ich Euch.«

Er sah hinauf; die Sonne fiel auf sein blondes Haar und ließ es fast weiß erscheinen. Dankend verneigte er sich vor dem Gruß der Prinzessin.

»Ihr habt meine Gobelins noch nicht gesehen, Brihtric«, sagte sie.

»Ich hoffe, dieses Vergnügen eines Tages zu haben.«

»Warum nicht heute?«

»Lady, ich habe mit dem Grafen viel zu besprechen.«

»Wollt Ihr meine Einladung zurückweisen, Sir Brihtric?«

»Hat Euch Euer Vater gestattet, mich zu fragen, Lady?«

Sie schüttelte den Kopf. Offensichtlich wußte er nicht, daß sie in der Familie als eigenwillig galt. Sie würde es ihm beweisen.

»Brihtric, ich bestehe darauf, daß Ihr Euch meine Gobelins anseht.«

Er wandte sich zum Haus. Sie warf den Gefährtinnen einen Blick zu. Sie sitzen wie Krähen in der Ecke, dachte sie. Am liebsten hätte sie sie weggeschickt, aber das ginge vielleicht doch zu weit.

An der Tür stand ihr schöner Sachse.

»Tretet ein, Brihtric Meaw«, sagte sie. »Ich habe gehört, Ihr werdet Schnee genannt, weil Ihr so blond seid.«

Er verneigte sich voller Anmut, seine Stimme klang wie Musik. Wie gerne hörte sie ihn ›Lady Matilda‹ sagen.

»Kommt und betrachtet den Gobelin, der schon von vielen bewundert wurde. Es würde mich freuen, wenn er auch Euch gefiele.«

Sie führte ihn zu der Wand. »Hier seht Ihr meine edlen Vorfahren.«

»Er ist in der Tat sehr eindrucksvoll.«

»Hier ist Euer König Alfred der Große. In meinen Adern fließt sein Blut, ich gehöre also auch zu den Sachsen.«

116

»Deswegen seid Ihr so freundlich zu uns.«

»Ich fühle mich zu den Sachsen hingezogen, bewundere vieles an ihnen und höre gern von Eurem Land, das sich unter Eurem frommen König einer Zeit des Friedens erfreut.«

»Der König ist in der Tat ein Heiliger.«

»Aber ich hörte, seine arme Frau darf nicht mit ihm leben.«

»Mein König ist nicht der Mann, seine Gelübde zu brechen.«

»Obgleich er eine schöne Frau hat. Ist sie schön?«

»Das ist sie.«

Er wandte sich wieder dem Gobelin zu. »Eine ausgezeichnete Arbeit.«

»So gefällt er also Euch auch?«

»Von ganzem Herzen.«

»Erzählt mir von Euch, Brihtric.«

»Von mir? Verglichen mit Euch bin ich von einfacher Herkunft. Mein Vater ist Algar, Lord of Honour von Gloucester.«

»Ihr seid zu bescheiden. Ich hörte, Euer berühmter Lord Godwin sei Sohn eines Hirten. Stimmt das?«

»Man spricht nicht darüber.«

»Nein, dafür hat der Graf gesorgt. Aber er wurde ein sehr mächtiger Mann, es ist also nicht nötig, von königlicher Geburt zu sein. Ein kluger Mann kann zu königlicher Stellung aufsteigen oder königliche Kinder zeugen. Bedenkt, der Sohn eines Hirten zeugte eine Tochter, die nun Königin von England ist.«

»Ihr kennt Euch aus in den verschlungenen Fäden königlicher Familiengeschichte.«

»Das stimmt. Also, Sohn des Algar, Lord of Honour von Gloucester, ich sage Euch, seid nicht zu bescheiden.«

Sie lachte ihn an, und er wurde rot. Wie schön seine Haut aussah, wenn er errötete, wie Rosenblätter, zart und sanft. Am liebsten hätte sie seine Wange geküßt, um ihn noch tiefer erröten zu machen.

»Lady, ich muß jetzt zu Eurem Vater gehen. Es gibt wichtige Dinge zu besprechen.«

»Die bevorstehende Heirat?« fragte sie.

»Euer Vater wird mir seine Wünsche mitteilen.«

»Also geht«, sagte sie, »später werde ich Euch noch mehr Gobelins zeigen, denn ich sehe, sie interessieren Euch.«

Er verneigte sich und ging hinaus.

Sie lächelte, als sich die Tür hinter ihm schloß.

Sie traf ihren Vater allein an, umarmte ihn und legte ihre Wange an die seine.

»Liebster, bester Vater«, sagte sie.

»Was möchte meine Tochter von mir, wenn sie mich plötzlich so sehr liebt?«

»Vater, Ihr seid nicht lieb!«

»Zu meiner Matilda immer.«

»Ich möchte mich nur mit Euch unterhalten, wieder einmal vertraulich mit Euch plaudern, ohne daß jemand zuhört.«

»Dann wollen wir das genießen.«

»Wird Judith Tostig heiraten?«

»Es scheint so.«

»Und Ihr habt eingewilligt?«

»Wenn Judith zustimmt, ja.«

»Es gibt sicher nicht viele königliche Väter, die ihre Töchter entscheiden lassen, nur die allerbesten.«

»Liebste Tochter, ich möchte meine Kinder glücklich sehen.«

»Wenn also Judith einen einfachen Mann heiraten wollte, würdet Ihr es erlauben?«

»Graf Godwins Sohn kann man doch wohl kaum einfach nennen.«

»Aber wenn er es wäre. Angenommen, ihr Herz bräche, wenn sie nicht den einfachen Mann ihrer Wahl heiraten könnte, würdet Ihr Eure Einwilligung versagen?«

»Kannst du dir vorstellen, ich wünschte, meiner Tochter bräche das Herz?«

Sie umschlang ihn noch heftiger und küßte ihn.

»Ich habe es ja gewußt, Ihr liebt Eure Familie über alles.«

»Ich fürchte ja.«

»Kein Wunder, daß wir Euch auch lieben. Ihr habt mich sehr
glücklich gemacht, Vater.«

»Sag mir, was hast du auf dem Herzen?«

Sie zögerte, nein, sie würde es ihm noch nicht sagen, zuerst
wollte sie mit Brihtric sprechen.

Es war nicht leicht, bis zu den Gästezimmern vorzudringen
und allein mit ihm zu sprechen. Die Damen ihres Gefolges waren nur schwer abzuschütteln.

Glücklicherweise war er allein, als sie nach kurzem Anklopfen
eintrat.

Errötend erhob er sich und beugte sich über die ihm entgegen-
gestreckte Hand.

»Bitte, setzt Euch, Brihtric«, wies sie ihn an, »und ich werde
es auch tun.«

Er brachte ihr einen Stuhl, und sie setzte sich ihm gegenüber
mit vor Vergnügen funkelnden Augen, weil er so erschrocken
aussah.

»Ihr seid erstaunt, Brihtric?«

»Ich konnte nicht annehmen, daß Ihr hierher kommt.«

»Ich tue manchmal das Unerwartete. Ihr werdet Euch daran
gewöhnen, alle haben es getan.«

»Ich?« fragte er mit hochgezogenen Brauen und sah aus, als
wollte er davonlaufen.

»Wenn Ihr wieder nach Hause geht, müßtet ihr Abschied
nehmen von meinen Eltern und von mir. Tätet Ihr das gern,
Brihtric?«

»Nein, mir fiele es schwer zu gehen.«

Ihr Lächeln sagte alles. »Das freut mich, Brihtric. Es täte Euch also leid, uns zu verlassen?«

»Man fühlt sich hingezogen zu gewissen Orten . . . zu Menschen, selbst wenn man nur kurz da war.«

»Ihr sollt nicht traurig sein. Es gäbe die andere Möglichkeit, uns nie zu verlassen.«

»Ich verstehe Euch nicht.«

»Brihtric, Ihr seht sehr gut aus.«

»Lady, Ihr seid sehr freundlich.«

»Nein, ich bin nicht immer so. Und es hat nichts mit Freundlichkeit zu tun, wenn man die Wahrheit feststellt. Ist Euch bewußt, daß ich Euch leiden mag, Brihtric?«

»Ihr habt mir ein freundliches Interesse bewiesen.«

»Daß ich Euch sehr gerne mag?«

Verlegen errötete er.

»Ihr könnt nicht offen mit mir sprechen, schließlich seid Ihr nur ein Gesandter und ich die Prinzessin. So ist es doch, nicht wahr? Deswegen sagt Ihr mir nicht, wie schön Ihr mich findet, wenn ich Euch erkläre, daß Ihr gut ausseht.«

»Es wäre unnötig, alle Welt weiß es.«

»Alle Welt, ja, aber von Euch, Brihtric, möchte ich es hören.«

»Gewiß finde ich Euch schön.«

Sie lächelte glücklich. »Nun werde ich Euch sagen, was Ihr nicht aussprechen dürft. Meine Schwester wird einen Sachsen heiraten, ich will dasselbe tun. Ihr Mann wird Tostig sein. Warum sollte der meine nicht Brihtric heißen?«

Bestürzt stand er auf.

Sie trat zu ihm und legte eine Hand auf seinen Arm.

»Habt keine Angst, Brihtric. Ich verspreche Euch, meinen Vater vorzubereiten. Wenn ich erkläre, lieber sterben zu wollen, als auf Euch zu verzichten, dann werde ich Euch heiraten dürfen. Ihr braucht nichts zu fürchten und könnt mir vertrauen. Mein Vater wird seine Einwilligung geben.«

Mit vor Schreck erstarrtem Gesicht trat er zurück. Sie ergriff ihn am Arm und schüttelte ihn sanft.

»Ihr seid überrascht von diesem großen Glück. Lieber, lieber Brihtric, habt Vertrauen zu mir. Ich werde alles arrangieren, Ihr könnt Euch Eures Glückes freuen.«

Er stammelte: »Lady. . . Lady Matilda, es kann nicht sein.«

»Kann nicht sein? Ihr seid zu ängstlich. Ich sage, es wird sein, ich werde bekommen, was ich will.«

Sie stellte sich auf die Zehen und versuchte, ihn zu küssen, aber er trat hastig zurück.

»Es ist unmöglich«, sagte er, »selbst wenn Euer Vater einwilligte, könnte ich Euch nicht heiraten.«

»Ihr könntet mich nicht heiraten, wenn mein Vater einwilligte? Warum?«

»Weil . . . weil ich verlobt bin.«

»In Gloucester?«

Er nickte.

»Das kann gelöst werden. Das soll uns nicht hindern.«

»Lady Matilda, es kann nicht sein.«

Sie starrte ihn an, Zorn blitzte in ihren Augen auf.

»Ihr seid ein Feigling«, sagte sie.

»Nein, Lady.«

»Ihr habt Angst.«

»Ich habe keine Angst. Ich sage Euch lediglich, daß ich nur die Lady heiraten kann, mit der ich verlobt bin.«

»Das könnt Ihr jetzt nicht mehr wollen.«

»Vergebt mir, Lady, ich will es, und ich bin gebunden.«

Er verbeugte sich und ging an der völlig bestürzten Matilda vorbei zur Tür. Er war fort.

Matilda starrte auf die geschlossene Tür. Ihre Pläne waren gescheitert, und sie mußte sich mit der unglaublichen Tatsache abfinden, daß er sie nicht wollte.

Nie im Leben war sie so wütend, so tief gedemütigt worden. Sie hatte diesem Sachsen ihre Hand angeboten, und er hatte sie zurückgewiesen. Es war beschämend. Wie hatte sie sich so erniedrigen können? Weil sie ihn liebte, weil sie nur ihn als Ehemann wollte. Und er hatte sie zurückgewiesen – nicht weil er fürchtete, er verlange zuviel, sondern weil er verlobt war und entschlossen, die Frau seiner Wahl zu heiraten. Er war genauso entschlossen, wie sie es gewesen war.

Sie hatte den festen Zug um seine Lippen gesehen. Er war nur ein Gesandter und sie eine Prinzessin, aber er würde heiraten, wen er wollte.

Was konnte sie tun? An wen sich wenden, um getröstet zu werden? An Judith? An ihre Mutter? Sie würden sie tadeln. Wie hatte sie sich so erniedrigen können? Nicht an ihr war es, einen Mann zu fragen, ob er sie heiraten wollte, sondern ein berühmter Herrscher würde um ihre Hand bitten. Und ein hergelaufener sächsischer Gesandter hatte sie zurückgewiesen.

Nie würde sie diese Demütigung vergessen.

Nur ihr Stolz hielt sie aufrecht. Am liebsten hätte sie sich versteckt, aber das wäre aufgefallen. Niemand durfte erfahren, wie sie sich gedemütigt hatte. Sollte Brihtric ein Wort darüber verlieren, würde sie ihn umbringen lassen, sie selbst würde ihn töten.

Ihr Vater mißverstand ihre Stimmung.

»Liebste Matilda«, sagte er, »du möchtest auch heiraten. Das ist nur natürlich. Judith wird heiraten, warum nicht auch du. Ich werde dir etwas sagen. Wilhelm, Herzog der Normandie, hat zu verstehen gegeben, daß er um deine Hand anhalten will.«

»Wilhelm von der Normandie! Die Normandie ist in einem kläglichen Zustand, soviel ich weiß.«

»Seit dem Tode von Wilhelms Vater hat es dort ständig Aufruhr gegeben. Wilhelm war noch minderjährig, als ihm das Herzogsgewand angelegt wurde. Es ist immer gefährlich, wenn ein Herrscher zu jung ist.«

»Wahrscheinlich will er mich heiraten, weil er dann Euch als Verbündeten gewinnt.«

»Eine vernünftige Überlegung. Ich könnte nicht gegen meine eigene Tochter zu Felde ziehen.«

»Das weiß Wilhelm auch. Deswegen bittet er um meine Hand.«

»Königliche Verbindungen pflegen so geschlossen zu werden. Das weißt du wohl.«

»Stimmt es, daß mein Onkel Heinrich von Frankreich, noch jüngst sein Verbündeter, sich nun gegen ihn wenden will?«

»Das kann sein.«

»Und was geschähe dann mit dem Herzog?«

»Er würde sicher nicht unterliegen. Er soll ein starker Mann sein. Ich habe mich erkundigt. Er ist jung und sehr vital.«

»Vater vieler Bastarde, möchte ich wetten.«

»Ich habe noch von keinem gehört. Er nimmt seine Pflichten so ernst, daß er seine Zeit bisher mit Lernen verbracht hat.«

»Ein Ausbund von Tugend also.«

»Durchaus nicht. In Alençon ist er rücksichtslos vorgegangen.«

»Was geschah dort?«

»Die Bewohner der Stadt erregten sein Mißfallen. Sie spielten auf seine Herkunft an. Seine Mutter war die Tochter eines Gerbers. Er ließ Hände und Füße seiner Gefangenen abhacken und warf sie über die Stadtmauern.«

»Und einem solchen Mann würdet Ihr Eure Tochter geben?«

»Wenn sie ihn wollte? Bedenke, man hat ihn aufs gröbste herausgefordert. Er gilt sonst als gerecht und war seinem verräterischen Vetter gegenüber mehr als nachsichtig.«

»Sollte ich, eine Prinzessin, Nichte des französischen Königs, den Sohn von Gerbern heiraten?«

»Er ist der Sohn des Herzogs der Normandie, der vor ihm diesen Titel führte. Denk darüber nach, denn sicher werden wir bald den Besuch von des Herzogs Gesandten bekommen.«

»Nachdenken verpflichtet zu nichts«, sagte sie.

Es lenkte sie von ihrer eigenen Demütigung ab.

Sie dachte an Wilhelm, den Herzog der Normandie. Er mußte um die zwanzig Jahre alt sein und brauchte aus vielen Gründen eine Braut wie sie. Erstens war sie sehr umworben, und es stünde ihm gut an, wenn er sie gewönne. Er brauchte auch ihres Vaters Hilfe gegen seine Feinde, und eine Frau königlichen Geblüts würde seine Abstammung von einem Gerber wettmachen.

Sie kam zu dem Schluß, daß dieser Wilhelm ein sehr kluger Bursche sein mußte.

Was für ein Narr Brihtric dagegen war! Er hatte sich von ihr, die von den Großen Europas umworben wurde, abgewandt. Wie konnte er es wagen – dieser kleine sächsische Narr!

Sie haßte ihn, sie haßte die ganze Welt, sie haßte alle Bewerber.

In dieser Stimmung war sie, als die Gesandten des Herzogs der Normandie am Hofe erschienen.

Graf Baldwin nahm ihr Anliegen wohlwollend zur Kenntnis und erklärte seine Zustimmung, wenn seine Frau, Tochter des französischen Königs und höheren Ranges als er, gleichermaßen einverstanden sei.

Adelais hatte keine Einwände.

»Nun muß noch meine Tochter selbst gefragt werden«, sagte Baldwin lächelnd. »Ich werde sie rufen lassen, und Ihr sollt ihre Antwort hören.«

Matilda hatte die normannischen Gesandten über die Zugbrücke reiten sehen.

Wilhelm von der Normandie, dachte sie, braucht die Hilfe meines Vaters und mein königliches Blut und will mich deswegen heiraten. Brihtric brauchte mich nicht und wies mich daher ab.

Mit haßerfülltem Herzen nicht nur gegenüber Brihtric, sondern auch gegenüber Wilhelm, der nur um ihre Hand bat, weil er ihres Vaters Hilfe brauchte, folgte sie dem Pagen hinunter in die Halle.

Ihr Vater begrüßte sie und führte sie an seiner Hand zu den Boten des Herzogs. Sie wußte, daß sie in ihrem blauen Gewand mit den weiten hängenden Ärmeln und ihren zu zwei Zöpfen geflochtenem Haar schön aussah.

»Das ist meine Tochter Matilda«, sagte der Graf.

Die Männer verbeugten sich tief, sie lächelte sie an.

»Diese Ritter kommen von dem Hof Herzog Wilhelms von der Normandie«, sagte ihr Vater. »Er läßt durch sie um deine Hand anhalten.«

Sie richtete sich gerade auf und tat erstaunt.

»Meine Hand?«

Lächelnd über dieses für Matilda typische Verhalten bestätigte es der Graf.

Verächtlich verzog sie den Mund und dachte daran, wie er sich in Alençon aufgespielt hatte, der kleine Herrscher, den ihr Vater so hoch zu schätzen schien. Wie wütend er geworden war, als die Bewohner seiner Abstammung spotteten. Sie wandte sich zu ihrem Vater und sagte: »Ihr werdet doch nicht annehmen, daß ich, Enkelin des Königs von Frankreich, einen Bastard heirate.«

Tiefe Stille in der Halle. Sie sah die Gesichter der Gesandten, ihres Vaters entsetzten Blick, ihrer Mutter Erstaunen.

Seit ihrer Demütigung hatte sie sich nicht so glücklich gefühlt, glücklich darüber, jemand so zu verletzen, wie sie verletzt worden war. Sie ging noch einen Schritt weiter: »Lieber möchte ich Nonne werden, als mich einem Bastard geben.«

Berauscht von ihrem Triumph verneigte sie sich vor ihrem Vater, ihrer Mutter und den Gesandten und ging hoch erhobenen Hauptes hinaus.

Baldwin war betroffen, er und Adelais mißbilligten das Verhalten ihrer Tochter.

»Wie konntest du so sprechen?« fragte er. »Weißt du nicht, daß deine Worte dem Herzog wörtlich wiederholt werden?«

»Er soll meine Gefühle von Anfang an kennen. Vielleicht sieht er sich jetzt anderswo um, seinem zusammenbrechendem Reich einen Halt zu geben.«

»Ist dir klar, daß solche Worte eine verheerende Wirkung für uns haben könnten, wenn er in der Lage wäre, uns mit Krieg zu überziehen?«

»Aber Vater, er ist eben nicht in dieser Lage; weil er schwach ist, will er die Tochter eines starken Mannes heiraten.«

»Du bist zu hochmütig, Matilda«, sagte die Mutter.

»Wie könnt Ihr das sagen, Ihr, Tochter eines Königs! Soll ich einen Bastard heiraten, der zwar jetzt Herzog der Normandie ist, aber nur zu leicht abgesetzt werden kann, wenn jemand einen größeren Anspruch anmeldet.«

»Er wird immer Herzog bleiben«, entgegnete Adelais. »Er ist als solcher gekrönt worden. Dein Vater hat eine hohe Meinung von seinen Fähigkeiten.«

»Den Fähigkeiten eines Bastards!«

»Es war unfreundlich, diese Tatsache zu betonen. Wenn du ihn abweisen wolltest, hättest du einen anderen Grund nennen können.«

»Mutter, habt Ihr mich nicht immer zur Wahrheit angehalten?«

»Manchmal ist es politisch klüger, die Wahrheit zu verhüllen«, sagte Baldwin, »das wirst du noch lernen, mein Kind.«

Matilda blickte ungerührt die Eltern an: »Ich stehe zu dem, was ich gesagt habe. Er weiß jetzt, daß er sich nach einer anderen Frau umsehen muß.«

Adelais warf Baldwin einen Blick zu, der sagte: Du warst zu nachsichtig mit unseren Kindern, du hast sie zu sehr verwöhnt.

Baldwin gab das gerne zu; aber er liebte seine schöne Tochter zu sehr, um sie zu bestrafen. Sie war beherzt und eigenwillig, und er meinte, noch nie ein schöneres Mädchen als Matilda gesehen zu haben, wie sie mit blitzenden Augen und leicht errötet wütend an ihren flachsblonden Flechten zog, als ob es die Haare des verschmähten Herzogs der Normandie wären.

Einem Mann, der sie zu zähmen verstand, würde sie eine gute Frau sein, und man sagte dem jungen Herzog der Normandie nach, daß er stets seinen Willen durchsetzte. Schade, daß sie ihn so brüsk abgewiesen hatte.

In der nächsten Woche dachte Matilda nicht mehr so oft an Brihtric. Er mied sie, so wie sie ihn. Aber sie beschäftigte sich in Gedanken mit dem Herzog der Normandie und stellte sich vor, wie seine Gesandten ihm berichteten, was ihnen am Hof von Flandern widerfahren war.

Wütend würde er sein – und konnte seine Wut doch nur an seinen Gesandten auslassen! Sie hatte einiges über ihn erfahren. Er war ein großer Kriegsherr und übertraf alle anderen, ein wirklicher Menschenführer. Und Frauen? hatte sie gefragt. Mit wie vielen hatte er schon seine Kurzweil getrieben? Wie viele hatte er aus den eroberten Städten mitgeschleppt? Wie viele Bastarde – wie er einer war – hatte er schon über sein Herrschaftsgebiet verteilt? Niemand wußte es.

»Wilhelm von der Normandie hatte noch keine Zeit für Frauen«, hatte sie gehört. »In seiner Jugend stand er unter der strengen Aufsicht seiner Lehrer, und als er dann mündig wurde, mußte er sein Reich verteidigen.«

»Ein Dummkopf wird er sein, unerzogen, linkisch, unerfahren. Als ob ich so einen zum Mann wollte«, hatte sie erwidert.

Grimmig dachte sie an Brihtric. ›Ich habe genug von ungehobelten Dummköpfen!‹

Ungefähr eine Woche nach der Zurückweisung von Wilhelms

Antrag neckte sie ihren Vater damit. »Was, ist noch keine Kriegserklärung aus der Normandie eingetroffen?«

Er schüttelte den Kopf über sie.

»Es war äußerst unfreundlich, Matilda.«

»Es war die Sprache, die er verstehen wird.«

»Woher willst du das wissen?«

»Weil er ein Dummkopf sein muß. Wie sollte aus dem Enkel eines Gerbers ein Prinz werden?«

Baldwin wußte, daß Matilda in einer solchen Laune keinem vernünftigen Argument zugänglich sein würde.

Einige Tage später ritt Matilda aus, um in der Kathedrale die Messe zu hören. Auf den Straßen bestaunten die Menschen ihre Schönheit und kostbare Kleidung. Ihre Frauen mußten stets besondere Sorgfalt auf die Toilette der Prinzessin verwenden. Sie trug ein kostbares weißes, juwelengeschmücktes Gewand, und ihr langes dichtes Haar war wieder zu zwei Zöpfen geflochten. Auf ihrem Kopf saß ein Perlenreif.

Es schmeichelte ihrer Eitelkeit, bewundernde Ausrufe zu hören. »O wie schön sie ist!« Stolz saß sie im gold- und sibergeschmückten Sattel, einem Geschenk ihres Vater.

Plötzlich Tumult auf der Straße. Wie ärgerlich! Wer wagte es, die Aufmerksamkeit von der Prinzessin Matilda abzulenken?

Dann hörte sie: »Es ist der Herzog. Der Herzog der Normandie!«

Sie zügelte ihr Pferd, desgleichen ihre Frauen. Ihr Herz schlug wild. Es mußte ein Irrtum sein. Er konnte nicht nach Lille gekommen sein. Das würde er nicht wagen.

Aber sie täuschte sich. Ein Mann ritt auf sie zu. Man erkannte sofort seinen Rang an der Art, wie er zu Pferde saß. Er sah prächtig aus, hochgewachsen, mit dunklem Haar und energischem etwas vorspringendem Kinn. Seine Augen waren kalt und haßerfüllt auf sie gerichtet.

»Ihr seid Lady Matilda?« fragte er.

Hochmütig hob sie den Kopf. »Wer seid Ihr? Wie wagt Ihr?«

»Ich bin Wilhelm von der Normandie«, sagte er, sprang vom Pferd, ergriff ihre Zöpfe und zerrte sie zu Boden.

Die Frauen hinter ihr schrien auf, versuchten aber nicht einmal, abzusteigen. An den Zöpfen zog er sie in den Rinnstein. Ihr schönes Kleid wurde schmutzbespritzt. Das genügte ihm nicht. Als sie auf dem Boden liegend zu ihm aufsah, sagte er:

»Ich habe Eure Antwort erhalten, das ist die meine.«

Er beugte sich über sie und schlug ihr ins Gesicht, stieß mit dem Fuß und schlug noch mehrere Male zu.

Verletzt und fast ohnmächtig lag sie in der Gosse. Keiner versuchte, ihm in den Arm zu fallen. Sie verharrten in entsetztem und ängstlichem Schweigen, während er wieder aufsaß und davon ritt. Erst dann kümmerten sie sich um Matilda.

Auf einer schnell hergestellten Bahre wurde sie in den Palast zurückgetragen.

Die Frauen reinigten die Wunden. Die Mutter kam mit besonderen Salben und Ölen. Der Vater lief im Zimmer hin und her, Judith war bestürzt.

»Bei meiner Treu«, rief Baldwin, »diesen Burschen werde ich finden, ich werde ihn bis ans Ende der Welt jagen und keine Ruhe geben, bis ich seinen Kopf habe.«

Matilda öffnete die Augen und schwieg.

Ihr Vater trat an das Bett und berührte ihre Stirn.

»Seht Euch diese Verletzungen an! Mein armes, armes Kind. Wenn ich diesen Teufel in meine Gewalt bekomme!«

»Vater, hat man Euch nicht gesagt, wer er war?«

»Weiß man es denn?«

»Sie wissen es und haben Angst, es zu sagen. Sie fürchten ihn, selbst wenn er nicht da ist. Der Mann, der mich schlug, war der Herzog der Normandie.«

»Mein Gott«, rief Baldwin.

»Er versuchte gar nicht, sich zu verbergen, sondern sagte zu mir: ›Ich bin Wilhelm von der Normandie. Ich erhielt Eure Antwort, hier ist die meine.‹«

»Mein liebes Kind! Ich ahnte ja das Unheil, als ich deine Antwort hörte.«

»Er ist ein stolzer Mann«, sagte Matilda mit einem seltsamen Lächeln auf den zerschlagenen Lippen, »und ich weiß jetzt, daß er nicht ertragen kann, Bastard genannt zu werden.«

Sie lachte laut.

Die Eltern flüsterten miteinander. Sie hielten sie für hysterisch, das wußte sie, obwohl es durchaus nicht der Fall war.

»Wenn dieser Kerl meine Hilfe sucht, wird er es vergeblich tun«, murmelte Baldwin. »Ich werde mich seinen Feinden anschließen und alles tun, damit ihm sein Herzogtum entrissen wird. Ich werde nicht ruhen, bis ich mich an diesem Mann gerächt habe, der es wagte, in meine Stadt zu reiten umd meine Tochter zu mißhandeln.«

»Vater«, sagte Matilda schwach, »ich möchte jetzt schlafen.«

»Laß sie schlafen«, flüsterte Adelais. »Schlaf ist die beste Medizin für sie.«

Eine ihrer Frauen sollte bei ihr wachen und sie sofort benachrichtigen, wenn Matilda aufwachte.

Bei geschlossenen Augen sah sie ihn deutlich vor sich. Welch breite Schultern! Wie groß er war! Welcher Mut! Er hätte festgenommen werden können. Er nicht! ›Tretet zur Seite‹, hatte er in einem befehlsgewohnten Ton gesagt, und die Feiglinge waren zur Seite gewichen. ›Ich erhielt Eure Antwort und bringe Euch die meine.‹ Bei der Rückkehr seiner Gesandten mußte er so wütend geworden sein, daß er sofort beschloß, sich an Matilda zu rächen.

Ihr Pfeil hatte getroffen. Dafür hatte sie jetzt Beweis genug. Er war also ohne Gefolge nach Lille geritten und war ihr allein gegenüber getreten. An ihren dicken Zöpfen hatte er sie in die Gosse gezerrt. Ob er sie wohl schön gefunden hatte in ihrem schimmernden Gewand und auf dem prächtigen Pferd?

Keiner ihrer Begleiter hatte einen Finger gerührt. Instinktiv waren sie vor ihm zurückgewichen.

Welch ein Mann! Welch großer Mann!

Sie dachte an Brihtric mit dem Spitznamen Schnee wegen seiner schönen hellen Haut. Pah! Verglichen mit dem stolzen Bastard aus der Normandie konnte man ihn kaum einen Mann nennen!

Mit einem gewissen Wohlgefallen betrachtete sie ihre blauen Flecke. Wie er sie an den Haaren gezogen hatte! Ob sie ihm wohl gefallen hatten? Es mußte ihm aufgefallen sein, daß sie lang und golden waren. Welche Unverschämtheit! Welcher Mut! Allein in ihres Vaters Reich zu reiten!

Sie konnte es nicht vergessen und war erfüllt von einer köstlichen Erregung.

Sorgenvoll betraten ihre Eltern das Zimmer.

»Wie geht es dir, mein Liebling?« fragte Baldwin. »Hast du noch Schmerzen?«

»Ein wenig, Vater.«

»Mein tapferes Kind.«

»Stellt Euch vor, Vater, er ritt ohne Gefolge in Eure Stadt, und niemand rührte sich, um mir beizustehen.«

»Sie sollten ausgepeitscht werden«, sagte er.

»Sie waren machtlos. Bedenkt, der Herzog der Normandie!«

»Ich möchte ihm seinen herzoglichen Hals umdrehen.«

Matilda lachte.

»Vater, ich habe einen Entschluß gefaßt.«

»Wie meinst du das, Matilda?«

»Ich will den Herzog der Normandie heiraten.«

»Fühlst du dich auch wohl, mein Kind?«

»Vater, er ist ein wirklicher Mann. Wenn Ihr ihn gesehen hättet. Alle hatten Angst vor ihm . . . außer mir. Ich hatte keine Angst, ich war nur aufgeregt, aufgeregt, daß es auf der Welt einen solchen Mann gibt, und ich werde ihn heiraten.«

»Dieser Mann hat dich mißhandelt.«

»Er warf mich in die Gosse, er zerrte an meinen Haaren. Ich glaube, es machte ihm großen Spaß, mein Kleid zu beschmutzen und mich zu schlagen.«

»Fühlst du dich auch wirklich wohl, Liebling?« fragte Adelais.

»Besser als je.«

»Was! So verletzt wie du bist?«

»Es sind ehrenvolle Wunden, so ähnlich wie Kriegsnarben.«

Matilda lachte hell auf. »Er ist der einzige Mann, den ich heiraten würde. Endlich habe ich einen Mann gefunden. Er nimmt sich, was er will. Er hat keine Angst. Er ritt allein mitten in Eure Stadt und griff mich an.«

»Das Kind fühlt sich nicht wohl«, sagte Adelais. »Sie hat sich zu sehr aufgeregt. Ich werde dir einen Beruhigungstrank bereiten, Tochter.«

»Schickt lieber Eure Boten zum Herzog der Normandie. Sagt ihm, ich hätte meine Meinung geändert. Er ist zwar Bastard, aber der richtige Mann für mich. Ich will ihn heiraten, Vater, ihn und keinen anderen.«

Es dauerte eine Weile, bis sie einsahen, daß sie es ernst meinte. Ihre blauen Flecken zeigte sie vor, als ob sie stolz darauf wäre.

Das Leben war nun nicht mehr langweilig. Sollte Judith ihren Sachsen haben. Was wollte sie mit wehleidigen Sachsen? Sie hatte einen ihr ebenbürtigen Mann gefunden, sie würden zusammen ein aufregendes Leben führen.

Schließlich gab ihr Vater nach und schickte Boten nach Rouen.

Matilda von Flandern habe ihre Meinung geändert. Sie habe nichts mehr gegen eine Heirat mit Wilhelm von der Normandie einzuwenden. Sie bat ihn um seinen Besuch.

VERLÖBNIS UND HOCHZEIT

Im Schloß von Rouen sprach Wilhelm mit seiner Mutter.

»Warum habe ich das getan?« sagte er. »Ich habe mich nicht wie ein Edelmann benommen, ich verdiene meine goldenen Sporen nicht. Nicht nur Matilda habe ich für immer verloren, sondern meinen guten Namen obendrein.«

»Sie hat dich schlecht behandelt, Wilhelm«, tröstete ihn Arlette.

»Ihr ergreift immer meine Partei, Mutter.«

»Das will ich hoffen. Auf wen könntest du dich sonst verlassen, wenn nicht auf deine Mutter? In gewisser Beziehung ist es meine Schuld, Wilhelm. Ich liebte deinen Vater, und er liebte mich. Nach mir gab es keine Frau mehr in seinem Leben. Aber eine Heirat war unmöglich, du verstehst das jetzt. Und daher konntest du nicht sein legitimer Sohn und ich zugleich deine Mutter sein.«

Er ergriff ihre Hände und küßte sie. »Ich möchte keine andere Mutter haben«, sagte er. »Nur wenn ich dieses eine Wort höre, steigt es heiß in mir empor, und ich vergesse mich und tue schreckliche Dinge in meiner Wut. Alençon verfolgt mich. Allein die Gesichter der Umstehenden, Mutter, schrecklich! Es war meine Schuld. Ich werde Alençon nicht so schnell vergessen und jetzt Matilda. Mutter, sie ist eine schöne Frau, sie kann neben Euch bestehen.«

»Erzähl mir von ihr.«

»Langes dickes blondes, in der Sonne schimmerndes Haar. Ein stolzes Gesicht, das einer Prinzessin, einer legitimen Prinzessin, die sich geliebt und begehrt weiß und ihren Preis kennt. Der Sattel ihres Pferdes war mit Gold und Silber geschmückt, ihr weißes Gewand juwelenbesetzt, und sie war das schönste Geschöpf, das ich je gesehen habe, außer Euch.«

»Sie war schöner als ich, denn sie besitzt die Schönheit einer Prinzessin, und du hast sie in die Gosse geworfen.«

»Die Wut übermannte mich, eben weil sie so schön war. Wäre sie häßlich und bucklig gewesen, hätte ich ihr verziehen, aber nicht dieser stolzen Schönheit. Ich dachte, die möchte ich zu meiner Braut machen und jetzt noch mehr als zuvor. Sie würde mir viele Söhne gebären – stolze und königliche Söhne, würdig ihrer Vorfahren. Ich begehrte diese Frau, Mutter, und weil sie mich ›Bastard‹ nannte, sah ich vor Wut nur noch rot.«

»Du hättest sie töten können.«

»Nein, ich würde nie eine Frau töten. Ich denke nur noch an sie. Ich habe sogar schon erwogen, Flandern den Krieg zu erklären, um sie zu entführen und zu zwingen, mich zu heiraten.«

»Und wenn Baldwin von Flandern sich nun mit dem König von Frankreich verbündet?«

»Das wäre eine verzweifelte Lage. Aber habt keine Angst, ich kann Heere führen und bin ein besserer Soldat als der französische König oder der Graf von Flandern. Aber kommt da nicht jemand?«

Sie stand auf und ging zum Fenster.

»Ja«, sagte sie, »sind das nicht flämische Farben?«

»Bei Gottes Herrlichkeit«, rief er, »sie kommen aus Flandern.«

Er ging hinunter in die Halle. Weitere Beleidigungen? fragte er sich, oder ging es um ein Ultimatum des Grafen?

Er empfing die Gesandten und nahm die schriftliche Botschaft entgegen.

»Prinzessin Matilda von Flandern nimmt Euren Antrag an und bittet Euch, nach Lille und dieses Mal in den Palast zu kommen.«

Er starrte darauf und konnte es nicht fassen. War das eine Falle?

Sein Herz schlug wild, er würde die schöne Matilda wiedersehen.

Er ließ keine Zeit verstreichen, mit kleinem Gefolge verließ er Rouen noch am gleichen Tag.

Matilda hatte seine Ankunft beobachtet und ging hinunter in den Hof, denn sie wollte ihn als erste begrüßen. Das entsprach zwar nicht der Etikette, aber er sollte von Anfang an wissen, daß für sie nicht die gleichen Regeln wie für andere galten, sie tat, was ihr gefiel.

Er sprang vom Pferd, übergab es einem seiner Leute.

Er wirkt sogar noch herrischer, als ich dachte, schoß es ihr durch den Kopf, und mit strahlendem Lächeln trat sie ihm entgegen.

Er nahm ihre Hand und küßte sie.

Ihre Augen blitzten mutwillig. »Das ist ein anderer Gruß, Herzog, als bei unserem letzten Zusammentreffen.«

»Ihr habt mir verziehen.«

Ihr gefiel die Art dieser Feststellung, keine demütige Bitte, sondern eine selbstverständliche Annahme.

»Es amüsierte mich«, erwiderte sie. »Ich habe schon andere Bewerber gehabt, aber Ihr seid der erste, der mich in den Schmutz warf und über mich herfiel.«

»Ich habe das Temperament eines Teufels«, sagte er.

»Hat er eines? Wenn ja, würde ich es auch gerne herausfordern.«

Ihr Vater kam in den Hof, und sie wußte, daß er sich erstaunt fragte, was sie wohl als nächstes tun würde.

»Mir wurden Besucher gemeldet«, sagte der Graf.

»Vater, hier ist mein künftiger Gemahl, Wilhelm, Herzog der Normandie.«

Vergnügt beobachtete sie, wie ein Schatten sein sonst so gütiges Gesicht verdüsterte.

»Ihr seid also gekommen, Herzog«, sagte der Graf kühl. »Die Entscheidung meiner Tochter hat mich überrascht.«

»Mich nicht weniger«, erwiderte Wilhelm.

»Ich werde Euch meiner Gemahlin vorstellen«, sagte der Graf.

Gemeinsam gingen sie in den Palast, der Graf voran und zuletzt Matilda.

Wie aufrecht und edel sein Gang war!

Lieber Gott, dachte sie, diesen Mann kann ich lieben.

Er wurde gastfreundlich aufgenommen, spürte aber die mißtrauischen Blicke der Eltern, die er ihnen nicht verdenken konnte. Was hatte ihn bloß getrieben, dieses schöne Mädchen in die Gosse zu werfen? Und was trieb sie, das so leichthin zu verzeihen?

Der Graf von Flandern ließ ihn in sein eigenes Schlafzimmer führen, eine große Ehre. Er würde in dieser Nacht sein Bett mit ihm teilen, ein Zeichen höchsten Wohlwollens. Er wurde als Familienmitglied behandelt, und der Graf nahm ihn väterlich auf.

Er badete, legte Gewand und Umhang aus karmesinrotem Samt an als Zeichen seines Ranges, dazu die Herzogskrone und purpurne Schuhe. Er sah prächtig aus, sein Vater konnte auch nicht besser ausgesehen haben. Er freute sich an dieser Pracht, weil er Matilda gefallen wollte.

Sie war mit ihrem Vater in der großen Halle und hatte sich auch umgezogen, ein weißes Gewand, wie damals, als er sie zum ersten Mal sah. An Hals und Armen glitzerte Schmuck, die Ärmel reichten bis zum Boden, und ihr Haar lag offen um ihre Schultern.

Der Sitte entsprechend, legte Baldwin ihre Hand in die Wilhelms, und sie führte ihn zur Tafel.

Er sah nur Matilda und sie nur ihn. Sie liebte ihn, nicht nur wegen seiner Kühnheit und seines männlichen Aussehens, sondern weil er die schmerzliche Demütigung durch Brihtric weggewischt hatte. Wie hatte sie nur diesen Sachsen bewundern können, wenn es solche Männer wie Wilhelm gab?

Er konnte den Blick nicht von ihr wenden.

»Ich hoffe, ich gefalle Euch«, fragte sie.

»Ich sah nie eine Schönere . . . außer meiner Mutter.«

»Eure Mutter. Ich wirke also wie eine Mutter.«

»Noch nicht«, erwiderte er, »aber mit Gottes Hilfe werdet Ihr eine.«

»Ihr geht stürmisch vor, Herzog.«

»Das tat ich mein Leben lang.«

»Eure Mutter war also schön?«

»Sie *ist* schön. Sie galt als schönste Frau der Normandie, wie jeder bestätigen wird.«

»Stimmt es, daß Euer Vater sie beim Wäschewaschen im Fluß zum ersten Mal sah?«

»Ja, das stimmt.«

»Und das Ergebnis . . . ward Ihr, Herzog.«

»Ich sehe, Ihr wißt gut über mich Bescheid.«

»Sollte man nicht alles über den zu erfahren suchen, den man heiraten wird?«

»Ihr wußtet schon eine ganze Menge von mir, als Ihr beschloßt, mich nicht zu heiraten. Was ließ Euch Eure Meinung ändern?«

»Euer Anblick.«

»Bei dieser beschämenden Gelegenheit?«

»Damals entschloß ich mich.«

»Ich dachte, Ihr würdet mich hassen.«

»Ich haßte Euch so sehr, daß der Haß in Liebe umschlug.«

»Ihr seid eine seltsame Frau, Matilda.«

»Das sagt auch mein Vater, aber er liebt mich trotzdem.«

»So wie ich.«

»So schnell?«

»Was heißt so schnell?«

»Verliebt Ihr Euch immer so schnell?«

»Ich habe noch nie zuvor geliebt.«

»Für jemand in Liebesdingen Unerfahrenen kennt Ihr aber die richtigen Antworten.«

»Aus mir spricht mein Herz.«

»Dann wollt Ihr mich wirklich heiraten?«

»Am liebsten noch heute nacht.«

»Es wird etwas länger dauern, Herzog.«

»Das fürchte ich auch. Aber nun, da ich Euch gesehen und Eure Hand gehalten habe, werde ich nicht ruhen, bis Ihr meine Frau seid.«

»Noch ich, bis Ihr mein Mann seid.«

Sie legte ihre Hand in seine. »Ich gelobe Euch Treue, Wilhelm von der Normandie. Ich werde Eure Kinder gebären und ein Leben lang an Eurer Seite bleiben.«

»Der glücklichste Normanne ist heute der Herzog«, antwortete er.

Verblüfft beobachtete Baldwin seine Tochter. Aber hatte er je Matilda verstanden? Er wollte sie glücklich sehen und war zu dem Schluß gekommen, daß sie einen starken Mann brauchte.

Den hatte sie jetzt, soviel war sicher.

Welch eine Nacht! Es wurde gegessen, getrunken, und Sagas wurden vorgetragen. Wilhelm trug die vor, die er von seiner Mutter gehört hatte, und die Gesellschaft begeisterte sich an den Geschichten, wie Ragnar den Drachen erschlug und Sigurd Brunhilde gewann.

Zum Ergötzen der Gäste erklang Zither- und Flötenmusik, und als Wilhelm sich mit seinem Gastgeber zum Schlafen zurückzog, war er wie betäubt, aber die Zukunft lag so verheißungsvoll vor ihm wie nie zuvor.

Er konnte nicht in Flandern verweilen, weil er in der Normandie seine Hochzeit vorbereiten mußte.

Seine Mutter erwartete ihn im Schloß von Rouen, und noch ehe er absaß, war sie bei ihm im Hof.

»Ich habe Ängste ausgestanden«, sagte sie, »denn ich war überzeugt, es handle sich um eine Falle. Ich wollte dir Herlwin nachschicken und dich zur Umkehr bewegen oder doch dazu, auf alle Fälle nicht ohne Truppen nach Lille zu gehen. Aber er sagte, du würdest es ablehnen.«

»Er hatte recht und Eure Befürchtungen waren unbegründet. Mutter, erinnert Ihr Euch noch, wie es war, als Ihr zu meinem Vater kamt? So geht es jetzt mir. Matilda hat versprochen, mich zu heiraten.«

»Dann ist es also wirklich wahr.«

»Sie ist schön, Mutter, und von hinreißendem Temperament.«

»Es ist doch wirklich kein Verrat im Spiel?«

»Ich schwöre, nicht von Matildas Seite. Sie ist die richtige Frau für mich, ich möchte keine andere mehr.«

An diesem Abend war er guter Dinge. Allen im Schloß fiel die Veränderung des Herzogs auf. Hatte man nicht schon seit Jahresfrist gemeint, er sollte heiraten?

Einige Tage später kam der Umschwung.

Erzbischof Mauger, Vorbote des Bösen, wollte sofort den Herzog sprechen. Nur ungern empfing ihn Wilhelm, der seinen Onkel nie gemocht hatte.

»Ihr seid sicher gekommen, um über meine bevorstehende Heirat zu sprechen«, sagte Wilhelm.

Zustimmend neigte Mauger den Kopf. »Diese Heirat kann nicht stattfinden.«

»Nicht stattfinden! Seid Ihr verrückt? Ich habe Matilda von Flandern die Ehe versprochen, und sie hat sich mir anverlobt.«

»Der Papst wird es nicht gestatten.«

»Und warum nicht?«

»Ihr seid verwandt.«

»Unsinn.«

»Sechsten Grades nur, aber der Papst betrachtet die Verwandtschaft als zu nahe.«

»Ihr könnt dem Papst sagen, er sollte es sich noch einmal überlegen.«

»Es ist zwecklos, Herr. Der Papst wird der Heirat nicht zustimmen.«

»Dann stimmt er eben nicht zu. Sechsten Grades! Ein entfernter Vorfahre Matildas war ein Normanne und heiratete nach Flandern. Und deswegen sollen wir zu nahe verwandt sein, um zu heiraten! Ich habe keine Lust, mir solchen Unsinn anzuhören.«

»Ich habe des Papstes Antwort bei mir.«

»Ihr könnt sie ihm zurückschicken und ihm mitteilen, daß ich nichts davon hören will.«

»Würdet Ihr eine Exkommunikation auf Euch nehmen?«

»Ja«, rief Wilhelm.

»Und ewige Verdammnis?«

»Ja . . . für Matilda.«

»Ihr könnt Euch nicht gegen die Entscheidung Seiner Heiligkeit stellen.«

»Ich kann mich gegen alle stellen, die meinen Wünschen entgegentreten«, grollte Wilhelm.

Er schickte Mauger weg. Er glaubte zu wissen, was dahintersteckte. Der König von Frankreich wollte diese Heirat nicht. Seit je hatte er die Normandie zurückhaben wollen und stets bedauert, daß Rollo dieses Land verlangt und erhalten hatte. Er wollte der König Frankreichs sein, der die Normandie der französischen Krone zurückbrachte. Und wenn Wilhelm nach Flandern heiratete, würde der reiche und mächtige Baldwin sein Verbündeter.

Der Papst stand auf Seiten des französischen Königs und von Wilhelms Feinden. Daher versuchte er diese Heirat unter dem absurden Vorwand der Blutsverwandtschaft zu verhindern.

Und Matilda? Sicher hatte sie von der päpstlichen Entscheidung gehört. Er kannte sie noch nicht gut genug, um ihre Reaktion vorauszusehen. Er hatte Angst. Sie hatte so schnell beschlossen, ihn zu heiraten, könnte sie sich nicht genauso schnell gegen ihn entscheiden? Einer Sache war er jetzt schon sicher: die Entscheidung würde bei ihr, nicht bei ihrem Vater liegen.

Er mußte sie sofort sprechen und machte sich auf den Weg nach Lille.

Sie war überglücklich, ihn zu sehen.

Sie umarmte ihn. Stets war sie unberechenbar, aufregend, mitreißend. Bei ihr gab es keine schüchternen Blicke hinter goldenen Wimpern, kein gespieltes Widerstreben. Das war nicht Matildas Art.

»Ich hatte keine Zeit, Euren Vater von meiner Ankunft zu benachrichtigen«, sagte er.

»Das macht nichts. Es genügt, daß Ihr da seid.«

»Ich erhielt beunruhigende Nachrichten vom Papst.«

»Der alte Narr!« sagte Matilda. »Er sagt, wir seien entfernte Verwandte, sechsten Grades! Habt Ihr schon solchen Unsinn gehört?«

»Ich fürchtete, Ihr würdet es nicht so ansehen.«

»Ihr fürchtetet! Und ich dachte, einen Mann zu heiraten, der keine Furcht kennt!«

»Nur die, Euch zu verlieren.«

»Also, Herzog, Ihr wüßtet doch wohl, was Ihr tätet, wenn ich mich von dieses Narren Entscheidung beeindrucken ließe.«

»Euch entführen!«

»Nichts anderes würde ich erwarten!«

»Wir bereiten also weiter die Hochzeit vor, auch wenn das Exkommunikation für uns beide bedeuten könnte?«

»Auch dann, Herzog.«

»Ihr seid die wunderbarste Frau der Welt!«

»Denkt immer daran, daß nur der wunderbarste Mann der Welt meiner wert ist.«

Wilhelm ritt zurück nach Rouen.

»Zum Teufel mit dem Papst«, erklärte er seiner Mutter, »zum Teufel mit dem König von Frankreich, zum Teufel mit Mauger und allen meinen Feinden. Was kümmern sie mich, wenn ich Matilda habe?«

Die Feinde des Herzogs schätzten die Drohung des Papstes mit Exkommmunikation richtig ein.

Die angegebene Begründung der sehr entfernten Verwandtschaft zwischen Matilda und Wilhelm wurde als Vorwand erkannt. Wilhelm hatte also einflußreiche Männer zu Widersachern, die seine Stellung nicht durch ein Bündnis mit Flandern gestärkt sehen wollten.

Es war das Zeichen zum Aufruhr in dem gesamten Herzogtum. Wilhelm mußte sich notgedrungen auf langwierige Kämpfe einstellen, wenn er seine Herzogskrone behalten wollte. Anstatt Hochzeit zu feiern, wurden Schlachten geschlagen, und Monate vergingen mit der Belagerung seiner Gegner.

Seine Vorfahren hatten ihre unehelichen Nachkommen ziemlich großzügig über das ganze Herzogtum verteilt, und deren Nachkommen wiederum vertraten die Ansicht, daß ein Bastard genauso gut wie der andere sei, um die Herzogskrone zu tragen.

Eine weitere Schwierigkeit war die Drohung des Papstes, auch

Baldwin zu exkommunizieren, wenn er seiner Tochter gestattete, den Herzog der Normandie zu heiraten.

Sogar Matilda konnte ihren Vater nicht dazu bewegen, die Hochzeit dennoch zu feiern. So sehr sie trotzte und tobte, er schüttelte nur traurig den Kopf.

»Wir müssen einen Ausweg finden«, sagte er, »aber bis dahin heißt es warten.«

Eines Tages traf unerwartet Judith mit ihrem Mann Tostig und einem weiteren Gast von herrischem Aussehen ein. Schluchzend warf sich Judith in ihres Vaters Arme.

»Vater, wir mußten fliehen. Das ist mein Schwiegervater, Graf Godwin.«

»Willkommen«, sagte Baldwin und führte sie in den Palast.

Matilda war aufgeregt. Sie liebte dramatische Ereignisse und zog selbst tragisches Geschehen langweiliger Routine vor. Zwar war sie wütend über den Aufschub ihrer Hochzeit, aber doch neugierig auf die Geschichte ihrer Schwester.

Da war noch eine Sache, die sie nicht vergessen konnte. Wilhelm hatte ihr gesagt: ›Es kann sein, Matilda, daß ich Euch nicht nur zur Herzogin der Normandie mache, sondern auch zur Königin von England!‹

Königin von England! Immer wieder hatte sie daran denken müssen und versucht, sich Brihtrics Gefühle vorzustellen, wenn die Frau, die er beleidigt hatte, seine Königin wurde. Hüte dich, kleiner Sachse, sagte sie zu sich, ich werde jenen Tag nicht vergessen, auch wenn du ihn vergessen haben solltest.

Und warum sollte Wilhelm nicht König von England werden? Über Emma von der Normandie war er mit der Familie verwandt, und Eduard der Bekenner war ihm zugetan und hatte selbst diesen Vorschlag gemacht. Matilda wußte, wer im Wege stehen könnte: dieser Mann Godwin, der jetzt am flandrischen

Hofe war. Das Leben war doch herrlich spannend, selbst wenn die Rebellen und der Papst ihre Heirat mit Wilhelm verzögerten.

Sie erfuhr von dem Streit zwischen Godwin und Eduard. Seine Sache sei die gerechte – so sagte Godwin. Doch Matilda glaubte, auf dem Damenwege leichter zu erfahren, was eigentlich passiert war.

Tostig sei ein guter Mann, sagte Judith, könne aber sehr aufbrausen.

»Ich mag ihn«, antwortete Matilda, »und du möchtest doch auch keinen Dummkopf als Mann, Judith. Graf Godwin muß als junger Mann sehr gut ausgesehen haben.«

»Er gilt als der klügste Mann in England.«

»Aber nicht klug genug, um seine Verbannung durch den alten Eduard zu verhindern. Erzähl mir von Eduard, Judith. Ein seltsamer Mann! Stimmt es, daß er seine Frau nie in sein Bett genommen hat?«

»Das stimmt. Er hat Ehelosigkeit gelobt.«

»Diese Editha ist deine Schwägerin.«

»Ja.«

»Und wie ist sie?«

»Schön, gebildet und gut.«

Matilda verzog das Gesicht. »Ich würde keinem Ehemann gestatten, mich so zu behandeln.«

»Du könntest nichts machen, wenn dein Mann Eduard wäre. Nun ist sie in Ungnade gefallen und in ein Kloster geschickt worden.«

»Dort wird sie so fromm wie ihr Mann werden. Wilhelm kannte diesen Eduard vor Jahren, als er noch ein Knabe war.«

»Ja, Eduard lebte viele Jahre in der Normandie. Darin liegt der Kern der Schwierigkeiten. Eduard ist mehr Normanne als Engländer. Er hat normannische Mode eingeführt. Man trägt nicht mehr die langen sächsischen Röcke, sondern den kurzen normannischen Überwurf mit den weiten Ärmeln. Man sagt, man müsse normannisch sprechen, um von Eduard eine Gunst zu erbitten. Es gilt als modisch, normannisch zu sprechen, weil es am Hofe gesprochen wird.«

»Ich dachte, König Eduard kümmere sich nicht um Mode.«

»Das tut er auch nicht. Er läßt seine Röcke nur mit Lammfell verbrämen. Mein Schwiegervater und Tostig tragen Zobel, Biber und Fuchs.«

»Er ist zu fromm, um ein guter König zu sein.«

»Das Volk schätzt seine Frömmigkeit sehr.«

»Ach, die Sachsen!« erwiderte Matilda und dachte an Brihtric. »Erzähl mir von dem Streit zwischen deinem Schwiegervater und dem König.«

»Der König wird zwar wegen seiner Frömmigkeit bewundert, aber viele beklagen doch seine Vorliebe für die Normannen, die einen Großteil der hohen Ämter innehaben.«

»Und das mißfällt Vater Godwin.«

»Es war mein Schwiegervater, der Eduard nach England kommen ließ. Mit seiner Hilfe wurde er König.«

»Und nun dieser Streit.«

»Natürlich sind viele Lords eifersüchtig auf meinen Schwiegervater. Und weil der König keine Kinder hat, wird er keinen Sohn als Nachfolger haben.«

»Und wer wird dann sein Nachfolger?« fragte Matilda ruhig.

»Natürlich sollte es einer der Söhne meines Schwiegervaters sein.«

»Zum Beispiel Tostig?«

»Warum nicht?«

»Du siehst dich also schon als Königin von England, Schwester?«

»Tostig wäre ein guter König, wie das Land ihn braucht.«

»Ein Land braucht immer einen guten starken König und eine Königin.«

Aber nicht dich, Judith, dachte sie. Mein Wilhelm, nicht dein

Tostig, soll König dieses Landes werden und ich seine Königin, nicht du.

Sie mußte ihre Zunge in Zaum halten. Sie mußte alles herausfinden und selbst nichts verraten, nur so konnte sie Wilhelm und sich selbst nützen.

»Erzähl mir noch mehr von dem Streit.«

»Du hast doch schon alles gehört.«

»Nicht die genauen Einzelheiten. Und du erzählst mir die Geschichte viel besser, Judith, als dein Schwiegervater unserem Vater.«

»Es ist die Schuld der Normannen. Du erinnerst dich, daß Eustace von Boulogne mit seiner Frau England besuchte.«

»Sie war doch Eduards Schwester, nicht wahr?«

»Ja. Er landete in Dover und benahm sich, als ob er der Lehnsherr wäre. Er ging mit seinem Gefolge durch die Stadt, betrat einfach die Häuser, in denen sie Aufenthalt nehmen wollten, und verlangte von ihren Bewohnern, sie als geehrte Gäste zu behandeln.«

»Was diese durchaus nicht im Sinn hatten.«

»Warum sollten sie sich den Eindringlingen gegenüber wie Hauspersonal benehmen, die befahlen, daß man für sie koche, die die Hausherren aus ihren Betten warfen und sich mit ihren Frauen und Töchtern vergnügten? Würdest du von den Engländern erwarten, sich das gefallen zu lassen?«

»Bestimmt nicht.«

»Und du kannst dir vorstellen, daß es nicht lange dauerte, bis die Eindringlinge angegriffen wurden. In den Straßen von Dover brach eine richtige Schlacht aus, die Bewohner siegten, neunzehn Normannen wurden getötet und viele verwundet. Graf Eustace entkam und flüchtete nach Gloucester, wo sich Eduard aufhielt; dort log er ihm vor, wie sich die Bewohner von Dover gegen die Besucher erhoben hätten.«

»Und Eduard glaubte es.«

»Er würde immer einem Normannen mehr Glauben schenken als einem Engländer.«

»Und er befahl Graf Godwin Truppen nach Dover zu führen und den Bewohnern eine Lektion zu erteilen. Stimmt's?«

»Ja, und Graf Godwin weigerte sich, mit Waffen gegen seine Landsleute vorzugehen.«

»Er beschwerte sich außerdem darüber, daß der König stets die Normannen bevorzugte«, warf Matilda ein.

»Und mit Recht«, sagte Judith leidenschaftlich. »Er sagte dem König, er würde seine Landsleute gegen die Fremden verteidigen und sie nicht bestrafen, wenn sie für ihre Rechte einträten.«

»Und der König?«

»Er hatte damals andere Dinge im Kopf. An der Waliser Grenze waren Unruhen. Deswegen mußte er Graf Godwins Wünschen nachgeben.«

»Was die Bewohner Dovers diesem dankten.«

»Sie verhalten sich loyal gegenüber dem Grafen, und wissen, daß der König ein schwacher Mann ist.«

»Und doch ist der Graf jetzt hier – im Exil.«

»Graf Godwin hat berichtet, was geschehen ist. Einige Jahre nach diesem Vorfall in Dover kam Eustace abermals dorthin und benahm sich genau wie das letzte Mal. Der König glaubte die ihm von Eustace erzählte Geschichte und befahl dieses Mal Graf Godwin, mit seinen Soldaten in die Stadt zu marschieren und die Bewohner zu bestrafen.«

»Und wiederum weigerte er sich.«

»Genau«, sagte Judith erregt. »Sollte er die Waffen gegen seine eigenen Leute zum Nutzen der Normannen erheben?«

»Sein König wünschte es.«

»Du bist komisch, Matilda. Weil du dich mit einem Normannen verlobt hast, bist du wie König Eduard. Du willst nichts Schlechtes über sie hören.«

»So ist es nicht. Aber sollten nicht Untertanen ihren Königen Gehorsam leisten?«

»Graf Godwin ist kein gewöhnlicher Untertan.«

«Offensichtlich nicht, wie ich höre. Aber weiter.«

»Anstatt Dover anzugreifen, stellte Graf Godwin ein Heer auf und marschierte nach Gloucester, wo sich der König aufhielt, um ihm damit zu zeigen, daß er den Normannen nicht gestatten würde, die Häuser unserer Bürger zu plündern. Eduard rief zwei unserer mächtigsten Fürsten zu sich, Leofric und Siward, und sie stellten sich auf seine Seite gegen Graf Godwin.«

»Warum taten sie das?« fragte Matilda.

»Weil sie neidisch auf Godwin sind. Sie möchten an seiner Stelle stehen.«

»Im Augenblick wohl nicht so sehr«, sagte Matilda etwas boshaft.

»Es ist eine Tragödie«, erklärte Judith. »Wir sind verraten worden. Das Land stand vor dem Bürgerkrieg – und kannst du zweifeln, wer der Sieger gewesen wäre?«

»Dein Godwin, des bin ich sicher.«

»Aber es wurde beschlossen, die Angelegenheit vor den Witan zu bringen. In der Zwischenzeit stellte Eduard ein Heer zusammen und übertrug Normannen die Führung. Es war klar, daß sein Angriff uns und unserer Familie galt. Unser Besitz wurde eingezogen, und wir konnten nur noch hoffen zu entkommen. Natürlich kam ich nach Hause.«

»Und brachtest deine Familie mit. Arme Judith, du tust mir leid.«

»Und du mir, Matilda. Ich habe gehört, daß sie deiner Heirat nie zustimmen werden. Vielleicht ist es gut so. Ein Normanne, Matilda! Bedenke, was die Normannen uns angetan haben. Du solltest dankbar sein, daß der Papst Einspruch erhob.«

Matilda wollte schon ihrer Schwester sagen, daß niemand ihre Heirat mit Wilhelm von der Normandie verhindern könnte und daß weder er noch sie zu denen gehörten, die sich von anderen ihre Handlungen vorschreiben ließen. Wenn sie sich zu etwas entschlossen hätten, würden sie es auch durchsetzen.

Aber nach allem, was sie von ihrer Schwester gehört hatte, und angesichts deren enger Verbindung mit den Godwins, die , wie sie wohl wußte, nach dem Thron von England strebten, schien ihr Schweigen besser am Platze, und stumm betätigte sie ihre Nadel.

Wilhelm ritt nach Lille. Diese Besuche bei seiner Verlobten entsprachen nicht der Etikette, aber Baldwin hatte sich daran gewöhnt.

Wilhelm hatte Matilda eine Botschaft geschickt, daß er sie allein sprechen wolle, ohne den Besuchern zu begegnen. Das leuchtete ihr ein, und sie erwartete ihn.

»Kommt«, sagte sie, »niemand weiß, daß Ihr hier seid. Ist etwas geschehen?«

»Etwas außerordentlich Wichtiges. Eduard hat mich eingeladen, England zu besuchen.«

Sie hielt den Atem an. »Weil Godwin und seine Familie hier sind.«

Sie entzückte ihn. Er brauchte ihr fast gar nichts zu erkären, sie folgte seinen Gedankengängen und war ihm so nahe wie nie ein Mensch zuvor außer seiner Mutter.

»Warum will er Euch sehen? Denkt Ihr das gleiche wie ich?«

»Er wird alt«, sagte Wilhelm.

»Und er hat keinen Nachfolger. Er liebt die Normannen. Sie sagen, er sei mehr Normanne als Engländer.«

»Genau das denke ich auch.«

»Wenn er Euch zu seinem Nachfolger machte – würden Euch die Engländer akzeptieren?«

»Sie müßten es, wenn ich die Krone annehme.«

»Ihr müßt so bald wie möglich hinüberfahren.«

»Ich wollte, ich könnte Euch mitnehmen.«

»Eines Tages wird es soweit sein. Ihr werdet mich als Eure Königin mitnehmen.«

»Das schwöre ich. Und wenn ich aus England zurückkehre, Matilda, werden wir heiraten, welche Hindernisse man uns auch in den Weg legt.«

»Ich schwöre mit Euch, Wilhelm von der Normandie«, sagte sie und fügte hinzu: »König von England.«

Wie wenig glich dieser alte Mann noch dem schönen blauäugigen Jüngling, den Wilhelm gekannt hatte. Eduard war über seine Jahre hinaus gealtert. Sein Haar war nun wirklich weiß, seine schönen blauen Augen trübe, die Kleidung unansehnlich, und das asketische mönchische Aussehen trat stärker hervor.

Eduard umarmte Wilhelm herzlich und sagte ihm, daß er nie die Gastfreundschaft seines Vaters vergessen würde.

»Das waren glückliche Zeiten, als Alfred und ich in Jumièges bei den Mönchen lebten.«

»Dort lerntet Ihr Gefallen finden an dem mönchischen Leben«, sagte Wilhelm.

Er war erstaunt, wie spartanisch Eduard lebte, obgleich man ihm schon davon berichtet hatte. Er aß kärglich – was bestimmt nicht normannische Gewohnheit war – und verbrachte einen Großteil seiner Zeit im Gebet.

Wilhelm sagte, er würde während seines Aufenthaltes gerne das Land etwas kennenlernen.

»Wir werden das arrangieren«, erwiderte Eduard.

Er nahm ihn mit in sein Privatzimmer im Kloster von Gloucester, wo Wilhelm ihn aufgesucht hatte. Es glich einer Mönchszelle.

Er wird nicht mehr lange leben, sagte sich Wilhelm.

»Ihr wäret wohl glücklicher gewesen, hättet Ihr in Jumièges bleiben können – obgleich Ihr dort im Exil lebtet.«

»Die Normandie wurde unsere Heimat. Wir waren so jung, als wir hinkamen und konnten uns nur wenig an England erinnern.«

»Viel ist normannisch hier, fällt mir auf.«

»Sie werfen mir vor, mein Geschmack sei zu normannisch. Arme einfältige Leute! Ich führe nur *die* normannischen Sitten ein, die besser als die sächsischen sind.«

»Dieser Godwin ist in Flandern.«

»Ich weiß. Ein Verräter. Hoffentlich bleibt er lange drüben.«

»Ist das Volk auf seiner Seite?«

»Er und seine Söhne haben eine gewisse Anhängerschaft. Harald ist der gefährlichste. Man sagt, er stelle in Irland ein Heer zusammen, um seinen Vater hierher zurückzubringen.«

»Ihr haßt Godwin«, sagte Wilhelm.

»Ich bin Christ und hasse keinen Menschen. Ich habe zu vergessen gesucht, daß er hinter dem Mord an meinem Bruder Alfred stand, aber es fällt mir schwer.«

»Diese Familie ist sehr ehrgeizig.«

»Sie wollen die Krone.«

»Wen würdet Ihr zu Eurem Nachfolger ernennen? Die Söhne dieses Mannes? Harald? Tostig?«

»Nie.«

»Könnten sie einen Anspruch erheben?«

»Zweifellos. Seine Tochter ist meine Frau.«

»Die Ihr aus Eurer Nähe verbannt habt.«

»Sie war nie meine Frau, und nun ist sie in einem Kloster. Ich habe nie eine Frau, ob Ehefrau oder nicht, angerührt. Godwin bestand auf der Heirat, aber er konnte mich nicht zwingen, die Ehe zu vollziehen.«

»Er sagt, er habe Euch nach England gebracht und zum König gemacht; ohne seine Unterstützung hättet Ihr nie zurückkommen können.«

»Das ist wohl richtig. Aber Macht, wie dieser Mann sie ausübt, ist korrumpierend, vor allem da er nicht dafür geboren wurde.«

»Er ist sehr mächtig, seine Söhne auch?«

»Harald ist stark, ein ernster junger Mann, ehrgeizig wie sein Vater. Tostig ist zu ungestüm, genau wie Sven, der im Exil lebt. Er würde nie anerkannt werden.«

»Godwin wird also versuchen, Harald oder Tostig auf den Thron zu bringen.«

»Ich denke Harald. Er ist der älteste, mutig, tüchtig und beliebt beim Volk. Aber Ihr werdet verstehen, Wilhelm, daß ich nicht den Sohn von meines Bruders Mörder auf dem Thron sehen möchte.«

»Ich verstehe es, Eduard. Aber was wollt Ihr tun?«

Eduard sah Wilhelm mit glanzlosen Augen an: »Ich möchte die Normandie und England unter einem starken Herrscher sehen.«

Wilhelm fühlte das Blut in seine Wangen steigen.

»Ich würde das Land mit fester Hand regieren«, sagte er.

»Das weiß ich. Ich habe von den Gefahren gehört, mit denen Ihr in der Normandie zu kämpfen hattet, und ich freue mich, wie Ihr damit fertig geworden seid. Es ist eine schwierige Rolle, Wilhelm, schon als Kind Herzog zu werden. Wie viele Gefahren habt Ihr schon sicher bestanden, und ich habe gehört, daß Ihr Eure Kraft nicht mit Ausschweifungen vergeudet habt. Ja, Wilhelm, schon lange denke ich darüber nach. Ihr seid stark und führt ein tugendhaftes Leben, deswegen würde ich Euch gerne als nächsten König von England sehen.«

Er konnte es kaum erwarten, Matilda zu berichten, aber zunächst wollte er etwas von dem Land kennenlernen, das er eines Tages regieren würde, das stand jetzt bei ihm fest.

Er bat, inkognito reisen zu dürfen und nur von wenigen Männern begleitet, die wie gewöhnliche Reisende wirkten.

Was er sah, begeisterte ihn. Hier gab es gutes, fruchtbares Land, wildreiche Wälder, Hirsche, Eber, es machte Freude, hier auf die Jagd zu gehen. Er stellte fest, daß viele der hervorragenden, von Alfred dem Großen erlassenen Gesetze noch gültig waren. Die von seinen heidnischen Vorfahren zerstörten Klöster waren wieder aufgebaut; die Straßen, viele noch aus Römerzeiten, waren gut. Für den Reisenden gab es die Rasthäuser mit dem sächsischen Namen ›Inn‹, daneben die ›gest-hus‹ oder ›gestbur‹, wo man sich erfrischen und übernachten konnte. Sie lagen an leicht zugänglichen Plätzen.

Eine Versammlung ›Witenagemot‹ übte die Herrschaft aus. Auf sächsisch bedeutete der Name: Versammlung der Wissenden. Bei ihr lag die höchste Befehlsgewalt, weil sie aus den verschiedenen Witans des Landes bestand. Einmal im Jahr trat sie zusammen, wenn nötig auch zweimal.

Für einen König wie Eduard fand Wilhelm diese Einrichtung vortrefflich. Er als Herrscher wäre lieber keinen Beschränkungen unterworfen.

Da Eduard viele normannische Sitten im Lande eingeführt hatte, fand Wilhelm viel längst Bekanntes vor, zum Beispiel in der Art zu essen oder sich die freie Zeit zu vertreiben.

Während dieser Reise begann er die englische Landschaft liebzugewinnen, und der Wunsch, dieses Land zu regieren, ließ ihn nicht mehr los.

Gerne wäre er noch geblieben, aber es drängte ihn doch, Matilda zu erzählen, was er gesehen und gehört hatte.

Ermutigt von dem Triumph seines Besuches in England beschloß Wilhelm, mit oder ohne Papst nicht mehr länger auf Matilda zu warten. Er ritt nach Lille und wurde dort freudig von ihr begrüßt. Er erzählte ihr sofort, was Eduard zu ihm gesagt hatte.

»Er hat Euch die Krone versprochen«, sagte sie, »er muß noch deutlich machen, daß sie Euch zukommt.«

»Das wird er tun. Ihm steht es zu, seinen Nachfolger zu ernennen. Aber ich werde wohl darum kämpfen müssen. Ich habe die Sachsen jetzt besser kennengelernt, es sind dickköpfige Leute und sicher gute Kämpfer. Über Godwins Sohn Harald hörte ich nur Lobendes.«

»Wenn sie Euch erst kennen, Liebster, werden sie auch Euch nur loben.«

»Aber erst einmal müssen sie mich kennenlernen.«

»Wie lange kann Eduard noch leben?«

Er lachte. »Ihr habt es zu eilig. Zuerst einmal muß Eduard sterben, und das wichtigste Ereignis für uns ist unsere Heirat, die jetzt stattfinden muß.«

»Und die Drohungen des Papstes?«

»Wir werden sie nicht beachten.«

»Ist das wirklich Eure Meinung, Wilhelm?«

»Meine Meinung ist, daß ich, komme, was da wolle, nicht mehr länger warten will.«

Sie warf ihren Kopf zurück und lachte.

»Warum haben wir überhaupt so lange gewartet, Wilhelm?«

»Weil ich Euch nicht bitten konnte, mich zu heiraten, solange man versuchte, mir mein Land wegzunehmen. Nur die Verteidigung meines Landes verhinderte unsere Heirat. Und dann unternahm ich die Fahrt nach England.«

»Und ich redete Euch zu. Es war keine vertane Zeit, Wilhelm. Kamt Ihr nicht mit Eduards Versprechen zurück, dem Versprechen eines frommen alten Mannes. Er hatte geschworen, sich nicht mit Frauen einzulassen, und hat diesen Schwur nie gebrochen. Wir müssen sehen, daß Eduard auch dieses andere Versprechen hält – Wilhelm von der Normandie zum König von England zu machen. O Wilhelm, die Zukunft gehört uns. Aber zunächst muß ich Euch noch berichten, was hier geschehen ist. Godwin ist nach England zurückgekehrt. Eduard hat ihn empfangen, schickt aber Godwins Sohn Wulfnoth und seinen Neffen Haakon als Geiseln in die Normandie, damit sich Godwin nichts zuschulden kommen läßt. Von Judith habe ich gehört, daß Harald in Irland ein Heer zusammengestellt hat. Er wird seinen Vater auf englischem Boden treffen, und dann werden die Godwins wieder ihre alte Stellung im Lande einnehmen.«

»Aber ich werde die Geiseln in der Hand haben, und ich werde sie gut bewachen. Diese Nachricht von Godwins Rückkehr gefällt mir zwar nicht, aber keine Angst, wenn die Zeit kommt, werde ich Godwin und seinen Söhnen gewachsen sein. Aber das liegt noch in der Zukunft. Wichtiger ist jetzt unsere Heirat.«

»Und noch einmal: des Papstes Drohungen?«

»Wir kümmern uns nicht um sie.«

»Bleibt es dabei?«

»Ja, bringt mich zu Eurem Vater. Ich werde ihm sagen, daß ich nicht länger warten will.«

»Ich komme mit Euch«, sagte Matilda fröhlich, »um meine Stimme mit der Euren zu vereinen. Kommt, mein Wilhelm, das Warten hat ein Ende.«

Wer außer Wilhelm und Matilda hätten gewagt, zu heiraten und dem Papst zu trotzen?

Es war Mai, und die Hochzeit sollte in der ersten Stadt der Normandie stattfinden. Rouen zeigte an diesem Tag sein fröhlichstes Gesicht. Überall wehten Fahnen, Glocken läuteten, und die Menschen drängten sich in den Straßen.

Alle Herren, Ritter und Barone waren anwesend. Arlette, die glückliche Mutter, war mit ihrer Familie da. Matildas Eltern begleiteten die Braut. Sie war sehr schön in ihrem weißen, mit Goldstickerei und Juwelen geschmückten Gewand. Auf ihrem Kopf saß ein funkelndes Diadem aus Edelsteinen.

Das Volk bewunderte Wilhelm nicht weniger als seine Braut. Er hatte immer seine Würde betont, aber an diesem Tag sah er in einem Umhang aus gesponnenem Gold und dem von Edelsteinen blitzenden Rock wie ein Gott aus, und das Volk der Normandie war stolz auf ihn.

Man vermerkte die Abwesenheit des Erzbischofs Mauger, der normalerweise die Trauung vollzogen hätte. Es war nicht schwer gewesen, einen anderen Priester zu finden. Die Zeremonie fand in der Vorhalle der Kathedrale vor aller Augen statt, und jeder konnte die deutlichen Antworten der Braut und des Bräutigams hören. Matilda trug nun den Ring, sie war die Gemahlin Wilhelms von der Normandie.

Vor den Augen des Volkes waren sie getraut worden, danach folgte die feierliche Messe. Sie schritten durch das blumenübersäte Kirchenschiff zum Altar.

Nach der Zeremonie hob ein großes Fest und Gelage an. Mit Spiel und Tanz dauerte es bis weit in die Nacht. Dann kam die von dem Brautpaar schon sehnlichst erwartete Stunde.

Die Kemenate war von Duft erfüllt, Blumen bedeckten den Boden. Matildas Frauen kamen, um sie für die Hochzeitsnacht vorzubereiten.

Sie war keine widerspenstige Braut. Freudig erwartete sie Wilhelm.

LANFRANC GEHT NACH ROM

Noch nie war Wilhelm so glücklich gewesen. Er verlor seine Zurückhaltung, vergaß, daß er Herzog der Normandie war. So muß es meinem Vater ergangen sein, dachte er, als meine Mutter zu ihm kam und er sie vom ersten Tag bis ans Ende seines Lebens liebte.

Genauso liebte er Matilda. Ihre Intelligenz und Furchtlosigkeit, ihr starker Wille und die Entschlossenheit, diesen Willen auch durchzusetzen, entzückten ihn. In vielem war sie ihm ähnlich. Sie erregte ihn nicht nur körperlich, auch geistig. Hier war eine Frau, die sofort seine Ziele und Wünsche verstand und bereit war, sie verwirklichen zu helfen.

Sie hatte sein Leben verändert. Jetzt ärgerte er sich nicht mehr, sondern lachte, wenn man ihn wegen seiner Herkunft verspottete. Es war ihm völlig gleichgültig. Sollten sie ihn beleidigen, sein Selbstvertrauen war nicht mehr zu erschüttern.

Ihm zur Unterschrift vorgelegte Dokumente unterzeichnete er mit »Wilhelm der Bastard«.

Er lachte über diese Unterschrift und war stolz auf sie. Er, der Bastard, war Herzog der Normandie – und in seinem Herzen überzeugt, eines Tages auch König von England zu werden. Er war mit einer der edelsten europäischen Prinzessinnen verheiratet, und sie hatte ihn aus Liebe genommen, nicht weil man sie dazu gezwungen hatte. Er liebte sie und sie ihn, Wilhelm den Bastard.

Er war ein großer Herrscher und ein glücklicher Ehemann, seine uneheliche Geburt hatte sich nicht als Hindernis erwiesen. Er würde sich ihrer nicht mehr schämen, sondern stolz darauf sein. Von jetzt an sollte er als Wilhelm der Bastard bekannt sein.

Nach einem Monat war Matilda schwanger und überglücklich. Hatte sie es nicht geahnt? Sie war mit dem mächtigsten Mann in Europa verheiratet – das war jedenfalls ihre Meinung –, und sie dachte dabei an die Zukunft. Arme Judith, deren Mann Tostig sich Hoffnung auf die englische Krone machte, obgleich doch Wilhelm schon bereitstand! Und nun sollte ihre Verbindung gesegnet werden. Sie würden einen Sohn haben, natürlich würden sie einen Sohn haben, wie sollte es anders sein bei Wilhelm und Matilda?

Kurz nach ihrer Hochzeit traf die Nachricht vom Tode Godwins ein. Bei seiner Rückkehr nach England war sein Sohn Harald mit einem sächsischen Heer zu ihm gestoßen. Die Sachsen konnten immer noch nicht Eduards Vorliebe für die normannische Bevölkerung verschmerzen, und Harald war ihr Held. Er war nicht nur mutig und sah auf sächsische Weise gut aus, sondern hatte auch viele treue Anhänger. Eduard, der den Bürgerkrieg fürchtete, schloß schnell Frieden und setzte Godwin wieder in seine Rechte ein. Darauf wandte sich das Blatt, und viele Normannen kehrten ins Exil in die Normandie zurück, weil ihr Feind Godwin mächtig geworden war wie eh und je.

Wilhelm ließ sich im Glück der Flitterwochen nicht von diesen Nachrichten beunruhigen. Sicher wäre es günstiger für ihn gewesen, wenn Godwin weiter in der Verbannung geblieben wäre, abe er war nicht der Mann, vor Schwierigkeiten zurückzuschrecken, und er würde bereit sein, wenn die Zeit gekommen war. Sicher bedeutete Godwins Tod keinen Vorteil. Harald, Liebling der Sachsen, war nun Haupt der Godwinfamilie. Er war Gouverneur von Wessex, Sussex, Kent und Essex geworden. Kurz darauf starb auch Siward, Graf von Northumbria, dem nördlichsten und mächtigsten Reich in England, das jetzt Tostig zugesprochen wurde, so daß sich die wichtigsten Grafschaften Englands in den Händen der Godwinfamilie befanden.

Wilhelm gab zu, daß das gefährlich war. Aber die Art, wie der alte Graf zu Tode gekommen war, sprach nicht zu seinen Gunsten, und sicher würde man sich dessen erinnern. Godwin war so plötzlich gestorben, als hätte ihn Gott für seine Untaten niedergestreckt, und diese Ansicht war auch allgemein verbreitet.

Er saß mit Eduard bei Tisch, als ein Diener mit zwei großen Krügen ausrutschte, und es schien, als ob sich ihr Inhalt über den Tisch ergießen würde. Ein Bein war offensichtlich umgeknickt, aber mit dem anderen konnte er sein Gleichgewicht wiederherstellen. Er krümmte sich dabei so seltsam und doch so geschickt, daß die ganze Gesellschaft in Lachen ausbrach.

Godwin sagte: »Wie gut, daß der Bursche zwei Beine hat. Sie sind wie zwei Brüder. Wenn einer Schwierigkeiten hat, kommt ihm der andere zur Hilfe.«

Das hörte sich wie eine Anspielung auf seine zwei Söhne an, die sich gegenseitig beistehen würden, wenn einer von ihnen angegriffen würde.

Eduard, der nie aufgehört hatte, seinen Bruder Alfred zu betrauern, und immer wieder über dessen schrecklichen Tod nachgrübelte, nachdem ihm, wie es hieß, mit Godwins Einwilligung die Augen ausgestochen worden waren, gab zurück: »Ich muß ständig an meinen Bruder denken und bete, daß Gott ihn eines Tages rächen möge.«

Godwin wurde blaß, setzte aber eine Unschuldsmiene auf. Er konnte des Königs Bemerkung nicht übergehen, der ihn dabei bedeutungsvoll angesehen hatte.

»Warum blickt Ihr mich so an, wenn Ihr von Eurem Bruder sprecht?« fragte er. »Wenn ich mit seinem Tod zu tun habe, dann möge Gott verhindern, daß ich diesen Bissen hinunterschlucke.«

Damit nahm er ein Stück Brot, kaute es und versuchte es hinunterzuschlucken, begann aber zu würgen: sein Gesicht lief dunkelblau an, und wenige Augenblicke später war er tot.

Eine ehrfürchtige Stille legte sich über die Gesellschaft. Viele glaubten, Zeuge einer göttlichen Rache gewesen zu sein und daß Godwin wegen der Rolle, die er bei der Ermordung Alfred Athelings gespielt hatte, gestraft worden sei.

Vergeblich versuchte Harald das Land zu überzeugen, daß der Graf schon alt gewesen sei, daß er kürzlich im Exil habe leben müssen, daß seine Gesundheit schon seit einiger Zeit nachgelassen habe. Hatte man nicht schon öfter Männer an der Tafel zusammenbrechen sehen? Und wenn es stimmte, daß Gott Rache geübt hatte, warum hatte er dann so lange damit gewartet, wenn er sie doch schon vor Jahren hätte durchführen können?

Aber gleichgültig, was vorgebracht wurde, das Volk glaubte nach wie vor, daß Graf Godwin gestorben war, weil er Gott gebeten hatte, ihn niederzustrecken, wenn er sich an der Ermordung von Prinz Alfred schuldig gemacht habe, und das sei Gottes Antwort gewesen.

Die glückliche Zeit der Flitterwochen konnte jedoch nicht ewig dauern.

Auf Veranlassung von Erzbischof Mauger wurde in allen Kirchen der Normandie eine Erklärung verlesen, daß der Herzog und die Herzogin exkommuniziert seien, weil sie das päpstliche Gebot mißachtet und trotzdem geheiratet hätten.

»Zum Teufel mit dem Papst«, sagte Wilhelm. »Um keinen Preis, keinen Papst und keinen Christenmenschen möchte ich das, was ich getan habe, ungeschehen machen.«

Matilda stimmte ihm zu, und sie lebten weiter in ihrem Glück, bis die Nachricht eintraf, daß Wilhelms Onkel, der Graf von Arques, seines Großvaters unehelicher Sohn, sich zum Herzog der Normandie ernannt habe. Er hatte sein Besitztum ausgedehnt und sein Schloß befestigt.

»Bei Gottes Herrlichkeit«, rief Wilhelm, »dem Burschen will ich eine Lektion erteilen. Seinetwegen muß ich dich verlassen, und das ist genauso unverzeihlich wie sein Verrat.«

Er verließ Matilda, die für ihn betete und wie stets Trost in ihrer Stickarbeit fand, dieses Mal für ihr Baby.

Selten noch hatte Wilhelm seine militärische Begabung so klar bewiesen.

Von dem Wunsche beseelt, möglichst schnell zu Matilda zurückzukehren, belagerte er seines Onkels Burg, um ihn und die Besatzung auszuhungern. Da erhielt er Nachricht, daß der französische König dem Grafen von Arques zur Hilfe komme. Der

König hatte geschworen, den Grafen aus seiner belagerten Festung zu befreien und ihn zu seinem Vasallen zu machen. Dafür sollte er statt Wilhelm, der ja auch nur ein Bastard war, den Titel eines Herzogs der Normandie erhalten.

Wilhelm ließ Belagerungstruppen zurück und griff das französische Heer aus einem Hinterhalt an, noch ehe es am Ziel anlangte. Heinrichs beste Männer fielen, und er mußte nach Frankreich zurückkehren.

Oft schrieb Wilhelm an Matilda, um ihr Einzelheiten zu berichten, darauf hatte sie bestanden. Er freute sich darüber, denn auf diese Weise blieben sie in Verbindung, und überdies schätzte er ihren Rat. Sie hatte sich seine Angelegenheiten so zu eigen gemacht, daß er ihre Vorschläge immer beachtete.

Sie war keine weiche Frau, aber als die Belagerung schließlich beendet war und sein halbverhungerter Onkel auf den Knien um Verzeihung flehte, gewährte er sie auf Matildas Anraten.

»Er ist dein Onkel«, sagte sie, »es ist nicht klug, sich an Blutsverwandten zu rächen. Laß ihn laufen, und er wird es sich sehr genau überlegen, ehe er sich noch einmal einer Rebellion anschließt. Vielleicht wird er sogar dein treuer Untergebener.«

Er stimmte zu, und der Graf konnte seinen Landbesitz behalten, obgleich Wilhelm ihn nur zu gerne eingezogen hätte. Aber Matilda hatte recht, mehr als alles andere brauchte er Frieden in der Normandie. Denn sollte sich je die Gelegenheit ergeben, nach England zu gehen, wie könnte er ein in sich entzweites Land zurücklassen? Seine erste Aufgabe war es, die Normandie zu einigen und der Welt die Stärke ihres Herzogs zu zeigen. Nur die Starken konnten sich Mitleid leisten.

Aber der König von Frankreich mußte seine Ehre rächen. Er konnte den Verlust seiner besten Männer nicht einfach hinnehmen, und es mißfiel ihm, in Wilhelm einen so starken Herrscher neben sich zu haben. Er wünschte einen abhängigen Vasallen.

Er erklärte Wilhelm den Krieg, und sehr bald mußte sich dieser wieder einer Schlacht stellen.

»Muß denn immer ein Krieg uns trennen?« sagte er Matilda während eines seiner kurzen Besuche. »Bevor ich dich kennenlernte, war ich nie glücklich, das weiß ich jetzt.«

»Warte, bis unser Sohn geboren ist. Erst dann wirst du das höchste Glück erfahren.«

»Ich kann es kaum erwarten, ihn zu sehen.«

»Ich auch nicht, wie du dir wohl denken kannst. Er ist ein lebendiges Bürschlein und schwer zu tragen.«

»Also ein echter Sohn seines Vaters.«

Sehr bald danach wurde das Kind geboren. Wie Matilda vorausgesagt hatte, war ihr Erstgeborener ein Sohn. Er war so stark und gesund, wie sein Vater es sich nur wünschen konnte, und Wilhelm hatte wirklich noch nie einen so stolzen und glücklichen Augenblick erlebt wie den, als er sein Kind im Arm, auf Matilda herabblickte.

»Laß ihn uns nach meinem Vater Robert nennen«, sagte er.

»Robert der Prächtige«, murmelte Matilda. »Und dieser hier wird prächtig werden, das verspreche ich dir.«

Er beugte sich hinunter und küßte sie. »Und du bist die Frau, ihre Versprechen zu halten. Ich verfluche den König von Frankreich, der mich von dir und meinem Sohn trennt.«

»Erledige ihn schnell und komm zu uns zurück«, sagte Matilda.

»Darauf kannst du dich verlassen.«

Der König von Frankreich trat Wilhelm an der Spitze eines mächtigen Heeres entgegen.

Wilhelm ließ sich nicht schrecken. Er war sicher, die Franzosen jederzeit schlagen zu können, wenn auch der Feind nicht zu unterschätzen war und ein längerer Krieg vor ihm lag.

Er war von Feinden umgeben, und seine Exkommunikation hatte ihnen neue Hoffnung und gute Gründe gegeben, ihn abzusetzen.

Oft gingen seine Gedanken zu Eduard in England. Er fragte sich, wie ein solch schwacher, unkriegerischer König soviel friedlicher als er zu leben vermochte, und er vergaß nie, daß eines Tages der Ruf an ihn ergehen konnte. Und wie sollte er nach England ziehen, wenn in der Normandie Aufruhr herrschte?

Er mußte die Aufhebung der Exkommunikation erreichen. Als Papst Leo plötzlich starb, erhielt seine Hoffnung Auftrieb, bis dessen Nachfolger die Exkommunikation bestätigte.

Als er eines Tages müde in sein Feldlager zurückkehrte, traf er einen Reiter mit einem lahmenden Pferd und erkannte Lanfranc, noch vor kurzem Prior des Klosters von Bec und sein Freund, bis er sich entschieden auf die Seite des Papstes gestellt und Wilhelms Heirat, als gegen das Gebot des Heiligen Vaters verstoßend, verurteilt hatte.

Wilhelm war darüber besonders ergrimmt, weil er Lanfranc stets bewundert hatte, der als großer Gelehrter, von Padua kommend, das Kloster übernommen hatte. Er hielt ihn für undankbar und hatte ihn in einer plötzlichen Aufwallung des Landes verwiesen.

Auch jetzt, fern von seiner Familie und kriegsmüde, war er nicht sehr erfreut, den Prior zu sehen.

»He, Prior! Was tut Ihr hier? Habe ich Euch nicht außer Landes geschickt?«

»Herr«, erwiderte Lanfranc, »das tatet Ihr.«

»Warum seid Ihr also noch hier?«

»Wie Ihr seht, Herr, lahmt mein Pferd. Ihr habt hier viele schöne Pferde, gebt mir eines, und Ihr werdet mich sofort wieder los.«

Wilhelm lächelte. Er war dem Mann immer zugetan gewesen und seine gute Laune kehrte zurück.

Er sagte: »Wäret Ihr mein Freund geblieben, Lanfranc, hätte ich nie Euer Fortgehen gewünscht.«

»Ich war stets Euer Freund, Herr.«

»Ihr habt Euch auf die Seite des Papstes gegen mich gestellt.«

»Ich habe gesagt, wenn der Papst diese Heirat verbietet, dann darf diese Heirat nicht stattfinden.«

»Bei Gottes Herrlichkeit«, rief Wilhelm, »das habe ich doch gesagt! Ihr seid nicht mein Freund.«

»Nein, Herr, so ist es nicht. Wenn der Papst veranlaßt werden könnte, seine Einwilligung zu geben, dann würde ich Eurer Heirat aus ganzem Herzen zustimmen.«

»Ihr wollt mich mit Worten hinters Licht führen. Genauso würden doch alle meine Feinde sprechen.«

»Eure Feinde freuen sich über Eure Tat. Ich, Euer Freund, beklage sie. Als Euer Freund möchte ich nach Rom gehen und den Papst überzeugen, daß kein stichhaltiger Grund gegen Eure Heirat vorliegt.«

»Ich sehe daraus, Ihr gehorcht blind dem Papst, selbst gegen alle Vernunft und die Wünsche Eures Herrn.«

»Als Mann der Kirche ist das meine Pflicht, und ich muß meine Pflicht erfüllen.«

Wilhelm kniff die Augen zusammen.

»Ihr sollt ein Pferd erhalten und Ihr sollt in mein Feldlager kommen. Ihr sollt nicht mehr als Verbannter außer Landes gehen, wohl aber zum Papst reisen und ihm die Unvernunft seines Bannes darlegen.«

Lanfranc schien erfreut.

»Ich glaube, die richtigen Erklärungen für ihn gefunden zu haben«, sagte er.

»Dann geht sofort. Denn je schneller der Bann aufgehoben ist, desto schneller verlieren meine Feinde wenigstens einen Grund, mich anzugreifen.«

Ohne Aufschub machte sich Lanfranc also auf den Weg, um den Fall Wilhelms und Matildas vor den Papst zu bringen.

Die Kriege gingen weiter. Wilhelm verbrachte seine Tage zwischen Schlachtfeld und Schloß, und er war nur glücklich, wenn er mit Matilda zusammen sein konnte.

Robert, ihr Erstgeborener, gedieh prächtig, und Matilda wurde wieder schwanger. Als ihre Zeit gekommen war, gebar sie eine Tochter Cecilia, aber ihr Leben ging weiter wie bisher, denn der Krieg dauerte an. Sobald ein Feind geschlagen war, tauchte ein neuer auf.

Matilda gebar noch eine Tochter, Adelisa, und danach einen Sohn, Richard, und immer noch war Krieg.

Erst gegen Ende des Jahrzehnts änderten sich die Verhältnisse. Heinrich von Frankreich, von Wilhelm in seine Grenzen verwiesen, starb, und sein Sohn Philipp war erst sieben Jahre alt und wurde unter die Vormundschaft Baldwins von Flandern gestellt. Als sich in Frankreich ein Aufruhr gegen den jungen König erhob, stellte sich Wilhelm auf dessen Seite und zwang den französischen Adel, seinem jungen Herrscher und dessen Vormund Baldwin Treue zu schwören.

Aber wichtiger noch war, daß Lanfranc mit der Entscheidung des Papstes aus Rom zurückkehrte, die Exkommunikation könnte unter gewissen Bedingungen aufgehoben werden.

Matilda und Wilhelm sollten eine Summe Geldes bereitstellen, um hundert Arme zu kleiden und zu ernähren, sie sollten zwei Klöster bauen – Wilhelm eines für Mönche und Matilda eines für Nonnen. Wenn sie das täten, würde ihnen Gott ihren Ungehorsam gegenüber der heiligen Kirche vergeben und sie würden wieder in ihren Schoß aufgenommen werden.

Diese Bedingungen waren nicht hart. Freudigen Herzens gründete Matilda das Dreifaltigkeitskloster für Nonnen, und Wilhelm stiftete St. Stefan und bestellte Lanfranc zum Abt.

Matilda war guter Dinge. Ihr gefiel dieses Leben mit Wilhelm und den Kindern. Ihr Interesse und die Anteilnahme am äußeren Geschehen ließen keine Langweile aufkommen.

Wilhelms Liebe hatte nicht nachgelassen. Er war ein ungewöhnlicher, weil treuer Ehemann. Daran täte er nur gut, erklärte ihm Matilda, denn sie würde Untreue nicht ertragen.

»Wenn du eine Mätresse hättest, gäbe es Unannehmlichkeiten«, warnte sie ihn. Aber diese Warnung war gar nicht nötig. Er war zufrieden mit Matilda und so mit seinen ehrgeizigen Plänen beschäftigt, daß er keine Zeit hatte, an andere Frauen zu denken. Er brauchte keine anderen neben Matilda.

»Wahrscheinlich würdest du sie vergiften«, sagte er.

»Entweder dich oder sie«, antwortete sie ohne Zögern.

Er lachte sie aus, denn schon der Gedanke war absurd. Sie waren eins, *ein* Leben, *ein* Ehrgeiz: das Herzogtum der Normandie so fest in der Hand zu haben, daß sie bereit wären, einem Ruf nach England Folge zu leisten.

Selten besprach ein regierender Fürst seine Angelegenheiten mit einer Frau, aber Matilda war nicht wie andere Frauen. Sie wollte alle seine Pläne kennen, sie war seine Gefährtin. Oft sprach sie sogar seine Gadanken als erste aus, so daß sie auch ohne Worte in Übereinstimmung waren.

So war es auch im Falle von Mauger.

»Jetzt ist eine Gelegenheit«, sagte sie, »Mauger loszuwerden.«

Er nickte.

»Er betet noch zu den alten Göttern. Und doch ist er dein Erzbischof. Ich habe Erkundigungen eingezogen. Es stimmt, daß er Zauberei betreibt. Wenn es zu einem Verhör käme, könnten Beweise gegen ihn erbracht werden. Das weiß ich.«

Er nickte.

Einige Wochen nach dieser Unterhaltung wurde Mauger vor Gericht gestellt. Wie recht Matilda gehabt hatte. Es kam heraus, daß er mehrere Kinder besaß, denen er Pfründen hatte zukommen lassen; er hatte Ämter verkauft und die Kirche bestohlen. Außerdem wurde bezeugt, daß er sich während der von ihm veranstalteten üppigen Bankette, die oft als sexuelle Orgien endeten, brüstete, einen Geist zur Verfügung zu haben, der zwar unsichtbar sei, jedoch mit ihm sprechen könne. Er nannte diesen Geist Thoret und erklärte, er sei ein Nachkomme Thors. Es hieß, daß der Erzbischof und Thoret während der Bankette lustige, aber ziemlich schlüpfrige Unterhaltungen geführt hätten.

Matilda und Wilhelm warteten auf das Ergebnis dieses Verhörs: es gab Stimmen, die sich hüteten, Mauger zu streng zu verurteilen, denn als Zauberer flößte er vielen Angst ein, und wenn er mit Thoret in Verbindung stand, hatte er vielleicht besondere Kräfte, Menschen zu verzaubern.

Matilda beruhigte Wilhelms diesbezügliche Ängste. »Er hat eine Gabe, seine Stimme zu verstellen«, sagte sie. »Er bewegt die Lippen nicht, und seine Stimme scheint nicht aus seinem Mund zu kommen.«

Das Urteil lautete, daß Mauger seiner Ländereien verlustig gehen und nach Guernsey verbannt werde, wohin er mit seiner Frau, seinem Sohn und seinen Mätressen aufbrach, um dort den Rest seines Lebens der Fleischeslust zu frönen.

»Aus dieser Ecke haben wir also nichts mehr zu befürchten«, sagte Wilhelm.

»Habe ich dir das nicht vorausgesagt?« fragte Matilda.

Ja, sie waren in der Tat eins. Sie stand für Wilhelm und ihre Familie gegen den Rest der Welt.

Sie machte auch den Vorschlag, den kleinen Robert mit Marguerite, der jungen Schwester des Grafen von Maine, zu verloben. Maine war ein Vasallenstaat, der Wilhelm oft Schwierigkeiten gemacht hatte, und Matilda glaubte, eine Verbindung der Familien könnte zur Freundschaft führen. Es stand noch mehr dahinter. Der Graf von Maine war noch jung, aber kränklich und ohne Erben. Wenn er starb, würde sein Besitz an seine Schwester fallen, und wäre diese Schwester Roberts Frau, so käme er in Wilhelms Hände und in die seiner Familie.

Es gab keinen Einwand gegen diese Heirat, und die kleine Marguerite kam nach Rouen und wuchs unter der Obhut ausgesuchter Erzieher auf bis zu dem Tage, an dem Robert alt genug sein würde, sie zu heiraten.

Der Graf starb in der Tat, aber Graf Walter von Mantes, verheiratet mit Biota, einer Tante des verstorbenen Grafen, erklärte, der Anspruch seiner Frau sei größer als der Marguerites.

Wieder ein Kriegsgrund, und Wilhelm schickte Truppen, um Walter Maine zu entreißen. Aber dieses Mal war es kein leichter Sieg, denn Walter schlug Wilhelms Truppen zurück und hißte die eigene siegreiche Fahne.

Wilhelm war empört. Mißerfolg konnte er nicht ertragen. Er besprach die Angelegenheit mit Matilda. Sie war scharfsinnig, auf sie war Verlaß, und sie durchschaute die Ereignisse, war vorausblickend, kannte auch nicht allzuviel Skrupel, wenn es um das Wohl Wilhelms und der Normandie ging.

»Lade den Grafen zu Verhandlungen hierher ein«, schlug sie vor, mit einem schwer zu deutenden Ausdruck in den Augen.

Wilhelm folgte ihrem Rat, und der Graf kam mit seiner Gemahlin.

Sie saßen mit Wilhelm und Matilda beim Essen und besprachen dabei die Angelegenheit von Maine. Wilhelm ließ verlauten, daß er gerecht sei und den Streit auf freundschaftliche Weise beilegen wollte. Der Graf war angenehm überrascht.

Aber in dieser selben Nacht starben er und seine Frau in ihren Betten.

Matilda lächelte verstohlen, als sie die Nachricht erhielt.

Die Schwierigkeiten waren damit nicht zu Ende, doch Wilhelm begann in der Normandie gefürchtet zu werden. Man glaubte, er könne keine Schlacht verlieren und wenn, dann arbeiteten böse Kräfte für ihn, wie im Falle Walters von Mantes.

Die Exkommunikation war aufgehoben worden. Erzbischof Mauger war kurz nach dem Verbannungsurteil gestorben. Auf dem Schiff, das ihn von der Normandie nach Guernsey brachte, hatte er zu gut gegessen und deshalb bei der Landung seinen Gürtel geöffnet, um seinem dicken Bauch etwas Spielraum zu geben. Dadurch rutschte seine Hose bis zu den Knien, was ihn so behinderte, daß er ins Wasser fiel, und obgleich die See hier nicht tief war, konnte er sich betrunken wie er war, nicht mehr erheben und ertrank.

»Ein passendes Ende«, sagte Wilhelm.

Als Arlette krank wurde und nach ihrem Sohn verlangte, begab er sich sofort an ihr Lager.

Sie lag blaß, aber immer noch schön, in den Kissen, und er küßte sie zärtlich.

»Mein Wilhelm«, sagte sie, »ich bin stolz auf dich.«

»Und ich auf Euch«, versicherte er.

»Auf die Gerberstochter?« fragte sie lächelnd.

»Ihr wißt, daß ich sie nie gegen die schönste Prinzessin der Christenheit eintauschen würde«, antwortete er ernst.

»Gott segne dich, Wilhelm. Es war ein glücklicher Tag für mich, als ich im Fluß die Wäsche wusch und dein Vater vorbeiritt.«

»War Euer Leben glücklich, Mutter?«

Sie nickte. »Und du warst mein größtes Glück. Ich habe deinen Aufstieg erlebt und vergesse nie meinen Traum.«

»Er ist noch nicht in Erfüllung gegangen, Mutter.«

»Er wird erfüllt werden, das verspreche ich.«

»Ihr saht die Zweige sich über die Normandie hinweg bis jenseits des Meeres erstrecken. Ihr saht sie über England, Mutter.«

»Mein Sohn wird der Welt seinen Stempel aufdrücken, das

habe ich immer gewußt. Wilhelm, mein geliebter Sohn, willst du etwas für mich tun?«

»Es ist getan.«

»Deine Schwester und Halbbrüder, Odo und Robert, wirst du für sie sorgen?«

»Von Herzen gern. Fürchtet nichts, Mutter, sie werden hohe Stellungen im Lande erhalten.«

»Ich wußte, daß du das für mich tun würdest. Vergiß nie, daß ich sie wie dich geboren habe.«

»Ich werde daran denken, Mutter.«

»Weine nicht um mich, Wilhelm. Ich segne dich. Mögest du so glücklich in deiner Familie sein, wie ich es in der meinen war. Ich leide darunter, daß du ein Bastard bist, aber es konnte nicht anders sein.«

»Vergeßt Euren Kummer und wißt, daß ich jetzt stolz auf diesen Namen bin und ihn unter alle meine Dokumente setze.«

»Wilhelm, der Bastard! Du hast diesen Namen zu einem Ehrentitel gemacht. Lebe wohl, mein Sohn, ich habe dich sehr geliebt.«

»Ich weiß es«, antwortete er.

Sie wurde mit allen Ehren bestattet und in dem von ihr gegründeten Kloster von Grestain beigesetzt.

Wilhelm hielt sein Versprechen. Odo wurde Bischof von Bayeux und Robert Graf von Mortain. Seine Schwester Adeliz wurde mit einem Grafen verheiratet.

Die Jahre vergingen.

Es wurde ihnen noch ein Sohn geboren, Wilhelm, nach seinem Vater genannt. Die Familie wuchs, desgleichen die Erkenntnis, daß Wilhelm der Bastard, mit Matilda von Flandern an seiner Seite, einer der mächtigsten Männer Europas war.

Dieses Jahr würde er nie vergessen. Mit achtunddreißig war er nicht mehr jung. Es war ein hartes Leben, immer wieder Kämpfe, Schlachten. Kein Wunder, daß er ein großer Kriegsherr geworden war, sagte er oft, denn schließlich habe er ja immer diesen Beruf ausgeübt und wenig Zeit für etwas anderes gefunden.

Dabei sprach er oft mit Matilda darüber, daß es doch soviel Besseres zu tun gäbe, als Krieg zu führen. Er wollte die Normandie entwickeln, das Bauernland ertragreicher machen, die Herstellung von Glaswaren, Gold- und Silberarbeiten, die er sehr bewunderte, fördern, aber seine größte Begeisterung galt der Baukunst.

»Weißt du, Matilda«, sagte er oft, »wenn ich eine Burg niederbrennen muß, gibt es mir einen Stich im Herzen. Mein Land sollte voller schöner Schlösser, Kathedralen und Wohnhäuser sein.«

»Die natürlich alle dir gehören«, warf Matilda ein.

»Ja, das stimmt. Meine Mutter sagte immer, daß ich nichts mehr freiwillig hergäbe, was ich einmal errungen hätte.«

»Warum solltest du auch, es ist ja hart erkämpft.«

»Ist es dir schon einmal aufgefallen, Matilda, wie sehr sich unsere Gedanken ähneln?«

»Warum auch nicht, wir arbeiten auf das gleiche Ziel hin.«

»Es war ein glücklicher Tag für mich, als ich meinem Zorn freien Lauf ließ und dich in die Gosse warf.«

»Und mir den starken Mann zeigtest, nur ein solcher konnte mir genügen.«

Er nahm ihre Hand und küßte sie, nur ihr gegenüber zeigte er seine Gefühle.

»Du hast mir so viel Glück geschenkt in meinem Heim und meiner Familie.«

Er unterhielt sich gern über ihre Söhne. Richard war sein Liebling, Robert der ihre.

Über diesen, den Erstgeborenen, waren sie sich nicht ganz einig. Bedeutete er ihr nicht schon beinahe mehr als Wilhelm? Gegen Richard war nichts einzuwenden. Er lernte gut, die Lehrer waren mit ihm zufrieden; er war kein schlechter Reiter, hatte ein ausgeglichenes und liebenswürdiges Wesen. Dabei sah er gut aus und ähnelte seinem Vater mehr als Robert.

Die Mädchen zählten nicht soviel wie die Jungen. Wilhelm hatte sich leidenschaftlich Söhne gewünscht und Matilda ebenfalls, um ihm zu beweisen, daß sie ihn auch hierin nicht enttäuschte. Cecilia, Adelisa, Constanze und Adela, vier reizende Mädchen, voller Scheu vor ihrem Vater. Er liebte sie sehr, wenn er auch nicht der Mann war, es zu zeigen.

Immer wieder sprachen sie über die Söhne.

Richard bot keinen Anlaß für Dispute, denn Wilhelm hatte an ihm nichts auszusetzen, aber der zwölfjährige Robert zeigte schon jetzt seinen eigenen Willen. Er hatte das Temperament seiner Eltern geerbt, war aber rücksichtsloser als Wilhelm und prahlte zum Ärger seines Vaters ständig damit, daß er Herzog der Normandie werden würde.

»Noch bin ich nicht unter der Erde, Junge«, pflegte er ihn zu erinnern.

Mit seinem hellen kastanienroten Haar und blauen Augen sah Robert gut aus, hatte aber zu Wilhelms Kummer zu kurze Beine. Er liebte hochgewachsene Männer, wie er selbst einer war, und Roberts Beine waren im Verhältnis zu seinem Körper so kurz, daß er nie wie ein Wikinger aussehen würde. Er war Flame, kein Normanne.

»Und was hast du daran auszusetzen?« fragte Matilda.

»Einer Frau steht es, klein und zierlich zu sein«, sagte Wilhelm. »Ich hätte lieber einen größeren Sohn gehabt, aber unser Erstgeborener ist ein ›Robert Kurzstiefel‹, Matilda.«

Matilda hörte das nicht gern. Es komme nicht auf die Größe an, sagte sie, und die Flamen seien nicht schlechter als die Normannen, nur weil sie im Durchschnitt kleiner seien.

Sie scherzten zwar, aber Matilda nahm es Wilhelm doch übel, und zum ersten Mal waren sie sich nicht einig.

Robert selbst war durchaus nicht kleinlaut. »Keine Angst vor Vaters Zorn, Mutter«, sagte er. »Selbst wenn er wollte, und ich könnte es mir durchaus vorstellen, kann er mich nicht mit Richard austauschen. Ich bin der Erstgeborene.«

»Er könnte dich hinauswerfen«, erinnerte sie ihn, »wir müssen achtgeben.«

Schon damals ergriff sie stets die Partei des Zwölfjährigen.

Etwas von oben herab schlenderte Robert in die Räume seiner Geschwister. Wenn man ihm nicht widersprach, behandelte er seine Schwestern gutmütig und nachsichtig. Sie hatten oft Besuch von den Sachsen Wulfnoth und Haakon, die bei der Rückkehr Godwins nach England als Geiseln in die Normandie gekommen waren.

Auch über diese beiden Jungen sprach Wilhelm mit Matilda.

»Seit dem Tode Godwins besteht eigentlich keine Veranlassung mehr, sie hier zu behalten«, sagte er. »Ich frage mich, warum Harald nicht ihre Rückkehr verlangt.«

»Sicher ist dieser Mann so mit seinen eigenen Angelegenheiten beschäftigt, daß er keine Zeit hat, an einen jüngeren Bruder und Vetter zu denken. Wie lange wird Eduard noch leben?«

»Sicher nicht mehr lange. Und dann . . .«

Sie lächelten einander an.

»König von England«, sagte sie.

»Und Königin.«

»Und immer noch Herzog der Normandie«, fügte sie hinzu.

»Mir gefällt England. Ich würde Befestigungen anlegen und Ordnung schaffen. Eduard war zu schwach.«

»Ich denke an Harald. Er wird sich beliebt machen und das Volk für sich gewinnen.«

»Immer habe ich für das kämpfen müssen, was ich besitzen wollte. Glaubst du, daß ich das jetzt nicht mehr täte?«

»Ich bin überzeugt, daß du alles bekommen wirst, was du willst.«

»Habe ich nicht sogar dich bekommen?«

»Ich denke, England wird sich dir genau so willig ergeben, wie deine Frau es getan hat.«

Manchmal kam die alte Zärtlichkeit wieder auf zwischen ihnen – aber er hatte immer den Verdacht, sie vertusche Roberts schlechtes Benehmen, und sie hielt ihn für übertrieben streng gegenüber ihrem Liebling.

In ihrem Schlafzimmer erzählte die kleine Adelisa ihren jüngeren Geschwistern, wie Ragnar den Drachen erschlug.

Großmutter Arlette hatte es ihr so erzählt, wie sie es von ihrer Großmutter gehört hatte. »Auf diese Weise«, hatte Großmutter Arlette gesagt, »sind uns die großen Geschichten aus unserer Vergangenheit überliefert worden.«

Die kleinen Mädchen hörten aufmerksam zu; Wilhelm, der Rufus, der ›Rote‹, genannt wurde, einmal um ihn von ihrem Vater zu unterscheiden und zum anderen, weil er einen Busch störrischer roter Haare und ganz rosige Haut hatte, sagte, er wäre lieber der Drachen als Ragnar. »Ich würde gerne Feuer speien. Ich würde es über euch hinblasen und euch verbrennen.«

Adelisa war entsetzt. »Aber Rufus, der Drachen war böse. Ragnar war gut, und das Gute besiegte also das Böse.«

»Das ist mir egal«, erklärte Rufus. »Ich bin ein Drachen. Ich speie Feuer. Ihr werdet alle verbrennen.«

Adelisa erzählte weiter. Sie waren an Rufus' Reden gewöhnt und gingen darüber hinweg.

»Ragnar war schön«, sagte sie. »Er hatte langes goldenes Haar und Ringe an den Fingern und Reifen an den Armen. Er war stark und mutig.«

»Unser Vater ist stark und mutig, aber er hat keine Ringe und Reifen.«

»Er hat eine goldene Krone«, sagte Adelisa. »Ich habe sie gesehen.«

»Was heißt gesehen«, rühmte sich Rufus, »ich habe sie getragen.«

»Du darfst keine Lügen erzählen«, sagte Adelisa, »wenn du das tust, kommst du in die Hölle.«

Rufus überlegte, wie das wohl wäre, und meinte, das Abenteuer würde ihm Spaß machen.

Er fuhr fort: »Und sein Umhang, ich habe ihn auch getragen. Ich habe auf seinem Thron gesessen und . . .«

»Rufus lügt schon wieder«, sagte Adelisa traurig.

Rufus zog sie am Haar, und die kleinen Mädchen blickten erschrocken drein.

»Ich werde dich an deinen Zöpfen aufhängen und dich hängen lassen, bis du tot bist«, drohte Rufus. »Ich tu's bestimmt.«

»Du würdest bestraft werden«, sagte die kleine Konstanze.

»Dich werde ich auch aufhängen.«

»Laß es ihn nicht tun, Adelisa, laß es nicht zu«, schrie Konstanze.

Verstohlen kroch Rufus zu ihr und sie kreischte voller Schrekken. Rufus liebte es, seine Schwestern zu erschrecken; er hatte ein heftiges Temperament, und wenn ihm etwas nicht paßte, pflegte er sich auf den Boden zu werfen und mit den Füßen zu treten. Nur der Gedanke an den Unwillen seines Vaters und die strenge Bestrafung konnte ihn zurückhalten.

Glücklicherweise hörte Richard die Schreie seiner Schwestern und kam in das Zimmer.

Richard war groß, hatte das gute Aussehen seiner Mutter und die Figur seines Vaters, aber weder ihr noch sein Temperament.

Er war sanft und freundlich, und die kleinen Mädchen liebten ihn heiß.

Konstanze lief zu ihm und warf sich gegen ihn.

»Also Rufus«, sagte Richard, »was ist los?«

»Blöde Mädchen«, sagte Rufus, »es ist doch nur Spiel.«

»Du sollst sie nicht erschrecken.«

»Sie sollten nicht erschrecken.«

»Du sollst dich um sie kümmern, wußtest du das nicht , Rufus?«

»Ich will nicht«, erklärte Rufus.

»Dann wirst du nie ein Ritter werden.«

»Will ich auch nicht.«

»Du wirst dann auch keine goldenen Sporen gewinnen.«

»O doch, das werde ich, hunderte und aberhunderte werde ich gewinnen.«

»Das wird er nicht«, sagte Adelisa, die fest ihres Bruders Hand hielt und bewundernd zu ihm aufblickte. Richard war schön, und sie liebte schöne Menschen. Richard war wie ein Ritter aus den alten romantischen Geschichten, die Großmutter Arlette zu erzählen pflegte. Schön und gütig, halfen sie Damen aus ihrer Not. Wie sehr wünschte sie, Großmutter Arlette wäre nicht gestorben, sie hatte sie sehr geliebt, mehr als ihre andere Großmutter, die, als Tochter eines Königs, so überheblich war. Gerberstöchter schienen schöner, freundlicher und liebevoller zu sein. Richard erinnerte sie in gewisser Weise an Großmutter Arlette. Obgleich er ein Mann war und sehr groß, hatte er doch etwas von ihr.

»Ich fürchte nein, wenn er sich nicht besser benimmt«, sagte Richard und wandte sich mit einem herzlichen Lächeln an Rufus. »Aber ich denke, das wird er tun, denn unser Rufus ist ein sehr kluger kleiner Junge, und er wird das tun, was zu seinem Besten ist.«

Langsam begann sich ein Lächeln über Rufus' rosiges Gesicht

auszubreiten. Er hörte gerne, was Richard von ihm sagte, und natürlich wußte er, daß er seine Sporen gewinnen mußte und daß ein Ritter nicht kleine Mädchen quälte, nicht einmal seine Schwestern.

Wie schon oft hatte Richard die Ordnung im Kinderzimmer wiederhergestellt. Gerade als er weiterarbeiten wollte, hörte man deutlich, daß jemand in den Hof einritt. Die Kinder liefen alle ans Fenster und drängten sich, um hinauszusehen.

Ein Mann war in den Hof geritten, sein Pferd dampfte, und es war deutlich, daß er von weit herkam.

Er sprang aus dem Sattel, und als der Knecht sein Pferd nahm, sagte er laut und befehlend: »Bringt mich zum Herzog.«

Wilhelm und Matilda saßen über einer Schachpartie, ein Spiel, das er liebte, wenn er nicht auf die Jagd gehen konnte.

Ein Diener stürzte herein: »Herr, ein Bote aus Ponthieu. Er bittet, sofort vorgelassen zu werden, weil er Nachrichten von größter Wichtigkeit habe.«

»Führ ihn herein«, sagte Wilhelm.

Der Bote kam, verneigte sich hastig und sagte: »Herr, Harald, Graf von Wessex, ist in der Normandie gelandet.«

»Bei Gottes Herrlichkeit«, rief Wilhelm.

»Er ist Gefangener von Graf Guy. Er hat offenbar an der Küste bei Ponthieu Schiffbruch erlitten, und der Graf hält ihn gefangen, bis ein Lösegeld gezahlt wird.«

»Harald, Graf von Wessex, hier in der Normandie!«

Matilda hatte sich erhoben, ihre Augen blitzten.

»Er muß ohne Verzug zu mir gebracht werden«, sagte Wilhelm.

Der Bote zögerte und Wilhelm fuhr fort:»Komm, sag mir alles, fürchte nichts. Was hat dein Herr gesagt?«

»Er hält den Grafen von Wessex gegen ein Lösegeld gefangen.«

Wilhelm lachte, ein unangenehmes Lachen, das seine Untertanen und Kinder fürchten gelernt hatten.

»Also ein Lösegeld? Der Graf von Ponthieu war noch nie ein guter Vasall. Der Graf von Wessex ist also Gefangener eines meiner Vasallen.« Er sah Matilda an. Ihre Augen verrieten nichts. »Ich werde dir eine Botschaft für deinen Herrn mitgeben«, fuhr Wilhelm fort. »Du bist weit geritten und mußt dich erfrischen. Man soll dir auch ein ausgeruhtes Pferd geben.«

Als der Mann gegangen war, rief Wilhelm: »Welch glücklicher Zufall!«

»Du mußt ihn hierherholen, wir werden ihn aufnehmen und ihn hier behalten, bis er versprochen hat, sich nicht gegen dich zu stellen.«

»Du sprichst meine Gedanken aus.«

Sie lächelten einander zu.

»Wie kommt er gerade an unsere Küste?«

»Wahrscheinlich war er gerade unterwegs zu deinem Vater.«

»Wozu?«

»Vielleicht wollte er seine Vermittlung, um mit mir über die Rückkehr von Wulfnoth und Haakon zu verhandeln. Eduard geht es sicher nicht gut, und Harald will nicht, daß wir diese Geiseln hier haben.«

»Also sollte mein Vater mit dir darüber verhandeln?«

»Das wäre einleuchtend, vergiß nicht, er ist der Schwiegervater seines Bruders Tostig. Ich wünschte, diese Heirat hätte nie stattgefunden.«

»Nun«, sagte Matilda, »wir haben ihn ja jetzt hier. Zunächst muß er hierhergebracht werden. Empfange ihn als deinen *Gast*.«

»Der Bote soll nach kurzem Ausruhen sofort mit meinen Befehlen nach Ponthieu zurückreiten.«

»Ich habe Guy von Ponthieu nie getraut.«

»Auch ich nicht, aber nachdem er mir nach seinem Verrat Treue schwören mußte, hat er zu gehorchen.«

»Wenn nicht, wird es ihm schlecht ergehen«, fügte Matilda hinzu.

»Hoffentlich weiß er das genauso wie du.«

Der Bote ritt mit Wilhelms Befehl zurück, Graf Harald unverzüglich als Gast des Herzogs der Normandie nach Rouen zu bringen.

Offensichtlich hatte jedoch Guy von Ponthieu seine Lektion noch immer nicht gelernt. Er beharrte auf seiner Lösegeldforderung, denn sie stände ihm zu.

Wilhelm war so empört, daß er sofort nach Ponthieu marschieren wollte. Matilda hielt ihn zurück.

»Harald muß in dem Glauben gehalten werden, ein *Gast* zu sein. Wenn du bereit bist, dich um ihn zu schlagen, wird er merken, welchen Wert du auf seine Anwesenheit legst, daß er also mehr Gefangener als Gast sein wird. Wir müssen ihm unsere Freundschaft beweisen, Feste und Sportkämpfe ihm zu Ehren veranstalten und herausfinden, was in England vorgeht, wie lange Eduard noch leben wird und wie stark Haralds Anhänger sind. Vielleicht könntest du ihn sogar überreden, dein Vasall zu werden.«

»Ihn überreden?«

»Zunächst natürlich rein freundschaftlich; wenn ich will, kann ich äußerst beredsam sein.«

»Ich werde die Angelegenheit in Ponthieu auf meine Weise erledigen.«

»Tu das nicht, ich bitte dich. Droh Ponthieu, aber gib ihm auch Gelegenheit, sich elegant aus der Affäre zu ziehen. Stell ihn vor die Wahl. Wenn er darauf besteht, Harald festzuhalten, wird seine Burg niedergebrannt, sein Besitz eingezogen und er mit dem Tode bestraft. Wenn er Harald freiläßt, wird er belohnt. Du wirst das Lösegeld zahlen und vielleicht noch gewisse Ländereien zu seinem Besitz schlagen. So mußt du vorgehen, denn sei sicher, er schlottert vor Angst, sich deinen Zorn zugezogen zu haben, und er wird denken, auf diese Weise noch glimpflich davongekommen zu sein.«

»Das klingt vernünftig«, sagte Wilhelm, der einsah, daß Matilda recht hatte.

Kurz darauf kam Nachricht aus Ponthieu, Graf Harald sei freigelassen und Guy von Ponthieu geleite ihn und sein Gefolge zum Herzog. Wilhelm konnte seine Ungeduld nicht zügeln und ritt Harald mit einer prächtigen Reiterschar entgegen.

In der Pikardie trafen sie sich. Der Anblick des Mannes, der ihn in Gedanken so oft beschäftigt hatte, bestürzte Wilhelm. Er hatte ein Ebenbild Alfreds und Eduards Atheling erwartet, aber weit gefehlt. Dieser Mann war jeder Zoll – und er war beinahe so groß wie Wilhelm – ein Krieger. Nicht zu leugnen, daß er sehr gut aussah. Sein Gesicht zog die Blicke an und ließ sie nicht mehr los. Er hatte goldenes, in der Sonne schimmerndes Haar, tiefblaue Augen, edle Gesichtszüge und ein gewinnendes Auftreten. Er mußte an die vierzig sein, sah aber jünger aus als Wilhelm, weil er nicht so massig, sondern sehr schlank war. Wilhelm war zwar nicht direkt fett, zeigte aber schon Zeichen künftiger Korpulenz. Haralds Keidung war bestickt. Das wird Matilda interessieren, dachte Wilhelm bissig. Die Sachsen waren ja berühmt für ihre Stickereien. Trotz goldener Armbänder und Ringe war Harald ein kampferprobter Mann, wie Wilhelm sehr wohl wußte.

»Willkommen in der Normandie«, sagte er.

Harald dankte dem Herzog für seine Gastfreundschaft.

Wilhelm warf dem Grafen von Ponthieu einen Blick zu und sagte: »Wir müssen den rauhen Empfang wieder gutmachen.«

Es war ihm zu Ohren gekommen, daß Guy Harald in einem Kerker gehalten hatte, aber Matilda meinte, dieser würde nun die Gastfreundschaft des Herzogs um so mehr schätzen.

»Ich freue mich, daß der Herzog ritterlicher ist als seine Vasallen«, sagte Harald.

»Die Herzogin war entsetzt, von Eurer Behandlung zu hören«, entgegnete Wilhelm, »beurteilt bitte die Normandie nicht
nach ihren Grobianen.«

»Solche ungehobelten Leute gibt es in jedem Land«, erwiderte
Harald. »Auch an unserer Küste hätte es Euch passieren können, von einem Tölpel in den Kerker geworfen zu werden.«

»Glücklicherweise können wir den unseligen Beginn Eures
Besuches vergessen. Wir werden viel zu besprechen haben. Ich
habe kürzlich große Gastfreundschaft von Eurem König in seinem Land empfangen und werde mich bemühen, Euch die gleiche zu erweisen. Laßt uns den Pferden die Sporen geben, die
Herzogin wird schon ungeduldig unsere Ankunft erwarten.«

Irgend etwas war im Gange. Adelisa wußte es. Selbst der Duft
gebratenen Fleisches, der wie schon oft, das Schloß erfüllte, war
heute anders. Überall herrschte Geschäftigkeit. Der Vater war
mit einer Schar Männer weggeritten, und die Mutter erwartete
ungeduldig seine Rückkehr.

Adelisa beobachtete zu gerne das Kommen und Gehen von
einem Fenster aus. »Hört«, rief sie ihren Schwestern zu, »sie
kommen.«

Pferdegetrappel! Trompetensignale! Es mußte sich um hoch-
gestellte Besucher handeln. Die Stallknechte standen bereit, die
Pferde in Empfang zu nehmen. Die Mutter wartete in einem tief
ausgeschnittenen, anmutig bis auf die Füße fallenden Kleid. Eine
dicke goldene Flechte lag über ihrer linken Schulter, eine andere
hing über den Rücken. Ein Schleier, von einem blitzenden
Schmuckstück gehalten, bedeckte ihr Haar. Und dann ritt der
Vater mit dem Gast in den Schloßhof. Adelisa verschlug es den
Atem. Noch nie hatte sie ein so schönes Wesen gesehen. So hatte
sie sich die Götter und Helden der Sagen vorgestellt.

Dieser Mann neben ihrem Vater glich eher einem Gott als einem Fürsten. Die Sonne ließ sein Haar wie einen Heiligenschein

aufleuchten, er war mit einem prächtigen, bestickten Gewand bekleidet, groß, schlank, lächelnd.

Adelisa war verzaubert.

Sie kroch aus dem Bett und hoffte, von den Schwestern nicht bemerkt zu werden, wenn sie hinunter in die Halle spähte, wo das Festessen stattfand. Sie mußte ihn sehen und hören. Er hatte mit ihrem Vater gesprochen, seine Stimme paßte zu seinem Aussehen, sanft und melodisch. Wie wenig vornehm doch die anderen neben ihm wirkten, sogar ihr eigener Vater, den alle fürchteten. Sie waren irdische Wesen, er war himmlisch. War er wirklich aus Fleisch und Blut? Konnte es solche Schönheit auf Erden geben?

Ihre Eltern waren auch sehr angetan von ihm, stellte sie fest, wie bisher noch von keinem ihrer Gäste. Das machte sie glücklich, jeder sollte ihm die seiner Schönheit gebührende Achtung erweisen.

Sie kroch ins Bett zurück und träumte von ihm.

In den Unterrichtsstunden konnte sie nicht mehr aufpassen. Immer wenn er mit ihrem Vater ausritt, stand sie am Fenster.

Einmal wurde sie dort von ihrer Mutter überrascht. Ein fester Griff an ihrer Schulter ließ sie zusammenzucken. Sie fürchtete die Mutter genau wie den Vater, fühlte sich ihr gegenüber beinahe noch unsicherer. Sein Zorn war schrecklich und heftig, und er strafte hart ungehorsames und schlechtes Benehmen, aber die Kinder wußten, warum sie gestraft wurden und hüteten sich, sein Mißfallen zu erregen.

Die Mutter war nicht so einfach zu verstehen.

»Was tust du hier? Immer schnüffelst du unserem Gast nach.«

Adelisas Backen wurden heiß und rot. Man hatte sie also beobachtet. Matilda kniff ihr Ohr.

»Du schwärmst wohl für Graf Harald?«

»Ich . . . ich sehe ihn so gerne an.«

»Du bist nicht die einzige, Kind. Er ist einer der bestaussehenden Männer, und dein Vater ist sehr glücklich, ihn als Gast hier zu haben.«

Adelisa war es zufrieden.

»Er scheint dich richtig verzaubert zu haben! Du fängst ja früh an, Tochter, Männern deine Gunst zu schenken.«

»Nur diesem, Mutter.«

Matilda mußte lachen, und wiederum wußte Adelisa nicht, ob sie nun ärgerlich war oder nicht.

»Er ist ein mächtiger Mann in seinem eigenen Land, Adelisa.«

»Das ist klar«, Adelisa konnte sich nicht zurückhalten, »ein Blick zeigt schon, daß er . . .«

»Ein großer Herr ist«, fuhr Matilda fort, »eigentlich ein König.«

»Er ist ein König?« fragte Adelisa aufgeregt.

»Ich glaube, er hält sich dafür . . . oder beinahe.« Sie lachte wieder. »Du würdest wohl mitgehen, Adelisa, wenn er dir anböte, dich auf seinem Pferd mitzunehmen? Du würdest uns alle seinetwegen verlassen?«

Matilda kniff Adelisas Ohr noch etwas fester.

»Das ist ganz natürlich«, fuhr sie fort. »Diese Menschen sind sehr anziehend.« Ihr Blick schien aus weiter Ferne zurückzukommen, und plötzlich wurde sie ärgerlich. »Sie sind sehr von sich eingenommen, Adelisa, aber vergiß nie, daß du die Tochter des Herzogs und der Herzogin der Normandie bist.«

Damit ging die Mutter. Keine Drohungen, was ihr passieren würde, wenn sie noch einmal beim Hinausspähen ertappt würde, kein Tadel, obgleich sie zugegeben hatte, gerne mit ihm davonreiten zu wollen. Sie konnte ihrer Phantasie freien Lauf lassen und Harald, Graf von Wessex, beschäftigte weiter ihre Gedanken.

Obgleich Harald es sich nicht anmerken ließ, fühlte er sich durchaus nicht wohl. Welch Mißgeschick, gerade an der normannischen Küste zu stranden! Er traute Wilhelm nicht und wußte genau, wonach dieser letztlich strebte. Vom flandrischen Hof aus hatte er über die Rückkehr seines Bruders und Neffen verhandeln wollen. Hätte er geahnt, daß er sich in Rouen als geehrter Gast, sprich Gefangener des Herzogs der Normanddie, wiederfinden würde, wäre er nie zu dieser Fahrt aufgebrochen.

In der Tat war er der erste Fürst seines Landes und von vielen Engländern als künftiger König angesehen, aber er wußte auch, daß Wilhelm nach dem Tode Eduards ein Recht auf die englische Krone zu haben glaubte. So ließ er sich von der üppigen Gastfreundschaft und dem freundlichen Lächeln des Herzogs und seiner Frau nicht täuschen, sondern wartete zurückhaltend und vorsichtig, was dieser Besuch bringen würde, wünschte aber von ganzem Herzen, bald auf hoher See wieder in Richtung England zu segeln.

Edith hatte ihn zurückhalten wollen. Die Mutter seiner Kinder, Edith Swanneshals, ›Edith mit dem Schwanenhals‹, die er über alles liebte, war ihm jahrelang in Treue verbunden und nur dem Namen nach nicht seine Frau. Ihre Söhne und Töchter waren seine geliebte Familie, und er konnte sich auf alle verlassen, auf Godwin, Edmund, Magnus und seine Töchter Gunhild und Gytha und sogar auf Ulf, den allerkleinsten. Er hatte Sehnsucht nach Edith und der Familie. Wenn Eduard starb und er die Krone erhielt, würde Edith seine Königin und Godwin sein Nachfolger. So träumte und wünschte er, aber dieser ehrgeizige und mächtige Herzog träumte auch. Und was führte er im Schilde, wenn er ihn wie einen geehrten Gast behandelte?

Und Matilda? Sie war ein noch größeres Rätsel. Der Herzog ließ ihn oft mit seiner Frau allein. Warum? Hoffte er auf eine Indiskretion? Harald konnte die Pläne der beiden nicht durchschauen, aber er wußte nur zu gut, daß sie ihm die Krone von England rauben wollten.

Das sollte ihnen jedoch nicht gelingen. Ehe sein Vater, Graf Godwin starb, hatte er ihm gesagt: »Harald, Sohn, nur dem Namen nach war ich nicht König von England. Aber du sollst die Krone tragen, das war mein vordringlichstes Ziel. Mein Sohn soll König von England werden.«

Er *würde* König von England werden, und niemand sollte ihn daran hindern. Sein Bruder Tostig war immer eifersüchtig auf ihn gewesen, aber das Volk wollte ihn zum König, und wenn Eduard starb – was sicher bald geschehen würde –, würde er England regieren.

Aber vorläufig war er Gefangener des Herzogs der Normandie, und er mußte sich zunächst bemühen, sich den freundlichen aber entschlossenen Händen des Herzogs zu entwinden und nach England zurückzukehren, um im entscheidenden Augenblick bereit zu sein.

Der Herzog wollte ihm die Normandie zeigen. Sie gingen zusammen auf die Jagd; zurückgekehrt, unterhielten sie sich über die von ihnen geschlagenen Schlachten und stellten sie auf einem Tische nach. Harald zeigte, wie er die Waliser besiegt hatte, und Wilhelm berichtete über seine Schlachten gegen die Franzosen. Angenehme Tage und gemütliche Abende, aber Harald war nervös und fühlte sich unbehaglich, besonders wenn er mit Matilda allein war. Wilhelm zog sich zeitig zurück, aber Harald wurde aufgefordert, Matilda noch Gesellschaft zu leisten. Er fragte sich immer wieder, warum. Sie pflegte ihm gegenüberzusitzen, zeigte, sich vorneigend, ihre schön geformten Brüste, oft fiel ihr das offene Haar über die Schultern. Sie war eine attraktive Frau, und er war durchaus dafür empfänglich, sehnte sich aber um so mehr nach Edith mit dem Schwanenhals und ahnte, daß sie etwas Unangenehmes im Schilde führte.

Matilda genoß diese Sitzungen, sein gutes Aussehen und seine hellhäutige Schönheit gefielen ihr. Das weich gesprochene Sächsisch klang wie Musik, die Normannen wirkten daneben ungehobelt. Aber dennoch haßte sie die Sachsen, die sie an die demütigende Unterredung mit Brihtric erinnerten. Nach all diesen Jahren stand die Szene wieder lebhaft vor ihren Augen, weil dieser blonde Mann mit der einschmeichelnden Stimme die Erinnerung daran wachrief.

Sich ihm zuneigend sagte sie: »Wie freue ich mich, daß Ihr mir Gesellschaft leistet.«

»Es ist mir ein großes Vergnügen«, entgegnete Harald.

»Ich kann Euch nicht sagen, wie glücklich wir waren, als wir hörten, daß Ihr in der Normandie seid.«

Die hochgezogenen Brauen und der Klang ihrer Stimme wirkten irgendwie spöttisch und boshaft.

»Ich werde bald zurückkehren müssen«, sagte er zögernd.

»O Graf, dagegen werden wir protestieren. Wir sind so froh, Euch hier zu haben und werden Euch nicht so schnell fortlassen, darauf könnt Ihr Euch verlassen.«

Es war in freundlichem Ton gesagt, aber er hörte doch den Spott heraus. Nein, dachte er, ihr wollt mich als Gefangenen hier behalten, und wer weiß, wann ich je wieder herauskomme.

»Ich wollte, Ihr hättet Wilhelms Gesicht gesehen, als er hörte, daß Ihr in der Normandie seid. Selten noch hat er sich so gefreut.«

»Er ist ein guter Gastgeber.«

»Und Ihr seid der perfekte Gast, der aufbleibt und die Frau eines müden Ehemannes unterhält. Erzählt mir von England, ich höre gerne von diesem Land. Es scheint uns so nahe zu sein. Ob ich wohl eines Tages dorthin kommen werde? Wie würde mich das freuen.«

»Eines Tages müßt Ihr und der Herzog auch meine Gäste in England sein.«

Sie nickte langsam.

186

»Ich sähe unsere Familien gerne enger verbunden. Wir haben Euch liebgewonnen, Graf Harald, habt Ihr eigentlich bemerkt, daß ich Töchter habe?«

»Durchaus.«

»Gesunde Söhne und Töchter sind die größte Freude der Eltern«, sagte sie. »Ich habe mit Wilhelm darüber gesprochen, daß ich gerne eine engere Verbindung unserer Familien sähe. Er stimmte mir zu. Meine kleine Tochter Adelisa – sie ist noch ein Kind – hat sich in Euch verliebt, genau wie wir alle. Das Kind meint, Ihr ähnelt einem Gott.«

»Sie ist mir aufgefallen, ein entzückendes Mädchen.«

»Ich freue mich, daß Ihr so anerkennend von ihr sprecht. Sie wird vor Freude ohnmächtig werden, wenn sie es erfährt. Wäre es nicht wünschenswert, wenn Euer Besuch unsere Familienbande stärkte?«

»Ich bin viele, viele Jahre älter als Eure reizende Tochter.«

»Ihr seid ein junger Mann. Ich kenne keinen stärkeren und gesünderen, außer vielleicht Wilhelm. Aber eine Ehefrau wird sich wohl stets zugunsten ihres Mannes äußern, nicht wahr?«

»Sicher geht Ihr auf in seinen Interessen.«

Sie beugte sich verführerisch lächelnd vor. »Ich hoffe, ich bin ihm eine gute Frau. Ihr seid nicht verheiratet, Graf Harald. Es gibt nichts Schöneres als ein glückliches Familienleben.«

»Das weiß ich«, sagte er und dachte an Edith und die Kinder und welchen Trost er bei ihnen fand, wenn er müde war.

»Mein Mann wäre sehr glücklich, wenn Ihr in eine Verlobung mit Adelisa einwilligtet. Nur dann würde er sich damit abfinden, Euch verlieren zu müssen, weil es nur vorübergehend wäre.«

Also ein Ultimatum, dachte Harald. Stimme einer Verlobung zu, und du kannst nach Hause gehen.

War das wirklich der Sinn des Ganzen gewesen, überlegte er innerlich erregt. Wenn er einwilligte, Adelisa zu nehmen, würden sie ihn freilassen? Vielleicht wollte Wilhelm die Krone von

England nicht für sich selbst, sondern suchte einen friedlichen Kompromiß, indem er seine Tochter zur Königin von England machte, wenn es soweit war.

Wenn das der Fall wäre, könnte er sich ruhig mit Adelisa verloben. Verlobungen waren nicht bindend, und wenn er auf diese Weise nach Hause käme, dann bliebe ihm gar nichts anderes übrig.

Niemand in England würde ein unter Druck gegebenes Versprechen für bindend halten, sowenig wie er.

Die Falken auf dem Handgelenk, ritten Harald und Wilhelm durch den Wald, das Gefolge blieb zurück. Harald liebte die Jagd so wie Wilhelm, aber er hatte mittlerweile gelernt, in der Gesellschaft des Herzogs auf der Hut zu sein, weil der gerne diese Gelgenheiten ergriff, Fragen zu stellen, deren Antworten sorgsam bedacht werden mußten.

Auch dieses Mal sagte Wilhelm: »Die Herzogin hat mir berichtet, daß Ihr unsere Tochter reizend findet.«

»Die ganze Familie finde ich reizend«, erwiderte Harald vorsichtig.

»Aber doch wohl besonders die kleine Adelisa, meine Lieblingstochter.«

»Ein entzückendes Kind.«

»Kinder werden erwachsen, Graf, und nur zu schnell! Mädchen sind schon früh heiratsfähig. Ich würde nichts gegen eine Verbindung haben.«

»Aber sie vielleicht, fürchte ich.«

»Die Herzogin sagte mir, Ihr hättet sie verzaubert.«

»Die Herzogin ist sehr liebenswürdig.«

»Sie spricht die Wahrheit. Ihr habt eine unverheiratete Schwester. Ich würde sie gerne mit einem normannischen Baron verheiraten. Gebt sie dem von mir Ausgewählten, und Ihr sollt Adelisa bekommen. Was haltet Ihr davon, Graf?«

»Ich müßte das mit meiner Familie besprechen.«

»Graf, ich weiß wohl, Ihr seid das Haupt Eurer Familie. Ihr fragt Eure Familie nicht mehr als ich, wenn Ihr etwas vorhabt. Sagt mir, daß dieser Plan Eure Zustimmung findet, und wir werden die Angelegenheit so bald wie möglich regeln. Ich darf hinzufügen, daß Ihr natürlich nach England zurückkehren müßt, um Vorbereitungen für diese Hochzeiten zu treffen. Das ist doch keine schlechte Idee.«

Also Adelisa für die Freiheit. Was konnte er darauf antworten?

Wilhelm fuhr fort: »Ich würde mich Euch gegenüber großzügig zeigen, Graf, denn ich kann nicht leugnen, daß Ihr uns alle mit Eurem Charme gewonnen habt. Meine Frau findet Euch bezaubernd, meine Tochter habt Ihr verhext, und ich halte Euch für einen Mann, dem man vertrauen kann. Davon gibt es leider wenige in der Welt, und es tut gut, einen zu finden.«

»Ihr wollt mir auf jede Weise Eure Huld zeigen.«

Wilhelm beugte sich vor. »Und das will ich auch weiter tun. König Eduard ist leidend, nicht wahr?«

»Er war nie sehr kräftig.«

»Aber seit kurzem nimmt seine Kraft ab, und es wird nicht mehr lange dauern, bis er in seinem Grabe ruht. Das macht mich traurig, denn ich liebe diesen Mann. Wußtet Ihr, Harald, daß wir uns oft sahen, als ich noch ein Junge war?«

»Ich weiß, daß er viele Jahre am normannischen Hof zubrachte.«

»Für Eduard waren das glückliche Jahre. Er war meinem Vater dankbar und später auch mir. Er ist mehr Normanne als Engländer.«

»Was den Engländern nicht gerade gefällt.«

»Aber sie haben gelernt, ihn zu verehren, sie halten ihn für einen Heiligen. Eduard der Bekenner! Man hat mir berichtet, er heile Menschen durch Auflegen seiner Hände.«

»Er wird sehr verehrt.«

»Vor nicht langer Zeit war ich in England.«

»Ich erinnere mich gut.«

»Damals sagte mir König Eduard, er wolle mich nach seinem Tode zum Nachfolger ernennen.«

Jetzt war es heraus. Harald hoffte, daß ihn sein Gesicht nicht verriet. Die Empörung nahm ihm den Atem, obgleich er es ja von Anfang an gewußt hatte, doch jetzt war es zum ersten Mal ausgesprochen worden.

Er hörte sich sprechen, war sich aber seiner Worte nicht sicher. Es war so etwas ähnliches wie: »Die Engländer würden einen normannischen König nicht wünschen.«

»Aber Ihr seid hochangesehen, seid beliebt, das Volk achtet Euch. Sie werden immer die Wünsche ihres Königs respektieren. Eduard hat mich zu seinem Nachfolger ernannt. Harald, ich schwöre Euch, daß Ihr alles von mir fordern könnt, wenn Ihr mir helft, die englische Krone zu erlangen.«

Harald schwieg, und Wilhelm zögerte nicht, dieses Schweigen als Zustimmung auszulegen.

»Sobald Eduard stirbt, werde ich in England landen«, fuhr er fort, »bringt die Burg von Dover in Euren Besitz und übergebt sie mir. Erweist mir diesen Dienst, und Ihr sollt ihn nicht bereuen. Euer Bruder und Neffe werden nach England zurückkehren. Ihr werdet wie mein Sohn sein, denn Ihr werdet meine Tochter heiraten.«

Harald sprach noch immer kein Wort. Wilhelm sah ihn nicht an. Er tat, als sei die Angelegenheit damit erledigt, und wandte sich wieder seinem Falken zu.

Im Schulzimmer wurde nur noch von dem Besucher gesprochen. Keines der Kinder hatte je einen solchen Gast gesehen, und sie wußten auch, daß Graf Harald ihre Eltern mehr beschäftigte als je ein anderer Gast zuvor.

Eines Tages betrat die Mutter das Zimmer, als die Mädchen gerade Adelisas Zöpfe flochten. Sie sagte lächelnd: »Hübsch bist du heute, Tochter. Komm mit, du sollst Graf Harald vorgestellt werden.«

Adelisa wurde rot vor Verwirrung.

»Stell dich nicht so an«, sagte Matilda. »Er ist auch nur ein Mann, hör auf, ihn als göttliches Wesen anzusehen.«

Sie packte ihre Tochter fest am Arm.

»Jetzt wird sich zeigen, ob du deine Lektionen gelernt hast. Du wirst vor dem Grafen knicksen und seine Fragen beantworten. Und wenn du dich nicht benimmst, wie es sich gehört, werde ich persönlich dich strafen.«

»Ich werde mein Bestes tun«, murmelte Adelisa.

»Er soll dich entzückend finden, sonst wird es dir schlecht ergehen.«

»Ich werde versuchen, ihm zu gefallen.«

Harald stand auf, als Adelisa die Halle betrat.

»Meine Tochter«, sagte Wilhelm.

Der Graf verneigte sich und lächelte freundlich, Adelisa knickste, so anmutig sie konnte.

»Unsere Tochter ist so überwältigt von der ihr erwiesenen Ehre, daß sie etwas schüchtern ist«, sagte Matilda.

Harald nahm Adelisas Hand, und für einige unvergeßliche Augenblicke sah sie die schönsten blauen Augen besorgt und ernst auf sich gerichtet.

»Du darfst keine Angst vor mir haben«, sagte er.

»Nein, Herr«, hauchte sie.

»Denn wir beide sind Freunde.«

Ihr Lächeln verriet ihre Liebe.

»Sie ist keineswegs unwissend«, sagte Matilda. »Der Herzog hat immer großen Wert auf Erziehung gelegt, sogar bei Mädchen. Ihr Latein ist gut. Rezitiere einige Verse, Adelisa, Graf Harald soll merken, daß er keinen Dummkopf vor sich hat.«

Harald wehrte ab und sagte freundlich: »Das ist nicht nötig, die Klugheit spricht aus ihren klaren Augen.«

»Die Herzogin und ich werden unsere Schachpartie beenden, während ihr euch unterhaltet«, sagte Wilhelm und zog sich mit Matilda in den hinteren Teil der Halle zurück.

»Sie wollen, daß wir einander gern haben«, sagte Harald.

»O das tu ich schon lange.«

Er lächelte. »Du bist ein süßes kleines Mädchen, ich finde dich bezaubernd.«

Daß es ein solches Glück auf der Welt geben kann, dachte sie, schloß die Augen und betete, dieser Augenblick möge ewig dauern.

Als sie sie wieder öffnete, lächelte er sie an.

»Du bist noch ein Kind«, sagte er, »viele Jahre liegen noch vor dir, ehe du erwachsen bist.«

»Ich bin zehn Jahre alt«, sagte sie stolz.

Er strich über ihr goldenes Haar.

»Ich bin ein alter Mann.«

»Nein, rief sie empört, »Ihr könnt nie alt werden.«

»Leider ist diesem Schicksal nicht zu entgehen.«

Sie schüttelte den Kopf. Götter wurden nicht alt, sie lebten tausende von Jahren und blieben immer stark und schön.

Er fand sie wirklich bezaubernd, und ihre Liebe zu ihm war nicht zu übersehen. Armes kleines Mädchen, nur eine Figur auf ihres Vaters Schachbrett.

»Sicher werde ich bald wieder in meiner Heimat sein.«

»In England, nicht wahr?«

Er nickte. »Es ist ein schönes Land, und ich liebe es.«

»Es muß das schönste Land der Welt sein.«

»Für mich auf alle Fälle, wie die Normandie für dich. Es ist die Heimat, deshalb empfinden wir so.«

»Ich würde gerne Euer Land besuchen.«

»Der Herzog und die Herzogin möchten, daß du das tust.«

Sie klatschte in die Hände.

»Sie möchten uns miteinander verheiraten. Was hältst du davon?«

»Oh«, sagte sie nur und schwieg.

»Woran denkst du?« fragte er.

»Daß ich vor Glück sterben werde.«

Er erzählte dann von England, dem schönen Land mit grünen Feldern und Klöstern, goldenen Stränden und silbernen Seen, und aus seinen Worten sprach die Liebe zu diesem Land.

»Eines Tages werdet Ihr mich dorthin mitnehmen«, sagte sie.

»Wenn ich es nun täte?«

»Es wäre der glücklichste Tag meines Lebens.«

Die Schachpartie war beendet, Wilhelm und die Herzogin traten wieder zu ihnen an den Tisch.

»Du kannst jetzt gehen, Adelisa«, sagte Matilda, und das Kind erhob sich, knickste vor Harald und den Eltern und ging hinaus.

In ihrem Zimmer legte sie sich auf ihren Strohsack und träumte von den blauen Augen und der wunderbaren Gestalt des Mannes, den sie heiraten sollte.

Sie war wie verzaubert. Sie hörte nicht, wenn ihre Brüder oder Schwestern sie ansprachen. Sie lebte in einem der Märchen, die ihre Kindheit erfüllt hatten. Und der Held des Märchens war schöner und mutiger als es je ein anderer gewesen war.

Plötzlich war sie erwachsen geworden. Sie war kein Kind mehr, das in das Schulzimmer gehörte. Sie durfte mit an der Tafel sitzen.

Harald saß auf einem besonders für ihn bereitgestellten Stuhl. Robert stand hinter ihm. Es gefiel ihm nicht, daß er stehen und aufwarten mußte, während seine junge Schwester saß. Er mußte die Platten für Harald halten und nach dem Essen die Schale bringen, damit sich der Gast die Hände waschen konnte. Er war es auch, der das Trinkhorn für Harald füllte und dabei aufpassen mußte, nicht die Finger in den großen Humpen zu tauchen.

Und sie, die kleine Adelisa, durfte Haralds Mahl teilen, sie tranken aus dem gleichen Horn. Er lächelte ihr zu; er war so gütig und freundlich, obwohl er ein mächtiger Krieger war, wie sie wußte. Ihre Liebe schmerzte sie, ihr Herz schien zu groß für ihren Körper; ihre Augen schwammen oft in Tränen, so daß sie seine Schönheit wie durch einen Nebel wahrnahm.

Er lächelte sie verständnisvoll an und legte ihr die zartesten Fleischstücke vor, weil sie noch in einem so zarten Alter war, wie er sagte. Er ließ sie nicht zu oft trinken, denn sie sei »zu jung für zuviel Wein.« Und immer sprach er so gütig, daß sie gerührt war und es dennoch schmerzte, weil sie ihn so sehr liebte.

Es war ein bedeutungsvolles Mahl, bei dem ausgewählte Speisen aufgetragen wurden, und Adelisa merkte auch, daß ihre Eltern Harald beweisen wollten, ein welch großartiges Leben sie führten.

Aber er war traurig. Das spürte sie, und sie hätte zu gerne gewußt, wie sie ihn glücklich machen könnte.

Wilhelm besprach seinen Plan mit Matilda.

»Es ist an der Zeit, Haralds Besuch in der Normandie in der richtigen Weise zu beenden.«

»Bis jetzt ist alles gut gegangen«, stimmte Matilda zu. »Er ist mit Adelisa verlobt, und sie betet ihn an. Jetzt muß er nur noch nach England zurückkehren, seine Schwester in die Normandie schicken und das Volk auf dich vorbereiten, wenn die Zeit gekommen ist.«

»Das letztere ist am schwierigsten, und dafür habe ich einen Plan. Wir werden nach Bayeux gehen, und dort soll er sich mir in einer Weise verpflichten, die es ihm unmöglich macht, sein Wort zu brechen.«

»Aber wie willst du ihn zu diesem Schwur bringen?«

»Was kann er anders tun? Er ist unser Gefangener. Vielleicht war es gar nicht schlecht, daß Guy von Ponthieu ihm schon einen Vorgeschmack unserer Kerker gab. Er wird den Rest seines Lebens nicht hier in der Verbannung verbringen wollen, gerade wenn in England die Dinge ins Rollen kommen.«

»Möge das Glück mit dir sein.«

»Wir werden alle nach Bayeux gehen, um Zeugen dieser Szene zu sein.«

»Das wird unsere Tochter erfreuen.«

»Wenigstens Adelisa ist glücklich über die Vereinbarung.«

»Ihr Herz würde brechen, wenn du ihr jetzt ihren Sachsen nähmest.«

»Diese Sachsen haben eine gewisse Anziehungskraft.«

»Die Männer sehen gut aus. Ich frage mich, ob die Frauen wohl auch schön sind. In diesem Falle müßte ich ein wachsames Auge auf meinen Herrn haben.«

Wilhelm lachte sie aus. »Mußtest du das jemals?«

»Bis jetzt hast du nur mit normannischen Frauen zu tun gehabt und warst zu sehr mit deinen Kriegen beschäftigt.«

»Du kannst sicher sein, daß ich in England viel zu tun haben werde, und sobald ich den Thron errungen habe, werde ich dich nachkommen lassen.«

»Ich werde kommen. Mit den Sachsen habe ich eine Rechnung zu begleichen.«

»Warum?«

»Weil sie dich von mir trennen, denn es wird zweifellos eine Weile dauern, ehe du den Thron besteigen kannst.«

»Das braucht nicht so zu sein. Wenn Harald das Land auf mein Kommen vorbereitet, sollte es eigentlich nicht schwierig sein.«

»Glaubst du, er würde dir einfach aushändigen, was er selbst erstrebt?«

»Wenn er einen heiligen Eid geschworen hat, ja. Erinnere dich an Eduard. Er hatte geschworen, nie Beziehungen zu einer Frau zu haben, und er hat diesen Schwur gehalten, obgleich er heiratete.«

»Weil er es so wollte. Aber glaube mir, Wilhelm, Harald strebt genau wie du nach dieser Krone.«

»Dann ist es an der Zeit, ihn seinen Verzicht beschwören zu lassen.«

Noch am gleichen Tag sagte Wilhelm zu Harald: »Ich möchte Euch mein Schloß in Bayeux zeigen. Wir werden morgen dorthin reiten und können unterwegs noch jagen.«

Beklommen ritt Harald mit Wilhelm an der Spitze des Zuges nach Bayeux.

In der großen Halle von Bayeux stand eine mit einem goldenen Tuch bedeckte Truhe.

Wilhelm hatte alle Edelleute und Ritter aus seiner Begleitung und aus einem Umkreis von zehn Meilen in die Halle befohlen.

Es war eine eindrucksvolle Versammlung. Er selbst legte seine herzoglichen Gewänder und das goldene Diadem an, die er bei Staatsangelegenheiten trug, und setzte sich auf den Thron.

Dann ließ er Harald holen.

Harald ahnte sofort, was bevorstand, und verfluchte seinen Schiffbruch an der normannischen Küste. Er sollte schwören, Adelisa heiraten zu wollen, das wußte er. Wie konnte er solch ein Kind heiraten? Und was galt ein erpreßter Eid?

Was würde geschehen, wenn er sich weigerte? Er hatte von Wilhelms Grausamkeit gehört.

»Willkommen, Graf Harald«, sagte der Herzog.

»Willkommen«, wiederholte die Versammlung, aber der Gruß hatte für ihn nicht die sonst übliche freundliche Bedeutung.

»Ihr habt mir bestimmte Versprechen gegeben«, fuhr Wilhelm fort, »und ich habe diese Versammlung einberufen, damit

Ihr sie wiederholt und einen Eid darauf leistet. Legt nun Eure Hände auf das goldene Tuch.«

Harald zögerte einen Augenblick. Er wäre am liebsten hinausgelaufen. Es war unmöglich. Was würde geschehen, wenn er sich weigerte? In Gedanken sah er einen Kerker vor sich und erinnerte sich an die schrecklichen Dinge, denen Gefangene ausgesetzt waren.

Er hob die Hände.

»Ihr habt versprochen, mir beim Tode König Eduards zur Krone von England zu verhelfen«, sagte Wilhelm. »Beschwört es.«

Harald schwieg, und Wilhelm drängte: »Schwört.«

Es gab keinen Ausweg, er saß in der Falle.

»Ich schwöre«, sagte er.

Wilhelm lächelte. Das war der bedeutsamste Eid. Er fuhr fort: »Schwört, daß Ihr meine Tochter Adelisa heiraten werdet.«

»Ich schwöre«, sagte Harald.

»Schwört, daß Ihr Eure Schwester in die Normandie schicken werdet und ich sie mit einem meiner Ritter vermählen kann.«

»Ich schwöre«, sagte Harald.

Darauf gab Wilhelm zweien seiner Männer ein Zeichen. Sie traten vor, zogen das Goldtuch ab und enthüllten eine große Truhe. Als sie sie öffneten, tat Harald einen Laut des Entsetzens, denn darin lagen die vornehmsten Reliquien der Normandie, die Gebeine lang verstorbener Heiliger.

Er hatte also einen heiligen Eid geschworen; wer ihn brach, versuchte das Schicksal.

»Mit Gottes Hilfe«, rief Wilhelm, und die Worte wurden von der ganzen Versammlung aufgenommen.

»Nun auf zum Fest«, sprach Wilhelm mit vor Genugtuung blitzenden Augen. »Kommt, Graf Harald, heute wurde unsere Freundschaft besiegelt.«

Adelisa saß bei dem Festmahl, neben Harald. Sie spürte seine Trauer, obgleich er ihr wie stets das zarteste Fleisch vorlegte.

»Ich werde sehr bald nach Hause zurückkehren«, sagte er.

Und sie glaubte, daß er deswegen traurig sei.

Einige Tage später verließ eine prächtige Reiterschar die Burg, an ihrer Spitze der Herzog der Normandie und neben ihm Graf Harald. Ihr Ziel war die Küste, wo Schiffe warteten, um Harald nach England zurückzubringen.

Auf dem Turm stand Adelisa und blickte ihnen nach.

Noch nie hatte sie einen so traurigen Tag erlebt. Er ging fort, und sie würde ihn lange Zeit nicht wiedersehen. Sie war ihm zwar anverlobt, und ihr Vater hatte gesagt, daß sie nach England gehen und ihn heiraten würde. Aber noch war sie zu jung. Wie viele Jahre mußte sie noch warten? Vielleicht drei? Und was konnte in drei Jahren alles geschehen? Wie konnte sie drei Jahre aushalten, ohne sein schönes Gesicht zu sehen?

Eine schreckliche Ahnung kommenden Unheils befiel sie: sie würde nie wieder glücklich sein.

Ihre Schwester Cecilia trat neben sie an das Fenster.

»Es hat keinen Zweck noch länger hinauszuschauen«, sagte sie, »du kannst nichts mehr sehen.«

Adelisa wandte sich ihrer blaßhäutigen Schwester zu, die der übrigen Familie so wenig ähnelte, denn sie war ruhig und ernst, streng und kritisch.

Adelisa konnte sich nicht zurückhalten: »O Cecilia«, sagte sie, »ich bin so unglücklich.«

»Weil er fort ist? Wie weltlich du gesonnen bist, Adelisa.«

»Ist es weltlich zu lieben?«

»Ja, wenn es sich nicht um Gott, die Jungfrau Maria und die heilige Kirche handelt. Du mußt um die Vergebung deiner Sünden beten. Komm, knie neben mich.«

Adelisa schüttelte den Kopf. »Ich kann nur ihn sehen«, sagte sie.

»Du denkst nur an dich, Adelisa. Andere haben wirkliche Sorgen. Was ist mit Graf Haralds Bruder Wulfnoth? Er hat seinen Vetter Haakon verloren, der stets bei ihm war, seit er als Geisel in die Normandie gebracht wurde, und der jetzt nach Hause zurückgekehrt ist. Er wird auch traurig sein, denn er hat jemand verloren, den er auch liebte, so wie du liebst.«

»Er verlor seinen Vetter, ich habe Graf Harald verloren. Cecilia, hast du je ein so schönes Wesen gesehen?«

»Mir geht es nicht um die Schönheit der Menschen, sondern Gottes.«

»Aber er wird zu mir zurückkehren«, fuhr Adelisa fort, »er hat einen Eid geleistet.«

»Er wird nie wagen, ihn zu brechen«, sagte Cecilia, »weil er über den Gebeinen toter Heiliger geschworen hat. Wenn er diesen Schwur bräche, würde ihn ein schreckliches Schicksal ereilen.«

»Er würde nie seine Eide brechen«, erwiderte Adelisa stolz. »Er wird zu mir zurückkommen.«

Aber sie konnte die Vorahnung kommenden Unheils nicht abschütteln.

Jeden Tag blickte Adelisa vom Turm in die Ferne. Ein Bote würde aus England kommen, um sie mit hinüber zu nehmen. Wenn junge Mädchen verlobt wurden, gingen sie oft in das Land ihres künftigen Ehemannes. Sie dachte daran, daß sie ihre Brüder und Schwestern, ihren Vater und ihre Mutter würde verlassen müssen und war traurig; aber wenn sie an die große Freude dachte, mit Harald zusammen zu sein, war sie überglücklich.

Eines Tages wird er kommen, beruhigte sie sich selbst, sie mußte es glauben. Nur dann konnte sie ihr Leben ertragen.

Seit seiner Rückkehr hatte Harald nichts mehr von sich hören lassen.

Der Herzog und die Herzogin erwarteten tagtäglich die Nachricht von Eduards Tod.

»Er wird zweifellos die geschworenen Eide bedenken«, sagte Wilhelm.

»Und zweifellos wünschen, er hätte sie nicht geschworen«, fügte Matilda hinzu.

»Er wird wissen, daß es zwecklos ist, Geschehenes zu bereuen, wenn er auch den Tag verfluchen wird, der ihn an unsere Küste warf.«

»Er hat durch dieses Abenteuer eine verliebte kleine Frau gewonnen. Wie mag er das wohl der Dame mit dem Schwanenhals und ihren Bastarden erklärt haben? Sicher versprach er seinen und ihren Söhnen, daß sie ihm, obwohl Bastarde, auf dem Thron nachfolgen sollen.«

»Es kann vorkommen, daß Bastarde manchmal Nachfolger ihrer Väter werden.«

Sie lachte ihn an. »Und wir kennen das ausgezeichnete Ergebnis. Wenn du nach England segelst, werde ich alles mit großem Interesse verfolgen. Ich habe mir gesagt, daß der einzige Weg, mich in Geduld zu fassen, der sein wird, einen Gobelin zu stikken, auf dem alle Ereignisse dargestellt sind. Hier in Bayeux werde ich mit der Arbeit beginnen, weil hier Harald seinen Eid geschworen hat. Ich habe den Schiffbruch aufzeichnen lassen und wie er den Eid leistet, und ich habe bereits zu sticken begonnen. Damit bin ich beschäftigt; während du große Taten vollbringst, werde ich von ihnen berichten und auf meine Weise dazu beisteuern.«

»Du hast schon dazu beigetragen, meine Liebe. Ich denke oft, daß ich ohne dich nur ein Schatten meiner selbst geworden wäre.«

»Das ist ein Eingeständnis, Wilhelm von der Normandie, an das ich dich sicher von Zeit zu Zeit erinnern werde.«

Schließlich trafen schlechte Nachrichten aus England ein.

Wie schon des öfteren war Tostig die Ursache der Schwierigkeiten. Er konnte nicht übergangen werden. Rebellisch, von hitzigem Temperament, verstand er es trotzdem, sich beliebt zu machen. Matildas Schwester Judith war seine treue Gemahlin. Tostigs Schwester, Editha, Königin von England, liebte ihn innig, und er galt als ihr Lieblingsbruder. Sogar der König selbst, der keinem Menschen besonders zugetan schien, wollte ihm wohl.

Harald mußte ihn mit gewissem Argwohn betrachten, denn ein ehrgeiziger Mann wie Tostig würde natürlich auch nach der Krone von England streben.

Tostig hatte Northumberland zehn Jahre regiert, war aber dort nicht beliebt. Er stammte aus Südengland, und die Leute im Norden schätzten die aus dem Süden nicht sonderlich. Der Norden hatte stärker unter dänischem Einfluß gestanden, der Süden war sächsisch, und Tostig war der Enkel eines sächsischen Hirten. Das wurde ihm entgegegengehalten, und er reagierte darauf mit Brutalität. Er duldete keinen Widerstand; um seinen Willen durchzusetzen, belegte er seine Untertanen mit drückenden Steuern, so daß sie nichts sehnlicher wünschten, als ihn abzusetzen.

Als sich Tostig einmal nicht im Lande befand, brach ein Aufstand aus. Die Rebellen waren erfolgreich und erklärten Tostig für geächtet. Danach forderten sie Morcar, den jüngeren Bruder des Grafen von Mercia, auf, Graf von Northumberland zu werden.

Tostig wandte sich sofort an den König, der es haßte, in Schwierigkeiten hineingezogen zu werden, und Graf Harald bat, die Angelegenheit zu regeln.

Tostig plädierte für Krieg, aber Harald hielt ihn zurück und riet, die Schwierigkeiten vor den Witan zu bringen, der Tostig schließlich verbannte und Morcar zum Grafen von Northumberland erklärte.

»Verräter«, rief Tostig seinem Bruder zu, aber bei Lebzeiten Eduards konnte Tostig keinen Streit mit seinem Bruder beginnen und offen erklären, daß es um die Krone Englands ging.

Tostig konnte nichts unternehmen. Er war geächtet und mußte mit Judith und seiner Familie am Hofe seines Schwiegervaters Zuflucht nehmen.

»Dein Vater hat also wieder einmal Gäste«, sagte Wilhelm zu Matilda.

»Ich werde Judith bitten, hierherzukommen«, erwiderte Matilda.

»Vielleicht erfahre ich dann, was an des Königs Hof vorgeht.«

»Es wird eine Auseinandersetzung geben«, meinte Wilhelm. »Denn Tostig weiß sicher, daß Harald geschworen hat, zu meinen Gunsten zu verzichten.«

»Damit haben drei ihr Auge auf die Krone geworfen«, sagte Matilda. »Und Tostig hat nicht über Reliquien geschworen.«

»Ich fürchtete Harald.«

»Aber jetzt nicht mehr.«

»Ich werde diesen Herrn im Auge behalten, bis ich auf dem Thron bin.«

Das Jahr 1066 sollte anbrechen.

»Ich erinnere mich«, sagte Wilhelm, »daß mir der König von England sagte, er sei um die Jahrhundertwende geboren. Er ist also in seinem 66. Lebensjahr und wird nicht mehr viel länger leben.«

»Judith schreibt mir aus Flandern«, berichtete Matilda, »daß der König immer ihren Mann begünstigt habe und daß ihn seine Verbannung sehr betrübte. In den Wochen vor ihrem Fortgang sei er sehr gealtert, und er war doch schon ein alter Mann.«

»Sein Tod steht kurz bevor«, sagte Wilhelm, »da bin ich sicher.«

Weihnachten war vorbei, und es war Januar. Winter war die beste Zeit für die Jagd. Wenn die Sträucher weiß bereift waren, mußte man die kurzen Tage bis zur Neige auskosten. Warten ermüdete, die Spannung konnte am besten durch Jagdvergnügen unterbrochen werden. Wilhelm hatte das stets so empfunden, er liebte es, mit den an den Leinen zerrenden Hunden unter seinen Jägern zu sein, während die Pferde den harten Boden stampften und die Falken darauf warteten, sich auf die Beute zu stürzen, dazu die scharfe Winterluft, all das versetzte ihn in Hochstimmung. Einige Stunden lang gab es nichts als die Jagd nach dem Wild. Er dachte nicht mehr daran, was in Eduards Palast vorgehen mochte und ob Harald versuchen würde, seine Eide zu brechen.

Am Vortag hatte ihm einer seiner Förster einen Bogen gebracht, wie er noch nie einen gesehen hatte.

»Nur ein sehr starker Mann kann einen solchen Bogen biegen, Herr. Deshalb habe ich ihn für Euch gemacht.«

Er nahm den Bogen. Unter dem Beifall der Umstehenden bog er ihn zusammen. Am nächsten Tag wollte er ihn ausprobieren.

Andere versuchten auch, ihn zu biegen, aber es gelang nur Wilhelm. Er war guter Stimmung.

Er erprobte jetzt also seinen Bogen im Wald, und sein Gefolge sah ihm bewundernd zu.

Jung Robert und Richard waren auch dabei. Wilhelm konnte seinen ältesten Sohn nie ansehen, ohne seine kurzen Beine zu beklagen. Man sah es sogar, wenn er zu Pferde saß. Er war klein und würde nie wie die Normannen aussehen, die wegen ihrer Größe und ihrer langen Beine berühmt waren.

»Laßt mich den Bogen auch probieren, Vater«, sagte Robert.

Wilhelm reichte ihm die Waffe hinüber, obwohl er genau wußte, daß Robert sie nicht biegen konnte. Aber es würde ihm eine Lehre sein, daß ein Grünschnabel noch nicht in der Lage war das gleiche zu tun wie sein Vater.

»Robin Kurzstiefel«, sagte Wilhelm, »du hast weder Alter noch Kraft, eine solche Leistung zu vollbringen.«

Richard bat nicht um den Bogen, er war klug genug, seine Grenzen zu kennen. Aber beide Knaben waren gute Jäger, sie wären sonst nicht seine Söhne gewesen.

Wilhelm nahm den Bogen und probierte ihn immer wieder aus.

»Es gibt nur einen unter uns«, sagten die Umstehenden, »der eines solchen Bogens würdig ist.«

Robert grollte. »Mir wird es auch gelingen«, sagte er, »nicht heute, aber später.«

Er galoppierte etwas verdrossen davon, kam aber sofort wieder zurück.

»Ein Bote kommt«, rief er, »er reitet wie der Teufel.«

Wilhelm stand gespannt, der Bogen war vergessen, die Jagd gleichgültig geworden. Ein Bote. Noch ehe der Mann auftauchte, war er sicher, daß er aus England kam.

Er hatte seine Späher am englischen Hof, um zu wissen, was dort vorging. Der Bote, dem man den schnellen Ritt ansah, übergab dem Herzog ein Paket.

Wilhelm brach die Siegel auf, und während er las, schoß ihm das Blut ins Gesicht. Einen Augenblick machte ihn der Zorn blind, so daß er kaum weiterlesen konnte.

Eduard war am 5. Januar gestorben, und am gleichen Tag war Graf Harald zum König von England ausgerufen worden. Es gab keine Gegenstimmen, am nächsten Tag war er gekrönt worden.

Er hatte seine Eide vergessen. Bei Gottes Herrlichkeit, dachte der Herzog, den Tag der Krönung wird er bereuen.

»Die Jagd ist aus«, schrie er.

Er gab dem Pferd die Sporen und ritt zurück ins Schloß.

Der Eroberer

HARALD UND EDITH MIT DEM SCHWANENHALS

König Harald von England saß der Frau zu Füßen, die er schon viele Jahre liebte. Edith Schwanenhals war nicht mehr jung, aber von einer Schönheit, der das Alter nichts anhaben konnte. Ihr Gesicht strahlte gelassene Ruhe aus, und das schöne Haupt auf dem langen Hals, dem sie ihren Namen verdankte, war so anmutig wie je.

Viele Jahre hatten sie sich die Treue gehalten. Und nur Edith konnte Haralds Qualen ermessen, weil nur sie von den Vorgängen in der Schloßhalle von Bayeux und seinen nächtlichen Alpträumen wußte, in denen sich die Totengebeine aus der Truhe zu bedrohlichen Gestalten formierten.

»Der Eid war nicht bindend«, beruhigte sie ihn. »Du wurdest dazu gezwungen, die Heiligen wissen das. Mit welchem Recht hat dich Wilhelm von der Normandie durch eine Täuschung veranlaßt, deinem Erbe abzuschwören? Du erfuhrst erst nach dem Schwur von dem Inhalt der Truhe.«

»Aber ich habe geschworen«, sagte Harald, »warum mußte ich auch an dieser Küste Schiffbruch erleiden!«

»Das ist nun nicht mehr zu ändern«, erwiderte Edith. »Und du bist der König. Hat dich Eduard nicht berufen?«

Die Erinnerung an diese Szene am Totenbett Eduards war eine Beruhigung. Ja, Eduard hatte sich ihm zugewandt. Hatte er böse Ahnungen gehabt? War der Heilige in ihm stärker gewesen als der König? Er war zutiefst verstört, denn er kannte den Zustand des Königreiches. Er wußte auch, daß nur einer – und zwar Harald – als König akzeptiert werden würde. Erinnerte er sich an sein Wilhelm gegebenes Versprechen – wenn es eines gewesen war? Es schien nicht so, denn als es ans Sterben ging, ruhten seine Augen auf Harald.

Harald sagte zu Edith: »In den letzten Augenblicken vor seinem Tode hob er seine Hand, zeigte auf mich und sagte, daß alle Anwesenden es hören konnten: ›Dir übergebe ich vertrauensvoll mein Königreich.‹«

»Es war sein Wunsch, und er war weise«, sagte Edith. »Wer könnte es sonst regieren?«

»Wilhelm von der Normandie«, flüsterte Harald.

»Ein Normanne! Das Volk will keinen Normannen. Er soll sein eigenes Land regieren, diese Aufgabe ist schwierig genug, nach allem, was man hört. Er sollte damit ausreichend zu tun haben.«

»Du hast Wilhelm nie gesehen, Edith.«

»Ich bete zu Gott, ihn nie sehen zu müssen. Vergiß ihn, Harald.«

»Es ist nicht leicht, einen solchen Mann zu vergessen.«

»Ich stelle ihn mir groß und stark vor«, sagte Edith.

Harald nickte.

»Rücksichtlos und grausam, entschlossen, seinen Willen durchzusetzen. Fürchte nichts, Harald, wir werden ihm Widerstand leisten.«

»Er wird kommen, das weiß ich.«

»Laß ihn kommen. Wir werden ihm die Stirn bieten. Zunächst mußt du ausruhen, komm, laß mich dir helfen.«

Er erlaubte ihr lächelnd, ihm die Stiefel auszuziehen. Bei ihr konnte er entspannen. Dann dachte er flüchtig an die kleine Adelisa, die ihn so tief bewundert hatte. Er hatte Edith von dem Versprechen erzählt, Wilhelms Tochter zu heiraten, aber nicht davon gesprochen, was für ein entzückendes kleines Geschöpf sie war, ein Kind noch, zehn oder elf Winter alt. Ihre Unschuld hatte ihn bezaubert.

Er fragte sich, was sie wohl gedacht hatte, als sie hörte, daß er seinen Schwur nicht nur in bezug auf den englischen Thron, sondern auch ihr gegenüber gebrochen habe.

Tagsüber konnte Harald seine Ängste abschütteln. Er war der

geborene Führer, der seine Heere schon oft unter widrigen Umständen zum Siege geführt hatte. Warum sollte er die Gebeine toter Heiliger fürchten, und warum sollten diese Heiligen ausgerechnet auf Seiten Wilhelms stehen, der diesen Schwur von ihm erpreßt hatte?

Einstimmig wurde Harald von seinem Volk zum König ausgerufen. Ihn wollten sie, nicht einen Fremden von jenseits des Meeres.

Er befahl, vor dem Altar von St. Peter in der Westminster Abbey, die Eduard soeben hatte wiederaufbauen und weihen lassen, ein Grab auszuheben, und setzte die Beerdigung auf den Tag nach des Königs Tode an.

Es war das Fest der Heiligen Drei Könige, und bei Morgengrauen begab sich der Trauerzug vom Palast zur Abtei. Der Sarg wurde von acht Edelleuten aus dem königlichen Haushalt getragen, gefolgt von Priestern und Benediktinermönchen; Harald, der neue König, schritt voran.

Die Glocken läuteten, die Menschen kamen aus ihren Häusern und raunten sich zu, daß ein Heiliger vorbeigetragen würde.

Harald betete für Eduards Seele und fragte sich, ob Wilhelm von der Normandie die Nachricht schon erhalten habe.

Sobald das Begräbnis vorüber war, berief Harald den Witan ein, um dessen Unterstützung zu erbitten, die ihm gewährt wurde. Seine Krönung sollte so schnell wie möglich stattfinden, denn nur ein gekrönter König wurde als Herrscher anerkannt.

Innerhalb weniger Tage fand diese Zeremonie statt, und Harald schritt – mit dem Zeichen seiner Würde, einem Goldreif auf dem Haupt – zum Altar, wo Eduard gerade mit königlichem Gepränge begraben worden war.

Als der Erzbischof die Versammlung fragte, ob sie Harald als ihren König anerkenne, bezeugte der aufbrandende Beifall einmütige und begeisterte Zustimmung. Sogar Harald war damit zufrieden und wünschte, Wilhelm hätte ihn auch hören können.

Harald schwor den ihm vorgelegten Eid, daß er mit ganzem Herzen, mit Leib und Seele für sein Volk arbeiten würde. Die Zeremonialaxt wurde ihm übergeben, und die Versammlung betete, er möge die Krone der Angeln und Sachsen in Ehren halten, sein Volk in Frieden regieren oder im Falle eines Krieges mit allen Kräften verteidigen.

Der neue König wurde dann gesalbt, und man setzte ihm die Krone auf. Nach dem Krönungshochamt begab sich die Versammlung in den Palast, wo ein Bankett stattfand. König Harald nahm auf dem Thronsessel Platz, und Edith saß neben ihm.

Die ganze Welt sollte erfahren, daß sie seine Königin war und als solche anerkannt werden sollte.

Das Fest war nicht so fröhlich wie sonst allgemein üblich. Der alte König war noch nicht lange tot, und Harald schien es, als säße eine schattenhafte Gestalt am Haupt der Tafel, der Herzog der Normandie, der wütend mit den Knochen verstorbener Heiliger rasselte.

Harald war sich bewußt, daß nicht nur aus der Normandie Unruhen drohten. Sein Bruder Tostig war immer eifersüchtig auf ihn gewesen. Er galt als Liebling Eduards und hatte gehofft, die Krone zugesprochen zu bekommen. Es verdroß ihn, der jüngere Bruder zu sein, und die Vertreibung aus Northumberland wurmte ihn obendrein. Höchstwahrscheinlich würde er gegen seinen Bruder die Waffen erheben.

Wo Tostig war, gab es stets Unruhe. Tapfer, waghalsig, ein hervorragender Kämpfer, war er doch unberechenbar, ohne loyale Bindungen und immer der Seite zugeneigt, die das größere Abenteuer versprach. Und daß er mit der Schwester der Herzogin der Normandie verheiratet war, schien eine wenig glückliche Verbindung.

Aus welcher Richtung würde der erste Angriff kommen? Denn nur eines wußte Harald sicher, er mußte nach allen Seiten hin bereit sein.

Die erste Bedrohung kam aus dem Norden. Edwin und Morcar zogen Truppen gegen ihn zusammen. Er konnte ihnen entgegentreten – aber was würde geschehen, wenn Wilhelm im Süden landete, während er im Norden kämpfte?

Er berief den Witan ein und erläuterte die Lage.

Wie ein Mann standen sie hinter ihm. Sie wußten, was aus der Normandie drohte, und waren entschlossen, keinen Normannen auf dem Thron zu dulden. Sie kannten auch den Ruf des Gegners. Wilhelm war einer der fähigsten Heerführer der Welt, rücksichtslos und entschlossen. Kundschafter berichteten bereits von Angriffsvorbereitungen. Es durfte nicht zu einem Bürgerkrieg in England kommen.

Es gab eine Möglichkeit, Edwin und Morcar zu gewinnen, indem Harald ihre Schwester heiratete.

»Ich weiß, wer sie ist«, sagte Harald, »die Witwe des Waliser Rebellen, den ich im Dienste König Eduards tötete.«

»Also eine Witwe, Herr!«

»Was wollt ihr damit sagen?« fragte Harald besorgt und ahnungsvoll.

»Es kann die Pflicht eines Königs sein, gegen seinen Willen zu heiraten«, lautete die Antwort.

»Das muß ich bedenken.«

»Diese Frau soll ich heiraten«, klagte er Edith. »Der Gedanke allein widerstrebt mir. Wie kann ich die Witwe eines Mannes heiraten, den ich tötete?«

»Sie scheint bereit, es zu vergessen.«

»Sie! Sie wird mich hassen, nur ihre ehrgeizigen Brüder zwingen sie zu dieser Heirat.« Er nahm Ediths Hände und blickte sie an: »Du bist meine einzige Liebe, meine Königin,« sagte er.

»Wie könnte ich diese Frau heiraten?«

»Der Witan hält es für nötig.«

»Bin ich nicht der König?«

»Könige erhalten ihre Krone durch den Willen des Volkes, Harald.«

»Auch du drängst mich zu dieser Heirat?«

»Es wäre nur eine Formsache. Sie bekäme den Titel einer Königin, und ihre Brüder wären dadurch versöhnt. Für uns änderte sich nichts.«

»Das kann ich nicht hinnehmen.«

»Laß uns die Lage bedenken. Was geschähe, wenn die Fürsten im Norden angriffen?«

»Ich würde sie mit meinem Heer schlagen.«

»Und Wilhelm, der weiß, daß du im Norden gebunden bist, würde in diesem Augenblick in England landen.«

»Du bist ein Echo des Witan, Edith.«

»Weil es genau so geschehen würde. Du mußt diese Frau heiraten, Harald.«

»Ich sehe ein, daß du recht hast«, sagte er. »Aber wenn sie hier in meinem Palast ist, was dann, Edith? Was wird aus dir?«

Einer ihrer größten Vorzüge war Ediths gelassenes Temperament. Es zeigte sich auch in diesem Augenblick.

»Das werden wir entscheiden, wenn es soweit ist«, sagte sie. »Jetzt geht es nur darum, deine Feinde im Norden zu deinen Freunden zu machen.«

Am nächsten Tag gab Harald bekannt, daß er Aldgyth heiraten würde.

Man beschloß, sofort mit den Hochzeitsvorbereitungen zu beginnen, weil ein langer Aufschub gefährlich werden könnte. Da starb Haralds Schwester Elfgiva. Manch einer sah darin ein böses Omen, denn Elfgiva sollte in die Normandie gehen, wie Harald Wilhelm versprochen hatte. Sie wurde in aller Stille beerdigt, damit ihr Tod nicht etwa als ein Gottesurteil angesehen würde, weil dem Gebein der Heiligen nicht die nötige Ehre erwiesen worden sei.

Ohne weiteren Aufschub heiratete Harald Aldgyth.

Ein Vollzug dieser Ehe lag außerhalb des Möglichen. Aldgyth kannte Haralds Beziehung zu Edith und wußte, daß er sie nur auf Verlangen ihrer Brüder geheiratet hatte.

Aber sie war die Königin und hatte ihren Platz neben ihm auf dem Thronsessel. Sie würde ihm nie verzeihen, daß er sie zur Witwe gemacht hatte, wenn auch vielleicht nicht mit eigener Hand, so doch durch die seiner Männer.

Beide waren zu dieser Ehe gezwungen worden, die auch sie, genau wie er, nur dem Namen nach führen wollte.

Verächtlich und zugleich neidvoll betrachtete sie die schöne Edith mit dem Schwanenhals; nicht zu leugnen, daß der blonde gut aussehende Harald und Edith in ihrer stillen Schönheit ein Paar waren, das im Land Aufsehen erregte.

Harald hatte die Krone wenig Freude gebracht. Oft überfiel ihn der Gedanke, wie anders alles verlaufen wäre, wenn er nicht an der normannischen Küste Schiffbruch erlitten hätte. Hätte er Wilhelm keine Versprechungen gemacht, könnte er seine Aufmerksamkeit dem Norden zuwenden und Edwin und Morcar unterwerfen, anstatt sie mit dieser verabscheuungswürdigen Heirat zu besänftigen.

Da trafen Nachrichten von Wilhelm ein.

Nicht ohne Besorgnis brach Harald die Siegel auf.

Wilhelm schrieb ganz vernünftig. Er wisse, daß Harald seinen feierlichen, über den heiligen Reliquien geschworenen Eid nicht vergessen haben könnte. Er verstünde die Lage, in die er beim Tode Eduards gedrängt worden sei.

Er sei bereit, Harald zu vergeben, wenn er das begangene Unrecht wieder gutmache. Das wäre nicht schwierig. Er sollte seine

Schwester in die Normandie schicken, damit sie den von Wilhelm ausgewählten Mann heirate, die ihm anverlobte Adelisa würde darauf nach England kommen. Er selbst sollte Dover für Wilhelm befestigen und öffentlich auf seine Krone verzichten.

Als er alle diese Befehle gelesen hatte, rief Harald wütend:

»Ich lasse mir doch von diesem normannischen Bastard nicht mein Handeln vorschreiben! Welches Recht hat er auf den englischen Thron? Kein größeres als ich, und ich wurde vom Witan gewählt, der mir seine Unterstützung zusicherte.«

Er antwortete Wilhelm ziemlich kurz und bündig, daß er nicht beabsichtige, seinen Forderungen nachzukommen außer einer. Falls Wilhelm es wünsche, werde er den Leichnam seiner Schwester in die Normandie schicken.

Er war nun fest entschlossen, seinen Besitz bis zum Tode zu verteidigen.

Bei der Osterfeier erschien Harald, die Krone auf dem Haupt, vor dem Volk – ein schöner Mann mit königlicher Haltung. Die Menschen jubelten ihm zu. Welcher Gegensatz zu dem farblosen Eduard! Er war ein großer Heerführer, ein gerechter Mann; seine Liebe zu Edith mit dem schönen Schwanenhals entsprach ihren romantischen Neigungen, seine Heirat mit der wenig attraktiven Aldgyth bewies seine Pflichtauffassung.

Sie waren ihrem König zugetan, trotz der Gerüchte, daß jenseits des Kanals der grimmige Herzog der Normandie vor Wut schäume.

Angst überkam jedoch das Volk, als am Himmel ein Zeichen erschien, in dem viele Gottes Mißfallen erkennen wollten. Ein flammender Körper – so groß wie der Mond – mit einem langen Schweif tauchte am Himmel auf.

Sie waren überzeugt, daß Gott zürnte.

Eduard war tot, und es gab einen neuen englischen König, einen König, der bei den Gebeinen heiliger Männer auf sein Königtum verzichtet hatte.

Zürnte Gott deshalb?

Der Komet wurde im Norden des Landes gesehen, eine Warnung, sagten die Menschen dort oben. Alte Männer hatten von ihren Großvätern gehört, daß auf ein solches Zeichen stets eine Invasion gefolgt sei: Die Dänen waren in das Land eingefallen, hatten geplündert und die Frauen genommen. Es war ein Zeichen von Gottes Zorn.

Es bedeutete Krieg und Unheil im ganzen Land.

Die Männer im Norden sahen darin ein Zeichen zur Erhebung, denn der Komet hinge über dem Norden.

Im Süden sagten sie, es bedeute Unglück für den König, denn der Komet stehe über dem Palast.

In der Normandie hielten sie den Kometen für ein gutes Omen, denn er ziehe über die Normandie und Gott zeige damit dem Herzog den Weg.

Harald und Edith beobachteten den Kometen von ihrem Fenster aus.

»Was bedeutet er?« fragte Harald. »Was kann er bedeuten?«

»Er ist wie ein Schwert«, sagte Edith. »Es könnte bedeuten, daß Wilhelm kommt und du ihn vernichtest.«

Wie sie ihn zu beruhigen verstand! Er lächelte ihr zu und dachte an Aldgyth, die er geheiratet hatte, und weiter an seinen Schwur vor Wilhelm von der Normandie und stöhnte: »O mein Gott, was habe ich getan?«

Er sah auf den Kometen: »Entferne dich«, sagte er, »ich bitte dich, entferne dich.«

Und nach sieben Tagen und Nächten verschwand der Komet, aber Männer und Frauen sprachen noch lange darüber.

VORBEREITUNGEN

Der Komet hing über dem Schloß von Rouen.

»Bei Gottes Herrlichkeit«, rief der Herzog, »das ist ein Omen. Gott ist auf unserer Seite. Als Zeichen hat er ein Schwert an den Himmel gesetzt. Ich soll mir das holen, was mir hoch und heilig versprochen wurde.«

Wilhelm hatte Haralds überhebliche Antwort erhalten. Er war gewillt, Harald zu zeigen, daß er seine Pläne nicht durchkreuzen ließ und lahm beiseite stand, während andere einsteckten, was ihm versprochen worden war.

Wilhelm verschloß sich in seinem Zimmer, er wollte von niemand, auch nicht von Matilda, gestört werden. Sie wußte, er hatte den Kopf voller Pläne, und sie respektierte seinen Wunsch.

Er würde die See überqueren und England erobern, aber er brauchte Schiffe und Soldaten und die Gewißheit, daß die ganze Normandie hinter ihm stand.

Vor dem Rat seiner Vasallen mußte er den Plan darlegen und ihnen sagen, daß er ihre Hilfe brauchte. Sie hatten Lehnstreue geschworen, jetzt war es an der Zeit, sie daran zu erinnern.

Doch es wäre nicht klug, Forderungen zu stellen, denn es hatte genügend Unruhe im Lande gegeben. Er brauchte eine einige Normandie, genau wie Harald ein einiges England. Schwierigkeiten an der Heimatfront könnten beiden teuer zu stehen kommen.

Zunächst überlegte er, auf wen er sich verlassen konnte. Da war sein Seneschall William Fitz-Osbern, Sohn jenes treuen Mannes, der vor Jahren an seiner Seite im Bett erschlagen worden war. Da waren seine beiden Halbbrüder, Arlettes Söhne von Herlwin, Robert, nun Graf von Mortain, und Odo, Bischof von Bayeux.

Er ließ diese drei Männer zu sich kommen und teilte ihnen

mit, daß er entschlossen sei, England zu erobern, und dazu die Unterstützung aller einflußreichen Barone und Ritter der Normandie brauche.

»Es wird der Überredung bedürfen«, sagte der Bischof.

»Überredung, ihre Pflicht zu tun!«

»Ja, Überredung«, wiederholte Odo.

»Sie müssen an ihren Treueid erinnert werden.«

»Der sich auf die Verteidigung der Normandie bezieht«, entgegnete der Bischof.

»Hört zu«, sagte der Herzog ungeduldig, »sind sie solche Dummköpfe, nicht zu begreifen, was für sie auf dem Spiel steht?«

Die drei Männer sahen sich an, und Wilhelm wandte sich an Fitz-Osbern. »Euch beauftrage ich, sie zusammenzurufen und ihnen ihre Pflicht klarzumachen.«

Der Seneschall versprach, diesen Auftrag auszuführen.

»Und zwar mit der gebotenen Eile«, fügte Wilhelm hinzu, »ich werde ungeduldig.«

Fitz-Osbern berief sofort eine Versammlung der Barone ein. Sie kannten den Zweck. Harald von England hatte ihrem Herzog einen feierlichen Eid geschworen und diesen dann gebrochen. Die Ehre der Normandie stand auf dem Spiel.

»Die Ehre des Herzogs«, sagte einer der Barone, »ist nicht notwendigerweise die der Normandie.«

»Seid ihr solche Narren, daß ihr nicht die Vorteile erkennt, die uns daraus erwachsen würden?« fragte Fitz-Osbern. »Es geht um Land und Reichtümer, denn die Beute fiele natürlich denen zu, die dem Herzog bei der Eroberung geholfen haben.«

»Auch der Tod könnte unsere Belohnung sein«, sagte ein anderer.

Die allgemeine Meinung lautete: »Wir haben dem Herzog unsere Hilfe bei jedem Angriff auf die Normandie zugesagt; wir haben nicht geschworen, fremde Länder zu erobern.«

Diese Antwort empörte den Herzog, aber er zügelte sein Temperament. Seine ganze politische Klugheit war vonnöten, und Besonnenheit war stets nützlicher als Wut.

Er besuchte seine Werften, machte deutlich, daß er bald viele seetüchtige Schiffe brauchen würde, und zwar so schnell wie möglich. Odo hatte die rettende Idee.

»Eure Vasallen haben Euch die Unterstützung versagt. In der Versammlung standen sie wie ein Mann zusammen: ›Keine auswärtigen Abenteuer‹, sagten sie. Ob aber ihre Antwort die gleiche wäre, wenn Ihr sie einzeln fragtet? Ladet sie zu Euch ein, schmeichelt ihnen, sagt ihnen, wie sehr Ihr ihre Hilfe braucht, und daß Ihr gerade sie als besonders zuverlässig und angesehen schätzt. Sagt jedem einzelnen: ›Mein Freund, ich kann deine Hilfe nicht entbehren.‹ Versprecht ihnen Anteil an der Siegesbeute. Es heißt, die sächsischen Frauen seien sehr schön. Versucht das, Wilhelm. Ich halte diese Taktik für erfolgreicher, als ihre Loyalität in einer großen Versammlung zu erbitten.«

Wilhelm erkannte die Klugheit dieses Vorschlages.

Odos Taktik erwies sich als äußerst erfolgreich.

Matilda verbrachte einen großen Teil ihrer Zeit in Bayeux und arbeitete an ihren Bildteppichen.

Sie liebte diese Arbeit. Auf ihrer Stickereivorlage strahlte der Komet. Da war Harald zu sehen, wie er über den Gebeinen der Heiligen seinen Eid leistete; Eduard auf dem Totenbett, der auf Harald zeigte. Grübelnd saß sie über der Stickerei. Sie konnte nicht in die Schlacht ziehen, konnte nur, wenn immer möglich, ihrem Mann helfen und die Geschichte mit ihren Stichen darstellen. Sie hatte ein Schiff bauen lassen, das an der Spitze der Flotte nach England segeln würde. Wilhelm ahnte noch nichts, sie wollte es ihm schenken. ›Mora‹ sollte es heißen, und es würde jedes bisher bekannte Schiff übertreffen und die Ehre haben, Wilhelm nach England zu tragen.

Beim Gedanken an dieses gewaltige Unternehmen lächelte sie. Er würde das Land erobern, eine andere Vorstellung war unmöglich. Sie würde zu Hause bei ihrer Arbeit bleiben als Regentin der Normandie, während er die Eroberung durchführte.

Irgendwo in England dachte vielleicht ein Mann ihres eigenen Alters an die Normandie, vielleicht sogar an sie. Er würde sagen: ›Matilda von Flandern wird Königin von England. Ob sie sich noch erinnert, daß ich mich weigerte, sie zu heiraten?‹

Nein, Herr Brihtric, ich vergaß es nicht und werde es auch nicht vergessen, bis ich Euch gelehrt habe, was es heißt, eine Königin zu demütigen.

Wilhelm war mit seinen Ratgebern beschäftigt. Sie störte ihn nicht und fragte auch nichts, was er ihr nicht von sich aus erzählen wollte. Aber er besprach sich doch mit ihr, wenn auch vielleicht nicht so häufig wie früher. Die Kinder waren in gewisser Hinsicht zwischen sie getreten, vor allem Robert. Robert betrachtete seinen Vater sehr kritisch, und Kritik hatte Wilhelm noch nie vertragen können, noch dazu aus der eigenen Familie. Robert war leichtsinnig und boshaft, er liebte es, seinen Vater bis zum Siedepunkt zu reizen, aber gerade noch zu vermeiden, daß sich sein Zorn über ihn entlud. Matilda lächelte oft innerlich über die kleinen Pfeile, die Robert gegen seinen Vater abschoß.

»Wie sollten wir beide auch eine friedfertige Brut haben«, sagte sie.

»Ich erwarte Respekt von allen meinen Vasallen, meinen Sohn nicht ausgenommen«, entgegnete Wilhelm.

Robert ließ sich nicht gerne als Vasall bezeichnen. Er sah sich schon als Herzog der Normandie.

Erst kürzlich hatte er zu seiner Mutter gesagt: »Wenn mein Vater England eroberte, würde er doch König werden, nicht wahr?«

»Das glaube ich schon.«

»Er kann doch nicht gleichzeitig König und Herzog sein?«

»Ich bezweifle nicht, daß dein Vater diese Aufgaben sehr bequem vereinen könnte.«

»Wenn er König wird, dann sollte ich Herzog der Normandie werden. Er kann nicht zwei Länder gleichzeitig regieren.«

»Man könnte einwenden, du seiest zu jung«, gab Matilda zu bedenken.

»Mit dreizehn Jahren?«

»Ein hohes Alter, Sohn.«

»Ihr spottet.«

»Nur liebevoll.«

»Mutter, würdet Ihr immer auf meiner Seite stehen?«

»Bist du nicht mein Sohn?«

»Aber *er* ist Euer Ehemann.«

»Du redest, als ob es darum ginge, Partei zu ergreifen.«

»Soweit wird es mit der Zeit kommen.«

»Nein, ihr werdet zusammenarbeiten.«

Aber sie wußte, das würde nicht der Fall sein, und der Gedanke, daß ihre späteren Jahre von diesem Loyalitätskonflikt bestimmt sein könnten, belebte sie, denn schon immer hatte sie Aufregung und Spannung geliebt.

Diese beiden Menschen berührten ihre innersten Gefühle, ihr bewunderter Mann, ihr geliebter Sohn! Wen würde sie wohl letzten Endes am meisten lieben, für wen Partei ergreifen, auf wessen Seite sich stellen? Die Zeit würde es lehren.

In Bayeux herrschte Aufregung. Tostig war mit Judith und ihren Kindern angekommen. Seine Augen blitzten vor Unternehmungslust. Matilda freute sich über den Besuch der Familie, Wilhelm hielt sich zurück.

Tostig war sympathisch, stellte Matilda fest, wie eigentlich viele dieser Sachsen. Während er sich mit Wilhelm zurückgezogen hatte, unterhielt sie sich mit Judith; Matilda hatte immer alles, was sie wissen wollte, von ihrer Schwester erfahren.

»Was erhofft sich Tostig?« fragte sie. »Die Krone Englands?«

Judith schlug die Augen nieder und zögerte einen winzigen Moment zu lange. Matilda erinnerte sich noch gut an ihre Eigenheiten aus Kinderzeiten.

»Wie könnte er? Die ist für Wilhelm«, sagte Judith.

»Das stimmt, Schwester, aber deswegen hofft Tostig nicht weniger.«

»Er will Wilhelm seine Hilfe anbieten.«

Matilda nickte. Sie wußte, was Tostig im Sinn hatte. Wilhelm sollte ruhig England erobern, und nach einer fein gesponnenen Hinterhältigkeit stände Tostig bereit, ihm die Krone zu entreißen.

»Gegen seinen eigenen Bruder?« fragte Matilda.

»Tostig hat Harald immer gehaßt.«

»Zweifellos war er auf seinen älteren Bruder eifersüchtig.«

»Harald war der Liebling seines Vaters, er bekam immer recht.«

»Es scheint, daß er auch der Liebling des Volkes ist. Der arme Tostig wurde geächtet, nicht wahr?«

»Nur wegen dieser Verräter, Edwin und Morcar.«

»Die sich nun Haralds Schwäger nennen. Wie verworren doch diese Familienbeziehungen sind! Auf alle Fälle, Judith, ist das Leben mit Tostig nicht langweilig. Man weiß nie genau, in welcher Ecke man sich wiederfindet.«

»Tostig ist ein großer Mann, Matilda«, sagte Judith ernst. »Eines Tages . . .«

Matilda hob die Hand. Sprich nicht weiter, Judith, dachte sie, du wirst es bereuen, und ich weiß auch so, was du sagen wolltest.

Tostig will König von England werden, und diesen Platz, liebe Judith, hat Gott für meinen Wilhelm vorgesehen.

In ihrem Schlafgemach sprachen Matilda und Wilhelm über diesen Besuch.

»Was hältst du von Tostig?«

»Ich traue ihm nicht.«

Matilda holte tief Luft. »Ich wußte, ich brauchte dich nicht zu warnen.«

»Du hast also Judith ausgehorcht?«

»Die arme Judith ist eine treue Ehefrau, aber kein guter Stratege. Ich hoffe, es besser zu machen, wenn mein Mann mich verläßt, um England zu erobern.«

Von plötzlicher Zärtlichkeit erfüllt, nahm er ihr Gesicht in die Hände. »Meine liebste Frau, ich frage mich oft, was ich ohne dich täte.«

»Du würdest mich wohl schmerzlich vermissen, wenn ich nicht da wäre, Wilhelm«, sagte sie. »Aber hier bin ich, dein fügsames und geduldiges Weib, über meiner Stickerei darüber grübelnd, wie ich dich am besten unterstützen könnte. Heute erfuhr ich von Judith, daß Tostig dir zwar zur Krone von England verhelfen will, aber sie doch lieber selbst tragen würde.«

»Ich traue Tostig nicht einen Augenblick. Er ist genauso hinterhältig wie sein Bruder.«

»Dem armen Harald blieb nicht viel anderes übrig.«

»Er schwor mir . . .«

»Unter Druck.«

»Du hast wohl eine Schwäche für ihn?«

»Nun, er sieht gut aus, und ich sah ihn schon als meinen neuen Sohn, wenn er Adelisa genommen hätte.«

»Bei Gott, er hat mich hereingelegt.«

Genau wie du ihn, dachte sie.

»Was wirst du mit Tostig machen? Er wird dir wahrscheinlich seine Hilfe anbieten.«

»Ich werde ihm ein paar Schiffe unterstellen, er kann damit nach England zurücksegeln. Falls er dann Harald in den Norden abdrängt, während wir im Süden angreifen, könnte er nützlich sein.«

Sie nickte. »Ich hätte wissen können, daß du das Richtige tust.«

»Liebe Matilda, willst du einen Heerführer spielen?«

»Ich spiele jede Rolle, mit der ich meinem Herrn dienen kann.«

Er lächelte ihr zu und strich zart über ihr Haar.

»Möge Gottes Segen stets auf dir ruhen«, sagte er, und aus seiner Stimme klangen Zärtlichkeit und sogar eine Spur Leidenschaft.

Aber die Zärtlichkeit rührte daher, daß er sich auf sie verlassen konnte, und die Leidenschaft galt seinen Schiffen, die ihn nach England tragen würden.

»Warum stehst du immer auf dem Turm?« fragte Cecilia ihre Schwester.

»Nach wem hältst du Ausschau?«

Adelisa sah ihre Schwester erschrocken an.

»Es müssen bald Nachrichten aus England kommen.«

»Du weißt doch, was geschehen ist, Adelisa. Harald der Sachse hat die Eide gebrochen, die er Vater geschworen hat.«

»Ich glaube es nicht.«

»Aber es stimmt. Alle reden davon.«

»Es ist ein Irrtum.«

»Wie kann es ein Irrtum sein! Harald hat unseren Vater belogen. Hast du nicht die Boten gesehen? Merkst du nicht die schlechte Laune unseres Vaters? Er wird so mißgestimmt bleiben, bis er nach England gesegelt ist und Harald die Krone weggenommen hat.«

»Harald ist nun König«, sagte Adelisa sanft.

»Er hat es gewagt, die Krone anzunehmen, obgleich er sie unserem Vater versprochen hat.«

»Die Krone stand ihm zu«, sagte Adelisa heftig.

»Das läßt du Vater besser nicht hören. Es ist genauso

schlimm, als wenn Robert sagt, er werde Herzog der Normandie werden, sobald unser Vater König von England ist.«

»Ich glaube, Harald wird unserem Vater schreiben und den
Irrtum aufklären.«

»Du bist kindisch, Adelisa.«

»Ich kenne Harald.«

»Du! Was wußtest du von dem hinterlistigen Sachsen? Du
solltest mehr beten, auch darum, daß Vater ihn bald bestrafen
und die von ihm gestohlene Krone zurücknehmen wird.«

»Er hat sie nicht gestohlen. Das ist falsch. Wenn er es unserem
Vater versprochen hat . . .«

»*Wenn* er versprochen hat, er hat es bei den heiligen Reliquien
geschworen, dafür kommt er in die Hölle.«

»Er wird nicht in die Hölle kommen, eher kommen andere
dorthin.«

»Pst. Meinst du etwa unseren Vater?«

»Natürlich nicht.«

»Du kannst nicht auf beiden Seiten stehen.«

»Ich bin Haralds Freund«, sagte Adelisa unerschrocken.

»Dann bist du ein Verräter der Normandie.«

»Ich werde Harald heiraten. Er ist mein Verlobter. Die Frau
darf nie ihres Mannes Feind sein.«

»Weißt du denn nicht, Adelisa, daß er geheiratet hat?«

Adelisa wurde blaß. »Das ist nicht wahr.«

»Doch, Schwester, es ist wahr. Weil er den Krieg in seinen
nördlichen Grafschaften fürchtete, hat er die Schwester der Grafen dort geheiratet.«

»Wie konnte er? Er sollte mich heiraten.«

»Er konnte sein Versprechen dir gegenüber genausogut brechen wie das gegenüber unserem Vater.«

»Ich glaube es nicht, ich will es nicht glauben.«

Sie ging zu ihrer Mutter.

»Mylady«, sagte sie, »ich möchte mit Euch sprechen.«

224

Matilda sah ihre Tochter an. Wie blaß und dünn das Kind war. Mitleid überkam sie. Konnte es möglich sein, daß ein so junges Mädchen einen dreißig Jahre älteren Mann leidenschaftlich liebte? Doch, Matilda hielt es für möglich.

Armes Kind, dachte sie. Sie legte ihre Stickarbeit beiseite und zog Adelisa an sich.

»Was bedrückt dich?« fragte sie.

»Cecilia hat mir gesagt, daß Harald verheiratet ist.«

»Das stimmt, Kind.«

Der Blick traurigen Entsetzens traf Matilda ins Herz, aber sie beruhigte sich damit, daß Kinder so etwas überwanden.

»Ich glaube es nicht«, sagte Adelisa.

»Mein liebes Kind, er hat die deinem Vater gegebenen Versprechen gebrochen.«

»Er wurde dazu gezwungen.«

»Das ist richtig. Er wurde gezwungen, deinem Vater zu versprechen, ihm die Krone Englands zu verschaffen und dich zu heiraten.«

»Dann wollte er also keines von beiden.«

»Nein Kind, er wollte es nicht. Es war für ihn eine Frage der Nützlichkeit. Er versprach es, weil er in der Gewalt deines Vaters war und nicht anders konnte.«

Adelisa schwieg, sie brachte kein Wort heraus. Irgendwo in ihr saß ein großer Schmerz, nichts als Schmerz. Das war wohl ihr Herz, dachte sie, das vor Schmerzen brach.

»Du bist noch ein Kind«, sagte Matilda, »jetzt möchtest du nicht weiterleben. Aber es wird vorbeigehen, und es wird ein Tag kommen, an dem wir für dich einen schöneren Mann gefunden haben werden, als es dieser sächsische Betrüger je war.«

Adelisa antwortete nicht. Was konnte sie auch tun? Sie hatte ihn verloren.

Es war Juli geworden, Mitte dieses schicksalhaften Jahres. Die Flotte war fast fertig, in den Werften hatte man Tag und Nacht gearbeitet. Stolz und aufgeregt betrachtete Wilhelm die wachsende Zahl seiner Schiffe in der Mündung der Dive. Die Truppen standen zur Einschiffung bereit. Man wartete auf günstigen Wind, um die Segel zu setzen.

Dort lag sein Prunkstück, sein Flaggschiff, die ›Mora‹, die Matilda im geheimen hatte bauen lassen, ein edles Schiff mit einem Leoparden als Gallionsfigur, Symbol der normannischen Herzöge. Am Heck war eine Kindergestalt aus purem Gold angebracht, in einer Hand hielt sie ein Horn und in der anderen einen Wimpel. Am Hauptmast flatterte ein von Matilda in Blau und Weiß gesticktes Banner mit einem goldenen Kreuz in der Mitte.

»Du batest mich, für dich zu beten. Du weißt, ich werde es tun«, sagte Matilda. »Aber die ›Mora‹ ist das sichtbare Zeichen meines Einsatzes für dich und deine Sache.«

»Bei Gottes Herrlichkeit«, erwiderte der Herzog. »Ich werde mit ihr den Sieg erkämpfen und nicht ruhen, bis du die gekrönte Königin von England bist.«

»Du wirst erfolgreich sein«, sagte sie, »mein Herz ist sicher; ich könnte deinen Sieg schon auf meinem Gobelin darstellen, noch ehe er stattgefunden hat.«

Diese Feststellung ernüchterte sogar Wilhelm ein wenig.

»Es ist ein schwieriges Unternehmen«, sagte er. »Wir werden unsere ganze Geschicklichkeit einsetzen müssen, und mit Gottes Hilfe werden wir dann siegen.«

Und dann kam die lange Zeit des Wartens. Warum schickte Gott keinen Wind? Ein Heer in Wartestellung wird unruhig, Wilhelm selbst war bis zum äußersten angespannt und mußte sich ständig bemühen, sein Temperament zu zügeln.

Er würde König von England werden; er würde ein königliches Geschlecht begründen. Sein Sohn Richard würde ihm nachfolgen, denn Robert sollte die Normandie bekommen. Bei dem Gedanken an Robert runzelte er die Stirn. Der wird uns noch Sorgen machen, dachte er, er führt Böses im Schilde, er hat nicht eine meiner guten Eigenschaften. Wenn ich Matilda nicht so gut kennte, hielte ich ihn nicht für meinen Sohn.

Richard würde ein guter, besonnener König werden. Sobald er fest auf dem Thron saß, sollte Richard nach England kommen und die Lebensweise der Engländer kennenlernen, auch Rufus sollte kommen. Für die Mädchen würde man Männer suchen. Aber das lag noch in der Zukunft.

Kam denn dieser Wind überhaupt nicht mehr?

Wilhelm inspizierte seine Truppen, seine Schiffe. Er spürte die Achtung, die seine Soldaten und Seeleute ihm entgegenbrachten. Es begann sich die Legende um ihn zu bilden, er sei unschlagbar, niemand könne ihm widerstehen.

Er mußte diese Legende erhalten. Für den Ausgang einer Schlacht waren oft die Gedanken der Soldaten entscheidender als ihre Taten.

Und doch mußte man immer vor Verrätern auf der Hut, immer wachsam sein. Immer an Guy denken, oder erst kürzlich Conan, Herzog der Bretagne. Auch er ein Verräter, der losschlagen wollte, weil er wußte, daß sein Herzog vor einem mächtigen Unternehmen stand. Conans Vater war ein Vetter Wilhelms gewesen und hatte wie andere aus der Familie geglaubt, daß er mehr Rechte auf die Krone der Normandie habe als der Herzog. Er hatte gesagt: »Gib mir, was von rechtswegen mein sein sollte: das Herzogtum der Normandie, sonst werde ich statt *mit* dir für die Krone Englands *gegen* dich um die Normandie kämpfen.«

Ein Krieg in der Normandie zu einem solchen Zeitpunkt war unmöglich, und man hatte notwendigerweise zu anderen Mitteln als dem Schwert greifen müssen, um einen solchen Feind zu beseitigen.

Conan hatte diese Prahlerei nicht lange überlebt. Er starb plötzlich. Wilhelm wußte, daß einer seiner Getreuen – der sich als Diener des Herzogs der Bretagne ausgab – dessen Reithandschuhe mit einem tödlichen Gift präpariert hatte.

Conans Nachfolger war klüger gewesen. Er hatte dem Herzog der Normandie seine Hilfe angeboten.

Eine glückliche Wendung, dachte Wilhelm, aber doch ein erneuter Hinweis, daß er ständig auf der Hut sein mußte.

In Bayeux wartete Matilda auf die Nachricht, daß die Flotte in See gestochen sei. Unruhig fragte sie sich, was wohl geschähe, wenn Wilhelm durch einen unglücklichen Zufall nicht siegte. Sie dachte an Harald, der bei der Landung bereit stände. Der schöne Harald, der das Herz der kleinen Adelisa und sicher noch anderer gewonnen hatte. Diese Sachsen sahen gut aus, auch sie stand ihrem Charme nicht gleichgültig gegenüber. Etwas von Brihtrics Zauber war ihr noch gegenwärtig, auch in Harald hatte sie etwas davon wiedergefunden. Beide waren Sachsen.

Einen der Männer – Harald oder Wilhelm – könnte das Schicksal treffen, auf dem Schlachtfeld zu bleiben. Sie betete natürlich für Wilhelms Erfolg, aber ein Gedanke ging auch zu Harald, weil er schön war und liebenswürdiger als die Normannen und seine Stimme musikalischer klang.

Sie seufzte. Irgend etwas würde bald geschehen. Ehe das Jahr zu Ende ging, konnte sich viel ereignet haben. Triumph oder Katastrophe, Sieg oder Niederlage, wer konnte es wissen?

Die Kinder unterhielten sich über das Unternehmen. Robert erklärte großspurig, was er tün würde, wenn er Anführer wäre. Ihn hätten die Winde nicht aufgehalten. Richard erwiderte, er sei kindisch und verstehe nichts von Schlachten und Schiffahrt. Aber Robert prahlte weiter.

Sie sollten sich lieber in acht nehmen, sagte er, denn da Vater nun nach England ginge, wäre er der Herzog.

Richard ließ sich auf keinen Streit ein, der sowieso zu nichts geführt hätte. Rufus war immer bereit, seinem Bruder zu widersprechen, aber Robert war trotz seiner kurzen Beine größer als er.

Ihre Mutter kümmerte sich mehr um sie, wenn der Vater nicht zu Hause war. Sie beaufsichtigte ihren Unterricht, und sie merkten alle, wie sie Robert vorzog, am meisten er selbst, und er nützte es weidlich aus.

Das von Matilda als Buße für ihre Heirat ohne päpstliche Zustimmung gestiftete Kloster La Trinité sollte eingeweiht werden. An der Zeremonie würde sie mit ihrer Familie teilnehmen. Der Zeitpunkt war gut gewählt, denn Frömmigkeit war jetzt am Platze, da Wilhelms Expedition kurz bevorstand.

Sie hatte noch eine Idee und ließ ihre Tochter Cecilia holen.

»Du hast schon seit langem den Wunsch geäußert, Tochter«, sagte sie, »in ein Kloster einzutreten. Sag mir ehrlich, willst du dich wirklich vor der Welt verschließen?«

Cecilia antwortete ernst: »So ist es, Mylady. Ich habe gelobt, mich Gott zu weihen.«

»Sehr tugendhaft«, sagte Matilda. »Sprich mir von Adelisa. Sie ist zur Zeit so sehr traurig.«

»Sie trauert immer noch um den Sachsen«, sagte Cecilia mit zornigen Augen. »Sie träumt immer noch von ihm, Mylady.«

»Das arme Kind.«

»Ich habe ihr geraten zu beten.«

»Ihr Problem kann nicht so einfach wie deines gelöst werden, Cecilia. Aber ich wollte ja von dir sprechen. Du weißt, dein Vater unternimmt eine große Expedition, die unser Leben durchaus verändern kann.«

»Ich bete ständig für ihn.«

»Beten ist gut, aber manchmal sollte man noch mehr tun als beten. Mein Kloster ›La Trinité‹ wird in Kürze geweiht, und wenn du fest entschlossen bist, den Schleier zu nehmen, kannst du dein Noviziat sofort beginnen; mir scheint, der Zeitpunkt könnte nicht besser gewählt werden.«

Cecilia schlug vor Freude die Hände zusammen, setzte aber sofort wieder eine ernste Miene auf in dem Gefühl, eine Sünde zu begehen, wenn sie sich so über etwas freute.

Ich wünschte, Adelisas Zukunft könnte so einfach geregelt werden, dachte Matilda.

Während also Wilhelm auf günstigen Wind wartete, wurde das Kloster ›La Trinité‹ geweiht; ein gutes Omen für Wilhelms Erfolg, daß seine Tochter sich darauf vorbereitete, den Schleier zu nehmen. Gott würde sicher auf seiner Seite stehen.

Der göttliche Beistand ließ auf sich warten.

Oh, dieser unberechenbare Wind!

Wilhelm wütete gegen diese Verzögerung. Alles war geordnet. Matilda würde in seiner Abwesenheit die Regentschaft führen. Der vertrauenswürdige Lanfranc, der in Rom soviel Gutes bewirkt hatte und seitdem ständig in Wilhelms Gunst gestiegen war, würde ein wachsames Auge haben.

Wilhelm hatte Matildas Vorschlag zugestimmt, daß Cecilia in ›La Trinité‹ eintreten sollte, gleichzeitig würde Lanfranc Abt des Klosters St. Stefan in Caen werden. Auf diese Weise könnte er eng mit Matilda zusammenarbeiten. Mit diesen beiden Vertretern fühlte sich Wilhelm ruhiger als mit jedem anderen.

Wenn nur der Wind einsetzte!

An der Küste beschwor Wilhelm die Himmel. Wie winzig war der Mensch gegenüber den Elementen! Hier stand er, ein großer Heerführer, im Kampfe unbesiegt. Vierhundert Segelschiffe und tausend Transporter tanzten mit schlaffen Segeln auf den Wellen, bereit in See zu stechen, wenn die launischen Elemente es zuließen.

Wilhelm erinnerte sich, daß sein Vater einst davon geträumt hatte, England zu erobern, und was war geschehen? Mit günstigem Wind war er hochgemut ausgelaufen, dann schlug die Laune des Meeres um, und er wurde durch einen Sturm an den Ausgangspunkt zurückgeworfen, die Flotte zerschlagen und viele Menschenleben vernichtet. Ehe er, Wilhelm, Harald schlagen konnte, mußte er die See besiegen, und dieses Kunststück war schier unmöglich, wie jedermann wußte.

»Du Gott der Schlachten«, betete er, »laß mir nicht das gleiche zustoßen wie meinem Vater. Er starb auf einer Pilgerfahrt, gereinigt von allen Sünden. Meine Frau hat ein Kloster gestiftet, ich habe eine Tochter in deinen Dienst gegeben. Vergiß es nicht, o mein Gott, und laß mir Wind und Meer günstig sein.«

Aber Gott blieb gleichgültig gegenüber seinen Bitten. Als Heerführer wußte Wilhelm, wie gefährlich Langeweile für eine Armee sein konnte. Die Familien der Soldaten waren an die Küste gekommen, um sich zu verabschieden. Schon vor Tagen hätte die Flotte auslaufen sollen, statt dessen warteten die Männer in ihren Lagern, und die schönen Schiffe zerrten schlingernd an ihren Ankerketten. Im Lager ging ein Raunen um.

Warum läßt Gott den Wind nicht umspringen? Ist es ein Zeichen seines Mißfallens? Könnte er auf der Seite des Mannes stehen, der seinem Königreich über den Gebeinen toter Heiliger abschwor?

Das Warten dauerte an, Spannung und Zweifel nahmen täglich zu.

Schließlich stachen sie in See. An Land herrschte große Erregung. Weinend nahmen die Frauen Abschied von ihren Männern, aber auch sie spürten, daß sich die Spannung löste. Trompetensignale erklangen, die Segel blähten sich im Wind, das Abenteuer begann.

Aber wer vermochte etwas gegen den heimtückischen Wind und die unberechenbare See!

Zunächst segelten sie nahe der Küste, und bald zeigte sich , daß es Wahnsinn wäre, in die offene See hinauszulaufen, denn jetzt peitschte ein Sturm graue Wellen über die Decks.

Es blieb nichts anderes übrig, als Schutz in einem Hafen zu suchen.

Sie kamen nach Saint Valéry, und wieder hob das Warten an.

Die Soldaten gingen an Land. Von neuem wurden Lager aufgeschlagen. Niedergeschlagenheit breitete sich aus.

»Die Expedition ist verloren«, flüsterte man.

»Es bringt Unglück, auszufahren und wieder umzukehren.«

»Erinnert ihr euch, was des Herzogs Vater widerfuhr? Hatte er nicht das gleiche versucht?«

»Das ist ein Zeichen des Himmels.«

DIE BRÜDER

Wilhelm sollte später dankbar für die unberechenbaren Winde des Himmels sein, obgleich er sich jetzt bitter über die Verzögerung beklagte.

Tostig hatte sehr schnell Wilhelms Pläne durchschaut, die ihm keinen Vorteil bringen würden. Er beschloß also, ihn vorläufig nicht durch einen Angriff auf Harald zu entlasten, sondern sich statt dessen an den König von Norwegen, Harold Hardrada, einen berühmten Krieger, zu wenden. Selbst für einen Wikinger war Hardrada von riesenhaftem Wuchs, fast zwei Meter, und diese Größe war ihm in seinen Schlachten gut zustatten gekommen. Kampf war ihm Freude und Lebensinhalt, und obwohl schon über fünfzig Jahre alt, brannte er noch immer darauf, in die Schlacht zu ziehen. Der Unruhestifter Tostig wurde am norwegischen Hof freundlich empfangen, und sein Plan schien Harold Hardrada einzuleuchten.

Tostig konnte bezeugen, daß es in England nicht zum besten stand. Der Süden war wohl für Harald, aber im Norden lagen die Dinge anders. Warum sollte nicht Harold Hardrada den Norden erobern und sich zm König erklären? In kurzer Zeit würde ganz England in seiner Hand sein.

Mit dem Kopf nickend, träumte Hardrada von Schlachten und reicher Beute. Er würde Tostigs Herausforderung annehmen.

Anfang September, als Wilhelm an der Küste auf das Umspringen des Windes wartete, setzte Harold Hardrada die Segel. Er führte seine Schätze mit, die Familie begleitete ihn und seine Krieger, alle auf Beute erpicht. Seine langen Schiffe nahmen Kurs auf England, die gestreiften Segel blähten sich im Wind, und die Schilde an den Schiffsflanken setzten bunte Farbtupfen auf den Ozean.

Als die norwegische Flotte auftauchte, packte Morcar von Northumbria die Furcht, und er bat seinen Bruder Edwin von Mercia um Hilfe.

Als die Norweger an Land gingen, standen die Brüder mit ihren Heeren bereit.

Schon der Anblick des nordischen Riesen, wie er, das Schwert schwingend, an der Spitze seines Heeres auf sie zustürzte, erfüllte seine Feinde mit Angst und Schrecken.

Er verheerte das Land, York kapitulierte, und Edwin und Morcar mußten sich geschlagen geben. Nach der Niederlage wurde Hardrada im Norden als König anerkannt. Man hatte schon früher Wikingerkönige gehabt, darunter den sehr geschätzten König Knut. Harald war aber noch nicht besiegt.

Er war mittlerweile der 27. September.

Der 27. September! An diesem Tag änderte sich das Wetter, und während Hardrada in York zum König ausgerufen wurde, nahm Wilhelms Flotte endlich Kurs auf England.

Noch nie im Leben war Wilhelm so freudig erregt gewesen, er war sich bewußt, vor seinem größten Abenteuer zu stehen. Und selbst er als mittlerweile erprobter Krieger fühlte sich so beflügelt wie in seiner Jugendzeit. Jung in seinem Schwung, alt an Erfahrungen, eine unwiderstehliche Kombination.

Er musterte seine Flotte. Noch nie hatte es solche Schiffe gegeben, und seine ›Mora‹ war das stolzeste von allen, das Geschenk Matildas, und Matilda war ihm von Gott selbst geschenkt worden. Sie arbeitete zu Hause an ihrer Tapisserie, betete für ihn und sehnte den Tag herbei, an dem sie zu ihm kommen konnte.

Er betete: »Gott, du hast mir Matilda gegeben, gib mir England, und ich werde nichts weiter mehr erbitten.«

Die Nacht brach herein. Unheimlich ruhig das Meer, nur die Geräusche der Wellen an der Bordwand und des Windes in den Segeln. Doch das klang freundlich, nur ein plötzliches Aufheulen des Sturms oder völlige Windstille konnten seine Pläne gefährden.

An der ›Mora‹ leuchtete eine große Laterne, damit niemand das Flaggschiff aus den Augen verlieren konnte.

In dieser Nacht schlief der Herzog nicht, alle Gedanken waren auf den nächsten Tag gerichtet; als die Dämmerung anbrach, konnte er zu seinem Entsetzen kein einziges seiner Schiffe sehen.

Er starrte hinaus auf die leere See und dachte, Gott habe ihn wirklich verlassen. Was war mit seinen stolzen Schiffen geschehen? Wo waren seine Soldaten, die er zum Siege führen wollte?

Einer seiner Ritter trat zu ihm und sagte: »Was ist mit der Flotte geschehen, Herr? Wir sind verloren!«

»Nein«, entgegnete Wilhelm, ohne seine wirklichen Gefühle zu zeigen, »wir sind so viel schneller als die übrigen, bedenkt, wir segeln auf dem schönsten Schiff, es ist nur natürlich, daß die anderen hinter uns zurückbleiben. Sagt den Köchen, sie sollen ein gutes Mahl vorbereiten und unsere besten Weine auftragen. Wir werden zunächst essen und trinken, und unterdessen werdet Ihr die Flotte am Horizont auftauchen sehen.«

Männer, die vor einer großen Aufgabe stehen, dürfen nicht einen Augenblick an dem glücklichen Ausgang zweifeln. Sie müssen glauben, Gott sei auf ihrer Seite und nicht mit dem Feind. Sie müssen beschäftigt und mit Essen und Trinken gestärkt werden, und unter den gegebenen Umständen war es das beste, ihnen den Bauch zu füllen. Er setzte sich zu ihnen und griff herzhaft zu, obwohl ihm der Sinn nicht danach stand. Beim letzten Bissen rief er einen Matrosen und hieß ihn auf die Mastspitze klettern und berichten, was er sah.

»Ich sehe vier Schiffe«, lautete die Antwort.

Vier von Hunderten! Wilhelm tat erfreut.

Nach einer Weile schickte er den Matrosen wieder auf den Mast.

Dieses Mal lautete die jubelnde Antwort: »Herr, ich sehe einen Wald von Masten.«

Triumphierend blickte Wilhelm in die Runde.

»Die Flotte hat uns eingeholt«, sagte er, »Gott sei gelobt.«

Stolz hielt die Flotte Kurs auf das Flaggschiff, die See war ruhig, der Wind hatte genau die richtige Stärke, die Schiffe in die gewünschte Richtung zu tragen.

»Kein englisches Schiff in Sicht«, sagte Wilhelm. »Nichts weit und breit. Halt . . . doch . . . Land, dort ist Land!«

Beifall brandete auf. Sie hatten die Fahrt sicher überstanden.

Es war der 28. September 1066, neun Uhr. Wilhelm von der Normandie hatte die Pevensey-Bucht erreicht.

Er stand auf der ›Mora‹ und beobachtete das Ausladen. Es ging ruhig und flink vonstatten. Niemand gebot ihnen Einhalt oder schaute auch nur zu. Sie hätten sich keinen besseren Lande-platz aussuchen können, es gab kein Hindernis. Sie würden sich der Schlacht stellen können, als ob sie nie über das Meer gefahren wären.

Zuerst wateten Bogen- und Armbrustschützen an Land, dann die Reiterei ohne Pferde, die später folgen sollten. Wilhelm hatte die Operation aufs genaueste vorbereitet; seinen Leuten sollte es an nichts fehlen, sie sollten aber auch unterwegs nicht plün-dern.

Er würde König dieses Landes werden, und er wollte seine Bewohner nicht schon am Anfang vor den Kopf stoßen. Deshalb hatte er auch seine eigenen Zimmerleute und Pferdeknechte mit-gebracht, die alle einschlägigen Arbeiten verrichten würden.

Es war schwierig, die Pferde an Land zu bringen, denn die ar-men Tiere sträubten sich zunächst, die kurze Entfernung zwi-schen den Schiffen und der Küste zu schwimmen. Schließlich war aber auch diese Operation beendet, und als letzter ging Wil-helm an Land.

Als er die sandige Küste hochkletterte, stolperte er und fiel.

Erschrockenes Schweigen breitete sich aus. Die Anwesenden wußten, daß ein lebensgefährliches Unternehmen vor ihnen lag, und erblickten in allem und jedem Zeichen und Omen.

Wilhelm selbst war auch abergläubisch. Ehe er die Normandie verließ, hatte er sich ein Säckchen mit einigen jener heiligen Ge-beine um den Hals gebunden, bei denen Harald geschworen hat-te, ihm zur Krone von England zu verhelfen. Der gesunde Men-schenverstand war aber stärker als sein Aberglauben. In Sekun-denschnelle war ihm klar, daß sein Stolpern ihn den Sieg kosten könnte. Seine Männer durften nicht einen Augenblick zweifeln, daß er der unbesiegbare Führer war.

Er nahm also zwei Handvoll Sand und ließ ihn durch seine Finger rinnen.

»Seht«, rief er mit Donnerstimme, »ich habe England mit

meinen beiden Händen ergriffen. Das ist ein Zeichen des Himmels!«

Beifall brach aus.

Ihre Furcht war freudiger Erregung gewichen.

Wilhelm hatte auch die kleinsten Einzelheiten vorausgeplant und wollte an diesem Morgen in Pevensey vor allem sicherstellen, daß im Falle eines Angriffs Schiffe und Soldaten gerettet würden. Daher ließ er in aller Eile eine Festung errichten, in deren Schutz sich seine Männer notfalls zurückziehen konnten.

Nach einigen Tagen beschloß er, nach Hastings weiterzuziehen, das nach den Berichten seiner Kundschafter besser als Ausgangsbasis geeignet war.

Schiffe, Männer und Vorräte wurden dorthin gebracht; danach ließ Wilhelm einen der mitgebrachten hölzernen Festungstürme zusammenbauen. Dort konnten die Mahlzeiten bereitet und Kriegsrat gehalten werden.

Danach wählte er zwanzig seiner zuverlässigsten Heerführer aus – darunter seinen Halbbruder Robert von Mortain und William Fitz-Osbern – und machte sich mit ihnen daran, das Land zu erkunden.

Sie stießen kaum auf Feindseligkeiten. Die Bewohner von Hastings hatten sich ins Unabänderliche gefügt, weil sie erkannten, daß sie von sich aus nichts gegen die Invasoren unternehmen konnten.

Ungeduldig erwartete Wilhelm das Eintreffen Haralds.

Einige Tage vergingen; die Kundschafter brachten aus umliegenden Dörfern die Nachricht, daß im Norden eine große Schlacht tobe. Deswegen war das Heer auf keine Truppenansammlungen gestoßen. Harold Hardrada und Tostig seien gelandet und beherrschten den Norden; König Harald sei ihnen entgegengezogen.

»Noch wissen wir nicht«, sagte Wilhelm zu seinen Männern, »mit wem wir werden kämpfen müssen, entweder gegen Harald von England oder gegen Harold von Norwegen. Aber«, und seine Faust hieb auf den Tisch, »gleichgültig wer es ist, wir werden ihn niederzwingen. O, Gott, wie lange muß ich noch auf diese Schlacht warten?«

Bei Stamford Bridge suchte Harald den Feind aus dem Norden Englands zu vertreiben, ohne zu ahnen, daß schon ein zweiter im Süden wartete.

Seit er zum König gekrönt worden war, hatte er keinen Frieden gekannt, und er fragte sich, wie es weitergehen würde.

»Man hat mich gezwungen«, hatte er Edith zum hundertsten Mal erklärt.

»Ein erzwungener Schwur ist ungültig.«

Aber er konnte dennoch den gebrochenen Eid nie vergessen, und in Zeiten der Gefahr und des möglichen Todes fragte er sich, ob er wohl für diese Sünde bezahlen müßte.

Und nun mußte er gegen seinen eigenen Bruder in den Kampf ziehen. Wie traurig für seine Mutter, die alle ihre Söhne liebte. Swen hatte sie schon verloren, und nun standen er mit Gurth und Leofwine gegen Tostig.

Brüder sollten nicht gegeneinander kämpfen.

Er schickte einen Boten mit einer Nachricht zu Tostig. In dem Brief erinnerte Harald den Bruder an ihre gemeinsame Jugend und bat ihn, mit Harold Hardrada zu brechen. Nicht, daß er dann an seiner Seite kämpfen sollte, das wäre ein zu schneller Frontenwechsel, aber er sollte sich aus den Auseinandersetzungen zurückziehen. Wenn der Eindringling zurückgeworfen sei, würde er Tostig die Grafschaft von Northumbria geben, und sie könnten wieder Freunde werden.

In seiner Antwort verlangte Tostig nur eines: den Verzicht Haralds auf die Krone. Und was wolle Harald König Hardrada geben, fragte er, der sich die Mühe gemacht habe, nach England herüberzukommen?

Haralds Antwort war bündig: sieben Fuß englischen Bodens, obgleich er sonst nur sechs Fuß anzubieten pflege, aber diesmal stelle er die Länge des Norwegers in Rechnung.

Es gab also keinen Ausweg. Bruder stand gegen Bruder.

Harald ritt in die Schlacht von Stamford Bridge.

Harald war ein erfahrener Heerführer, genau wie Wilhelm von der Normandie. Ein Blick auf das gewählte Schlachtfeld zeigte ihm seine Chance, die Brücke vor Harold und Tostig einzunehmen und seine Soldaten auf dem gegenüberliegenden Abhang zu postieren, so daß die Feinde zu ihnen heraufkommen müßten.

Die Schlacht tobte den ganzen Tag. Die riesige Gestalt Hardradas unter dem königlichen Banner feuerte die eigenen Männer an und flößte den Feinden Schrecken ein. Aber die hervorragende Strategie Haralds, nämlich die Einnahme und Sicherung der Brücke, hatte ihn die Schlacht schon halb gewinnen lassen. Die Sonne brannte heiß, und die Norweger in ihren schweren Rüstungen litten mehr darunter als die leichter gekleideten Sachsen.

Am Nachmittag wiesen die Schilderreihen bereits Lücken auf, und ein Entsetzensschrei gellte, als ein sächsischer Pfeil Hardradas Kehle durchbohrte.

Die Norweger mußten mit dem Tode ihres Führers – und wegen seiner Größe erkannten viele, daß er nicht mehr auf seinem Posten war – den Tag verloren geben. Eine sächsische Streitaxt hatte auch Tostigs Kopf zerschmettert. Bei Sonnenuntergang war die Schlacht zu Ende.

Harald von England war der Sieger.

Ruhe war eingekehrt. Das Lagerfeuer erhellte schwach die grausige Szene. Harald starrte in die Asche und dachte: Diesen Tag habe ich also überlebt.

Seine Brüder Gurth und Leofwine traten zu ihm, und er ergriff ihre Hände.

»Gottlob seid ihr durchgekommen«, sagte er, »aber einen Bruder haben wir verloren.«

»Wir wollen nicht klagen«, erwiderte Gurth. »Wäre er noch am Leben, gäbe es noch mehr Totschlag.«

»Armer Tostig. Er starb auf dem Schlachtfeld, wie er es sich wohl gewünscht hatte, aber im Kampf gegen den Bruder.«

»Er hat dich immer beneidet, Harald, und so wäre es sein ganzes Leben lang geblieben. Du wärst nie sicher vor ihm gewesen. Jetzt bist du der Sieger, darüber wollen wir uns freuen.«

Aber Harald schüttelte den Kopf.

Schlaflos verbrachte er die Nacht, und am Morgen schickte er einige Männer aus, die Leichen Tostigs und Hardradas zu suchen, damit sie geziemend beerdigt werden konnten.

Es war nicht schwierig, Hardradas Leichnam zu finden, wohl aber den Tostigs. Harald selbst suchte seinen toten Bruder auf dem Schlachtfeld und fand ihn erst nach langer Zeit. Er erkannte ihn an einer merkwürdig geformten Warze zwischen den Schulterblättern, an die er sich aus Kinderzeiten erinnerte.

Als er dann an Tostigs Grab stand, kam ein Bote mit eiligen Nachrichten.

Wilhelm von der Normandie war in Pevensey Bay gelandet und hatte bei Hastings ein Lager bezogen.

Harald besprach die Lage mit seinen Brüdern.

»Wäre ich nicht in Stamford Bridge gewesen«, sagte er, »hätte ich die Landung verhindern können.«

»Wäre Tostig mit uns statt gegen uns gewesen . . .«, warf Gurth zornig ein.

»Er war nie auf meiner Seite«, erwiderte Harald, »und nun ist er tot. Wir wollen nicht mehr von ihm sprechen, es geht jetzt lediglich darum, daß Wilhelm gelandet ist und wahrscheinlich Befestigungen errichtet. Wir müssen beraten, was zu tun ist.«

»Das Heer ist erschöpft«, berichtete Gurth.

»Es braucht Ruhe und muß neu aufgestellt werden«, fügte Leofwine hinzu.

»Es geht darum, ob wir hier bleiben oder nach Süden marschieren«, sagte Harald.

»Blieben wir hier, müßten die Normannen nach Norden marschieren«, antwortete Gurth. »Ein Heer, das einen langen Marsch zum Schlachtfeld hinter sich hat, ist nicht so ausgeruht wie das an Ort und Stelle.«

»Wenn ich hier oben ein Heer zusammenstellen könnte, würde ich hier bleiben«, erklärte Harald. »Aber kann ich das? Wenn ich die Männer aus ganz England von hier aus zu den Waffen riefe, würden sie mir nicht folgen. Ich kann nur hoffen, auf dem Marsch nach Süden Krieger anzumustern. An Edwin und Morcar werde ich Botschaften richten, aber ich traue ihnen nicht. Sie sind gegen die Normannen, aber auch gegen mich. Ich muß noch darüber nachdenken, der Ausgang der Schlacht kann davon abhängen.«

Nach reiflichen Überlegungen kam er zu dem Schluß, daß allein der Marsch nach Süden Hoffnung auf Erfolg versprach.

In seinem normannischen Lager erfuhr Wilhelm, daß Harald im Anmarsch war. Die Schlacht stand also kurz bevor.

Es hieß, Harald habe Hardrada, den für unschlagbar gehaltenen Riesen, bezwungen, der Sieg habe sich an seine Fersen geheftet, seinen eigenen Bruder Tostig habe er getötet, nun könnte ihn nichts mehr zurückhalten, er werde den Normannen zur Rechenschaft ziehen, der es gewagt hatte, in sein Land einzufallen.

Wilhelm erklärte seinen Unterführern: »Er und sein Heer werden erschöpft sein. Er hat an der Stamford-Brücke eine große Schlacht geschlagen. Seid euch darüber klar, daß er ein bedeutender Heerführer ist; der Sieg wird nicht leicht sein. Aber wir sind stärker, und das Recht ist auf unserer Seite. Er wird sich an seinen Schwur bei den Gebeinen der Heiligen erinnern, und diese Erinnerung wird ihn während der ganzen Schlacht begleiten.«

Er beschloß, Harald noch eine letzte Chance zu geben und ließ einen der ihn begleitenden Mönche rufen: »Geht zu Harald, sagt ihm, daß mein Anspruch auf den englischen Thron der rechtmäßige ist. Eduard der Bekenner hat mir die Krone versprochen, und er, Harald, schwor, mir dazu zu verhelfen.«

Die Antwort lautete, er sei zu dem Eid gezwungen worden, und ein unter solchen Umständen geleisteter Schwur könne nicht bindend sein. »Kehrt zurück in die Normandie«, fügte Harald hinzu, »ich werde Euch für alle Kosten entschädigen, und wir werden einen Freundschaftsbund schließen. Aber wenn Ihr auf der Schlacht besteht, so bin ich bereit.«

Natürlich kannte er im voraus Wilhelms Antwort.

Wilhelm bereitete sich in seinem Zelt auf die Schlacht vor.

»Bringt mein Kettenhemd«, sagte er. Beim Anlegen vertauschte er jedoch die Seiten, und die Anwesenden schwiegen beklommen, denn das galt als schlechtes Omen.

Hastig drehte der Herzog das Kettenhemd um und blickte auf die Umstehenden.

»Jetzt werdet ihr mir wohl sagen, dies sei ein Zeichen, daß ich in der Schlacht fallen werde, und ihr habt Angst. Laßt euch eines sagen. Sicher sind viele unter euch, und zwar tapfere Männer, die nach einem solchen Vorfall heute nicht in die Schlacht ziehen würden. Aber ich habe noch nie an Vorzeichen geglaubt und werde auch nie daran glauben. Ich vertraue auf Gott, denn er wird nach seinem Willen tun, und ich empfehle mich der heiligen Jungfrau. Das Kettenhemd war umgedreht, und ich wendete es auf die richtige Seite. Wenn ihr also durchaus ein Zeichen haben wollt, dann dieses. Der Herzog wurde umgewendet wie das Kettenhemd, dabei ist aus einem Herzog ein König geworden.«

»Er kennt keine Furcht«, sagten die Anwesenden, »er ist bereit für die Schlacht.«

Wilhelm saß auf. Das Pferd, ein herrliches Tier, war ein Geschenk des Königs von Spanien. Es gehorchte nur seinem Herrn und ging furchtlos unter ihm, wohin er es auch führte.

Es musterte seine Soldaten, eine beachtliche Zahl, ausgeruht und kampfbereit, zunächst die Kavallerie, dahinter das Fußvolk mit Pfeilen und Bogen.

Je näher die Stunde der Schlacht kam, um so zuversichtlicher wurde er.

Am Freitag, dem 13. Oktober, hatte Harald mit seinem Heer ein Lager bei den Höhen von Senlac aufgeschlagen. Wilhelm hatte das seine bei Hastings verlassen und war auf dem Vormarsch.

Die Schlacht würde am nächsten Tag stattfinden, sagte Wilhelm, und in der vorausgehenden Nacht sollte um göttlichen Beistand gebetet werden.

Am Abend hatte er das Feld erreicht und die Engländer ge-
sichtet. Harald würde sich in der Nähe seines Banners befinden.

»O Gott«, betete Wilhelm, »gib mir den Sieg, und ich werde
an diesem Ort ein Kloster erbauen.«

Er wußte, daß er einem erfahrenen Heerführer gegenüber-
stand, fast genauso erfahren wie er selbst, und Schlachten wurden von Feldherrn gewonnen. Ein guter Feldherr konnte auch
mit einer kleineren Streitmacht den Sieg über eine große, aber
schlecht geführte Armee erringen. Aber er hatte ein großes
Heer; er war ein großer Führer, seine Soldaten waren nicht
durch eine eben erst durchgestandene Schlacht und einen langen
Fußmarsch erschöpft. Um den Hals trug er den Reliquienbeutel.
Seine Männer wußten das, und sie wußten auch, daß Harald seinem Königtum bei eben diesen Reliquien abgeschworen hatte.

Gott mußte auf ihrer Seite sein, zusammen mit jenen Heiligen, deren Gebeine von Harald so verächtlich behandelt worden
waren.

»Wir werden gewinnen«, erklärte Wilhelm und fügte hinzu:
»Wenn es Gottes Wille ist.«

Die Schlacht begann um neun Uhr am nächsten Morgen.

Sie verlief nicht so, wie Wilhelm geplant hatte. Die Speere und
Wurfspieße der Engländer waren verheerend, und von ihren
Katapulten schleuderten sie scharfe Steine in die feindlichen
Linien.

Wilhelm gab der Kavallerie den Befehl zum Angriff, der aber
nicht den gewünschten Erfolg hatte. Mit ihren Streitäxten spal-
teten die Engländer so manches Reiterhaupt, und der Regen von
Kieselsteinen verwundete viele. Da die Steine aus weiter Entfernung geschleudert wurden, bestand zunächst keine Möglichkeit, sie abzuwehren.

Die erste Runde ging an die Engländer.

Im Laufe des Vormittags wurde sein schönes Pferd unter ihm

getötet. Er ging zu Boden, aber einer seiner Männer sprang hinzu und erledigte den anstürmenden Feind.

»Der Herzog ist tot!« erscholl ein Ruf.

Die Wirkung zeigte sich augenblicklich. Die Normannen glaubten sich geschlagen, erinnerten sich sofort, wie Wilhelm gestürzt war, als er an Land ging, und daß er sein Panzerhemd verkehrt angelegt hatte.

Unter dem Triumphgeschrei der Engländer begannen sie zurückzuweichen.

Wilhelm hatte jedoch ein neues Pferd gefunden und war schon wieder im Sattel.

»Ihr Narren«, schrie er. »Wollt ihr niedergemäht werden? Was geschieht, wenn ihr weglauft? Wohin wollt ihr laufen? Nur in den Tod, wenn ihr zurückweicht. Kehrt um und kämpft!«

Er nahm seinen Helm ab, damit alle ihn erkennen konnten.

Das war gefährlich, ein Pfeil konnte sein Auge durchbohren, aber es mußte gewagt werden, damit alle sahen, daß er lebendig und kraftvoll wie je war, bereit, sie zu führen, so daß keiner wagen würde, fortzulaufen.

Der Rückzug erwies sich als Glück im Unglück, denn die Engländer hatten in der Annahme ihres Sieges die Höhen verlassen, um die Verfolgung aufzunehmen. Wilhelm erkannte sofort diesen Vorteil. Er befahl zu wenden und hatte auf diese Weise den Feind, dem auf seinem Siegeslauf überraschend Halt geboten wurde, ungeschützt vor sich.

Ungestüm führte Wilhelm seine Männer an, die Gegner niederzumähen. Sie waren nun überzeugt, daß ihr Herzog nicht bezwungen werden und eine Niederlage in Sieg verwandeln konnte. Sie mußten kämpfen oder sich seinem Zorn stellen, und was würde ihnen hier auf fremdem Boden geschehen, wenn sie nicht kämpften?

Im Laufe des Nachmittags hatte sich die Lage umgekehrt. Die Engländer waren erschöpft.

Wilhelm ließ halten und befahl seinen Bogenschützen, ihre Pfeile senkrecht in die Luft zu schießen, so daß sie direkt die Truppen treffen mußten, die den Hügel unter der Standarte hielten.

Einer dieser Pfeile durchbohrte Haralds Augen.

Als Gurth, der wußte, daß auch Leofwine tot war, seinen Bruder fallen sah, sprengte er mit einer kleinen Schar mitten unter die normannischen Soldaten. Er wollte Wilhelm töten, den Eindringling, der zwei seiner Brüder umgebracht hatte.

Der Herzog war, weil barhäuptig, leicht auszumachen, und Gurth griff ihn so plötzlich an, daß das Pferd unter ihm getötet wurde.

Darauf hob Wilhelm seine Lanze und durchbohrte Gurth.

Es wurde Abend. Immer noch gab es Scharmützel auf dem Hügel von Senlac und kleinere Angriffe aus dem angrenzenden Wald. Das unselige Schlachtfeld war mit den Leichen Gefallener bedeckt, und die Schlacht von Hastings hatte Wilhelm von der Normandie gewonnen.

In der Morgendämmerung kamen die trauernden Frauen, um ihre Toten zu suchen und zu bestatten.

Unter ihnen war auch die schöne Edith mit dem Schwanenhals. Verzweifelt, aber dennoch beherrscht suchte sie nach dem toten König, der bisher noch nicht aufgefunden worden war. Kniend öffnete sie das Kettenhemd eines Gefallenen. So wie Harald Tostig an einer Warze zwischen den Schultern erkannt hatte, erkannte Edith Harald an einem Muttermal auf der Brust.

Sie legte ihr Gesicht darauf und verharrte so, bis einige Mönche, von Haralds Mutter geschickt, sie baten, aufzustehen.

Sie erhob sich und stand aufrecht zwischen den Toten.

Dann sagte sie zu einem normannischen Soldaten: »Führ mich zu deinem Herrn.«

Er schüttelte den Kopf, aber sie schrie ihn an: »Führ mich zu ihm, oder ich werde dich im Namen des Mannes, den ihr erschlagen habt, verfluchen.«

Wilhelm empfing sie in seinem Zelt. Die Rüstung hatte er abgelegt und soeben Gott auf den Knien für den Sieg gedankt.

Herrisch betrachtete er die schöne, schmerzgezeichnete Frau, die ihr eigenes Schicksal geringachtete. Was konnte ihr noch zustoßen, nun da Harald tot war?

Sie haßte diesen Mann, diesen normannischen Eindringling, der Harald getötet hatte, weil er seine Krone wollte.

Sie sagte: »Ich bin gekommen, um Haralds Leichnam zu verlangen.«

Er sah sie aufmerksam an, spürte ihre Trauer, die er respektierte, denn er wußte, wer sie war. Selten hatte er eine solche Schönheit und einen so auffallend langen Hals gesehen. Das war also die Frau, die Harald geliebt hatte.

»Mir werden keine Forderungen gestellt«, erwiderte er, »höchstens Bitten.«

»Dann bitte ich Euch, mir zu gestatten, Haralds Leichnam von diesem blutigen Schlachtfeld zu nehmen, um ihn würdig zu bestatten.«

»Harald hat einen Meineid geschworen. Er verdient keine ehrenvolle Bestattung.«

In ihren Augen brannte der Haß. So werden mich viele in meinem neuen Königreich ansehen, dachte er. Ich muß ihnen hart entgegentreten, sonst halten sie mich für schwach und rebellieren.

Wenn ich dieser Frau den Leichnam ihres Geliebten gäbe? Sie würde ihn mit allem Prunk beerdigen, einen Heiligen aus ihm machen. Nein, er würde Harald bestatten, wie er es verdiente, in einem unbekannten Grab, das nicht zu einer Stätte der Verehrung und der Wallfahrt werden durfte.

Er gab sich über die vor ihm liegende Aufgabe keiner Täuschung hin. Er hatte lediglich die erste Schlacht gewonnen, gewissermaßen die Tür geöffnet. Der große Krieg lag noch vor ihm, und er ahnte, daß er noch lange würde kämpfen müssen.

Also kein Zeichen der Schwäche, kein Nachgeben.

»Habt Ihr kein Mitleid?« fragte sie.

»Ich bin gerecht«, antwortete er, »und ich sehe keinen Grund, warum ein Meineidiger ehrenhaft bestattet werden soll.« Er wandte sich dem Mann am Zelteingang zu: »Führ diese Frau hinweg.«

Ehe sie hinausging, warf sie ihm einen haßerfüllten Blick zu, den er lange nicht vergessen sollte.

Er anerkannte ihren Mut, denn er hätte ihren Tod befehlen können. Er verstand ihre Trauer, denn sie liebte Harald, und er dachte, wie glücklich dieser doch gewesen war, die Liebe einer solchen Frau zu gewinnen. Er trug ihr nichts nach, aber ihm war klar, daß er nur so das Land regieren konnte, ohne seinen Gefühlen oder Rachegelüsten nachzugeben. Er würde eine strenge Gerechtigkeit walten lassen, und jeden, der ihn nicht als Herrn anerkannte, sollte Strafe und Tod treffen. Man würde ihren Landbesitz einziehen, sie an ihren Gliedmaßen verstümmeln und, wenn nötig, sie töten.

Er würde ein strenger, aber gerechter Herr sein, so hoffte er.

Eine weitere Bitte wurde ihm vorgetragen, dieses Mal von Gytha, Haralds Mutter.

Bitterlich weinend warf sie sich ihm zu Füßen, die Frau Earl Godwins, eine dänische Prinzessin und Mutter tapferer Söhne.

»An diesem Tag habe ich drei Söhne verloren«, sagte sie. »König Harald und seine Brüder Gurth und Leofwine. Mein Neffe Haakon, den Ihr auch kennt, ist ebenfalls tot. Mein Sohn Tostig starb vor wenigen Wochen. Habt Mitleid mit mir. Gebt mir meine toten Söhne, damit ich sie bestatten kann, mehr verlange ich nicht von Euch.«

»Ihr verlangt zuviel«, antwortete Wilhelm.

»Ich bitte Euch, kennt Ihr keine Gefühle, kein Mitleid?«

»Ich habe kein Mitleid mit Meineidigen.«

Sie weinte, sie flehte, aber er blieb ungerührt.

Er ist ein harter Mann, dachten die Anwesenden.

»Ich werde Euch den Leichnam meines Sohnes Harald in Gold aufwiegen, wenn Ihr mir meine Söhne gebt.«

»Wenn ich wollte, könnte ich Euren gesamten Besitz einziehen«, erinnerte er sie.

Sie hob ihr Gesicht zu ihm auf, und er sah auch dort den Haß.

Ich werde ihn oft in diesem Land erblicken, dachte Wilhelm, also muß ich mich daran gewöhnen.

»Führt die Frau hinaus«, sagte er.

Beim Hinausgehen verfluchte sie ihn. Noch eine mutige Frau! dachte er. Wenn ich gekrönter König von England bin, wenn ich dieses Volk unterworfen habe, wird Harald ein würdiges Begräbnis erhalten, aber *ich* werde den Zeitpunkt bestimmen.

Dieses Volk würde ihn schnell genug kennenlernen und begreifen, daß mehr als eine neue Herrschaft begonnen hatte. Er hatte ein Königreich zu regieren und weitreichende Pläne. Er würde ein guter Herrscher sein, wenn er ihnen auch streng und oft grausam erscheinen mochte.

Das kümmerte ihn nicht. Er würde ein großes Reich aufbauen, wie es in der Normandie nicht möglich war. Dieses Land sollte ihm gehören, und er und seine Söhne würden ein königliches Herrschergeschlecht begründen. In späterer Zeit sollten die Menschen in Erinnerung an diesen Oktobertag des Jahres 1066 sagen: An jenem Tag wurde England geboren. Ein neues großes Zeitalter begann, dessen Vater und Begründer Wilhelm war, ein Bastard zwar, aber dennoch ein Eroberer.

Der König

Es war Ostern. Sechs Monate waren vergangen, seit Wilhelm Kurs auf England genommen hatte, und seine Familie erwartete ihn jetzt zurück in der Normandie.

Er hatte an Matilda geschrieben. »Die Leute hier sind störrisch, aber ich bin entschlossen, sie zu unterwerfen. Ich lasse jetzt meinen zuverlässigsten Anhänger bei ihnen zurück, denn ich muß dich sehen, ich war zu lange weg.«

Matilda, überglücklich, daß er sich genau so nach ihr sehnte wie sie sich nach ihm, bereitete ein großes Willkommensfest vor. Sie war über die Vorgänge in England informiert, denn er hatte sie stets auf dem laufenden gehalten. Sie hatte von seinen Schwierigkeiten gehört, der Unversöhnlichkeit der Sachsen, seiner Krönung in Westminster am Weihnachtstag und den Festlichkeiten, die er veranstalten ließ, um die Krönung eines neuen Königs am Tage der Geburt Christi auch von den Bewohnern von London und Westminster feiern zu lassen.

»Wir boten ihnen ein noch nie gesehenes Schauspiel«, hatte er geschrieben, »und ein Volk liebt nichts mehr als solche Veranstaltungen. Wir wurden mit Beifall begrüßt, als wir nach Westminster ritten, aber leider gab es auch Sachsen, die sich gegen uns erhoben, und als gerechten Lohn ließ ich eine Reihe von Häusern niederbrennen. Ich muß mit diesen Leuten hart umgehen. Jetzt komme ich zu dir, Matilda, denn ich habe dir viel zu berichten und werde nicht ruhen, bis du neben mir als Herrscherin von England gekrönt bist.«

Sie warteten also auf seine Ankunft.

»Wir werden uns zur Begrüßung an die Küste begeben«, sagte Matilda zu ihren Kindern.

Alle waren aufgeregt. Robert, vierzehn Jahre alt, erwartete schon ungeduldig den Tag seiner Mündigkeit, um sein Erbe antreten zu können. Richard, gutaussehend, zurückhaltend und hochgewachsen im Gegensatz zu seinen Brüdern, denn auch Wilhelm, wegen seines roten Haarschopfes Rufus genannt, war nie so groß geworden, wie sein Vater es sich gewünscht hätte. Adelisa hatte ihre Teilnahmslosigkeit nicht verloren, noch immer trauerte sie um Harald. Die kleinen Mädchen waren folgsam und nicht ganz sicher, ob sie sich freuen oder ängstigen sollten, denn Wilhelm hatte seinen Kindern stets Bewunderung und Furcht eingeflößt.

Stolz sah Matilda der näher kommenden ›Mora‹ entgegen. Ihr Schiff! Das stolzeste, das es je gab, das Schiff eines Eroberers.

Wilhelm sprang als erster an Land und watete durch das Wasser zu Matilda und seinen Kindern, die einige Schritte hinter ihrer Mutter warteten.

Er schloß seine Frau in die Arme und küßte sie.

»Matilda, mein Lieb! Die Zeit kam mir endlos vor.«

»Ich habe deine Wege verfolgt, wo immer ich konnte. In meinen Gedanken war ich immer mit dir.«

»Ich hätte eigentlich diese Rebellen nicht verlassen dürfen . . . aber ich mußte zu dir.«

Sie lachte triumphierend – welch ein Eingeständnis von einem solchen Mann.

»Hier sind die Kinder und brennen darauf, dich zu begrüßen.«

Er sah sie an. Robert Kurzstiefel war nicht einen Zoll gewachsen, stellte er fest, sowenig wie Rufus. Richard! Das war ein Normanne, wie er sein sollte, ein echter Nachkomme Rollos!

Bei Gottes Herrlichkeit, Richard sollte ihm als König von England nachfolgen. Robert könnte die Normandie haben, den kleineren Preis. Und Rufus . . . man würde sehen, was er bekäme, schließlich war er ein jüngerer Bruder.

Was war mit Adelisa los? Sie sah aus wie ein Geist.

254

»Tochter, was tut dir weh? Du bist nur noch Haut und Knochen.«

Sie senkte die Augen und schwieg.

Immer noch trauerte sie diesem Verräter nach! Man würde ihr so schnell wie möglich einen Mann suchen müssen.

Und die kleinen Mädchen. Er umarmte sie, aber sie waren noch zu jung, um ihn zu interessieren. Später würde er Heiraten für sie arrangieren. Heiratsfähige Königstöchter waren ein gutes Pfand.

Aber Matilda belegte ihn zunächst mit Beschlag.

»Komm, laß uns gehen. Wir haben so viel zu besprechen.«

Er hatte ihnen viel zu zeigen – kostbare Dinge, die er mitgebracht hatte, Kriegsbeute.

»Diese Sachsen sind geschickt, Matilda. Sieh dir diesen Teller aus Gold und Silber an. Sie können mehr als unsere Handwerker, denen fehlt der letzte Schliff. Hier diese bestickten Gewänder, die werden dich interessieren. Sind sie nicht hervorragend?«

Sie stimmte zu.

»Ich werde England groß machen, Matilda, aber zunächst muß ich die Rebellen unterwerfen. Es sind keine Schwächlinge, und sie wollen ihre Niederlage nicht akzeptieren. Immer wieder wird es Aufstände geben, darauf müssen wir uns gefaßt machen, aber ich werde ihnen mit Feuer und Schwert zeigen, wer ihr Herr ist. Es geht nicht anders. Sie sind dickköpfig und stolz. Wie gut, wieder in der Normandie zu sein, bei dir und meiner Familie, den Wäldern und der reichen Jagd.«

»Kann man in England nicht jagen?«

»Die Wälder dort sind herrlich, aber hier ist meine Heimat, und ich werde England so ähnlich machen. Ich werde darauf bestehen, daß normannisch statt sächsisch gesprochen wird.«

»Wird das möglich sein?«

»Die Jungen werden es lernen, für die Älteren ist es schwieriger. Aber in ihrer Sprache ist viel Dänisches, und die unserige ist eine Mischung aus Dänisch und Französisch. Viele Wörter ähneln sich, und die Normannen haben keine Schwierigkeit, sich verständlich zu machen. Es ist mein Wille, daß unser Volk hier die Großartigkeit dieses Sieges begreift, und deswegen sollten wir beide durch die Normandie reiten, damit sie merken, daß wir hier sind und ich ihr Herzog bin, obschon auch König von England.«

Matilda konnte sich von jeher für solche Unternehmungen begeistern, und sie besprachen die Angelegenheit in aller Ausführlichkeit.

Nicht ganz so harmonisch verlief ihr Gespräch über die Kinder.

»Mir kam Robert Kurzstiefel etwas mürrisch vor«, bemerkte Wilhelm. »Er sah mich an, als hoffte er, ich würde meinen Abschied aus diesem Leben nicht mehr allzu lange hinausschieben.«

»Du bist zu streng mit Robert.«

»So streng wie du weich.«

»Er ist dein Erstgeborener. Erinnere dich, wie stolz du bei seinem Anblick warst.«

»Ich wußte damals nicht, wie er sich entwickeln würde.«

»Aber er ist ein prächtiger Junge.«

»Ein Prahler und ehrgeizig dazu.«

»Willst du es ihm vorwerfen, daß er diese Eigenschaften von seinem Vater geerbt hat?

»In seinem Alter hatte ich ein Herzogtum geerbt und mußte es wohl oder übel halten. Er hat kein Herzogtum – noch nicht, obgleich er offensichtlich einen bestimmten Umstand herbeisehnt, der es ihm verschaffen würde.«

»Das ist nicht wahr, Wilhelm, er bewundert dich so sehr.«

»Er bewundert meinen Besitz«, brummte Wilhelm, »aber laß

uns von angenehmeren Dingen sprechen. Richard wächst zu einem prächtigen jungen Normannen heran.«

»Er wird so groß werden wie du, Wilhelm.«

»Er hat anständig lange normannische Beine. Wo haben bloß Robert und Rufus die ihren gelassen?«

»Du hast eine flämische, nicht allzu große Prinzessin geheiratet, die dir aber trotzdem gefiel.«

Für sie hatte er ein zärtliches Lächeln, als er fortfuhr: »Und unsere Tochter? Ich erschrak bei ihrem Anblick, was fehlt ihr?«

»Für sie war Harald ein Held, die Liebe ihres Lebens. Ich wünschte, wir hätten sie nie verlobt.«

»Wir konnten damals nicht wissen, daß er meineidig werden würde.«

»Nun da er tot ist, von deiner Hand erschlagen . . .«

»Bei Gottes Herrlichkeit«, rief Wilhelm, »deswegen bin ich nach Hause gekommen! Ein Sohn will mein Herzogtum und kann es kaum erwarten, daß ich abtrete, und eine Tochter wirft mir den Tod meiner Feinde vor.«

»Das stimmt nicht«, gab Matilda zurück. »Robert nimmt seine Pflicht ernst, und wenn er mündig ist, wirst du ihn zum Regenten der Normandie machen. Diesen Tag sehnt er herbei. Und Adelisa ist von Haralds gutem Aussehen und sächsischen Charme betört worden. Sie ist noch ein Kind, und Kinder schaffen sich ihre Helden und bewahren sie in ihren Herzen.«

»Zweifellos hast du recht. Ich werde für Adelisa einen Mann suchen und damit diese Angelegenheit regeln.«

»Sie ist viel zu jung, um zu heiraten.«

»Im Augenblick noch, aber sie kann an einen Fürstenhof gehen und dort mit ihrer künftigen Familie leben und vergessen, was ihr angetan wurde. Dann wird sie den falschen Sachsen aus dem Gedächtnis verlieren. Für Robert kann ich nichts tun. Er muß notgedrungen warten, daß die Jahre vergehen.«

Auf ihrer triumphalen Fahrt durch das Land wurden sie überall mit Beifall begrüßt. Die Menschen kannten ihren Herzog nun als den Eroberer. Er hatte ein Unternehmen gewagt, dem Mißerfolg prophezeit worden war. Hatte es nicht auch sein Vater versucht und einen Fehlschlag erlitten? Und der war Robert der Prächtige gewesen. Aber ihr Herzog hatte Erfolg gehabt und war nun mehr als ein Herzog. Er war ein König.

Wilhelm konferierte mit Lanfranc und sagte ihm, er plane, ihn nach England zu holen, zu den dortigen Erzbischöfen hätte er kein Vertrauen, weder zu dem von Canterbury noch zu dem von York. Normannen sollten an ihre Stelle treten, und Lanfranc sollte Erzbischof von Canterbury werden, aber im Augenblick werde er noch in der Normandie gebraucht.

»Wenn mein Sohn mündig ist und die Regentschaft übernehmen kann, dann müßt Ihr nach England kommen, Lanfranc.«

Lanfranc erwiderte aufrichtig, er wolle nichts anderes als seinem König genauso treu dienen wie seinem Herzog.

»Es ist wirklich schade«, lachte Wilhelm, »daß Kurzstiefel noch so jung ist, mir tut es genauso leid wie ihm selbst.«

Er konnte den Anblick Adelisas nicht länger ertragen. Als König war er mächtiger als ein Herzog. Es würde nicht schwierig für ihn sein, passende Ehepartner für seine Kinder zufinden. Bald ergab sich eine Gelegenheit.

Er hörte, daß für den König von Galicien eine Braut gesucht wurde. Adelisa war elf Jahre alt . . . zu jung, um zu heiraten. Aber vielleicht in zwei, drei Jahren . . . und solche Ehen wurden immer im voraus geplant.

Er begann zu verhandeln, und zu seiner Freude stieß er auf begeisterte Zustimmung.

»Laß unsere Tochter holen, Matilda«, sagte er, »ich habe ihr etwas mitzuteilen.«

Sie kam und war wirklich nur noch ein Schatten ihrer selbst. Ob sie nicht genug aß, fragte sich Wilhelm, dann sollte man sie zwingen. Bei seinen Kindern würde er genauso wenig Ungehorsam dulden wie bei seinen Untertanen.

Matilda konnte zwar gelegentlich so streng wie er sein, behandelte ihre Kinder jedoch sanfter und erschien ihm zu nachsichtig, was diese närrische Liebe seiner Tochter zu einem sächsischen Feind betraf.

Bescheiden, mit gesenkten Augen stand Adelisa vor ihnen; und wenn er auch Bescheidenheit erwartete, so bewunderte er sie noch lange nicht.

»Tochter, ich habe eine gute Nachricht für dich«, sagte er. »Du wirst an den Hof von Galicien gehen und dort weiter lernen, bis du erwachsen bist. Du wirst einen Bräutigam bekommen.«

Adelisas erschrockene Augen richteten sich auf die Mutter.

»Es wird das Beste für dich sein«, sagte Matilda sanft.

»Bitte, nein . . .«, begann Adelisa.

»Was ist das für ein Unsinn?« rief Wilhelm. »Du hast Glück, du wirst Königin von Galicien. Gefällt dir das nicht?« Sie schwieg, und er brüllte: »Antworte mir!«

Ganz leise sagte sie: »Nein, Vater.«

»Nein!« schrie er. »Du sagst nein zu einem solchen Angebot?«

»Ich möchte lieber in ein Kloster gehen.«

»Kloster! Deine Schwester ist in einem Kloster. Eine Tochter für die Kirche genügt. Du wirst dich in dein großes Glück fügen oder bei Gottes Herrlichkeit. . .«

Matilda hob die Hand. »Denk darüber nach, Adelisa«, sagte sie. »Es ist wirklich eine gute Partie. Du mußt bedenken, daß du die Tochter eines Königs bist und es deine Pflicht ist, den zu heiraten, den dein Vater aussucht und der auch ihm von Nutzen ist.«

Adelisa schwieg.

»Du wirst künftig deine Mahlzeiten essen«, rief Wilhelm,

»was soll der König von Galicien denken, wenn wir ihm ein Knochengerüst abliefern?«

Sie schwieg noch immer. Matilda sah das Blut in Wilhelms Gesicht steigen, er hob die Faust. Sie erinnerte sich, wie er sie in die Gosse geworfen hatte. Sie kannte sein Temperament, das auch Rufus geerbt hatte.

Da griff sie ein.

»Adelisa muß sich erst an den Gedanken gewöhnen«, sagte sie. »Ich erinnere mich noch an meine Gefühle, als mir mein Vater sagte, man bewerbe sich um mich.«

Sie lächelte Wilhelm an, und diese Anspielung auf seine ungestüme Werbung beruhigte ihn etwas.

Matilda sagte nicht, daß ihr gütiger Vater sie nie zu etwas gezwungen hätte. Aber bei Wilhelm von der Normandie, dem König von England, war das anders, seinem Willen hatten sich alle zu beugen . . . außer ihr natürlich.

Dabei sah sie ein, daß diese Heirat nicht nur für die Normandie gut war, sondern auch für Adelisa.

Sie ergriff ihre Tochter am Arm: »Wir werden miteinander sprechen, Adelisa«, sagte sie, ihrem Mann über die Schulter zulächelnd, und ging mit Adelisa hinaus.

Adelisa starrte unbewegt vor sich hin.

»Ich kann niemanden heiraten . . . niemals, jetzt nicht mehr, Mylady.«

»Liebe Tochter, du bist noch ein Kind, du kannst nicht länger dieser kindlichen Leidenschaft nachtrauern.«

»Ihr versteht das nicht.«

»Ich verstehe es sehr gut. Dieser Sachse kam, sah sehr gut aus und schien freundlich zu sein, dabei hinterging er die ganze Zeit über deinen Vater.«

»Mein Vater glaubt, jeden beherrschen zu können. Er zwang Harald zu diesem Eid.«

»Wie hätte er ihn zu so etwas zwingen können?«

»Er hätte ihn eingekerkert, seine Augen ausgestochen, Hände und Füße abgeschlagen, vielleicht ihn sogar vergiftet.«

»Was sagst du da?«

»Diese Grausamkeiten sind vorgekommen.«

»Bei deinem Vater!«

»Wenn nicht mit eigener Hand, dann doch in seinem Namen. Harald schwor, weil es seine Pflicht war, zurückzukehren und die Krone zu übernehmen, die ihm zukam.«

»Du sprichst wie ein Verräter.«

»Ich bin dem Mann treu, den ich hätte heiraten sollen.«

»Er wäre nie dein Mann geworden. Er hatte eine Mätresse, die er sehr geliebt haben soll. Sie gilt als schönste Frau Englands. Sie kam zu deinem Vater und bat um seinen Leichnam, den nur sie allein finden konnte, weil sie mit seinem Körper so innig vertraut war.«

Schaudernd bedeckte Adelisa ihr Gesicht mit den Händen.

»Du kennst das Leben noch nicht, Kind«, sagte Matilda sanft. »Und wenn du erst einmal eigene Kinder hast – und Kinder können einem manchmal noch mehr ans Herz wachsen als der Mann, der sie einem gab – wirst du schon viel gelernt haben. Tochter, du mußt tun, was dein Vater wünscht, alle müssen ihm gehorchen. Er hat bestimmt, daß du nach Spanien gehen sollst. Nimm dein Schicksal freudig an, Adelisa, denn annehmen mußt du es auf jeden Fall. Versuch zu essen, was ich für dich ausgesucht habe, damit du kräftig wirst. Blick nach vorn und bete, daß du Kinder bekommst, dann wirst du auch wieder lieben können.«

Matilda nahm Adelisas Gesicht in die Hände und küßte sie. Die Tochter umschlang die Mutter und preßte sich an sie.

»Du darfst deinen Vater nicht hassen, Adelisa«, flüsterte Matilda. »›Du sollst deinen Vater und deine Mutter ehren‹. Und vergiß nicht, daß dein Vater ein großer Führer und Eroberer ist.

Um den Besitz zu verteidigen, ist es oft nötig zu töten, und nicht immer kann man wählerisch in den Mitteln sein. Harald verriet dich, er liebte seine Mätresse. Hätte er dich geheiratet, wäre es nur der Form halber geschehen. Aber er heiratete eine andere Frau, die Schwester seiner Feinde, die er fürchtete. Vergiß das nicht. Geh nach Spanien und beginne ein neues Leben.«

»Ich kann nicht.«

»Leg dich nun hin, ich lasse dir eine gute Suppe schicken. Nein, ich werde sie dir selbst bringen und dazu einen Schlaftrunk. Und morgen wirst du dich besser fühlen und alles klarer sehen. In Spanien gibt es eine Zukunft für dich, Adelisa.«

Gehorsam nahm Adelisa die Brühe und den Beruhigungstrank und schlief sehr bald ein.

Matilda ging zu Wilhelm und sagte: »Unsere Tochter wird nach Spanien gehen.«

»Das wird sie in der Tat.«

»Besser, sie wird auf meine Weise dazu gebracht, als auf deine.«

»Du bist schon immer zu nachsichtig mit deinen Kindern, Matilda.«

»Nachsichtig mit denen, die ich liebe«, antwortete sie lächelnd und triumphierte innerlich darüber, wie sie ihn noch nach fünfzehnjähriger Ehe dirigieren konnte – keine geringe Leistung bei einem solchen Mann.

Richard war der einzige, mit dem sich Adelisa aussprechen konnte. Ihre Schwestern waren zu jung; Cecilia war in einem Kloster und hätte sie nie verstanden. Sie hätte gesagt, Adelisa solle beten und in ihrer Frömmigkeit Trost suchen. Robert war voller Haß gegenüber ihrem Vater, weil er ihm nicht sofort die Normandie übergeben wollte. Rufus war zu sehr mit seinen eigenen Angelegenheiten beschäftigt, um Zeit für jemand anderen zu haben, er hielt sich immer bei seinen Hunden und Pferden auf oder stritt mit Robert. Das hätte er auch mit Richard getan, wenn dieser dazu bereit gewesen wäre.

Aber Richard unterschied sich von allen anderen in der Familie. Er war ruhig und freundlich und haßte es, jemand weh zu tun. Zu ihm konnte sie sprechen.

»Als ich mit Harald verlobt wurde«, sagte sie, »gelobte ich, niemand anderen zu heiraten.«

Richard sagte gütig: »Du warst viel zu jung für ein solches Gelöbnis.«

»Nein, Richard, ich gelobte es und wollte es so und will es noch heute.«

Er lächelte sie freundlich an: »Wir müssen tun, was uns zuwider ist, weil wir eines Königs Söhne und Töchter sind.«

»Ich war glücklicher, als ich bloß die Tochter eines Herzogs war.«

»Du warst glücklich, weil Harald lebte und du ihn liebtest. Er ist nun tot. Du mußt ihn vergessen. In Galicien wirst du vieles entdecken, das dir gefällt. Vielleicht ist dein künftiger Mann liebenswert, und ihr werdet zusammen aufwachsen. Er steht dir im Alter näher.«

»Alter ist unwichtig. Erinnerst du dich an Harald, Richard? Hast du je einen schöneren Mann gesehen?«

»Er sah wirklich gut aus, aber er ist nun tot, Adelisa, und es scheint, daß er nie für dich bestimmt war.«

»Ich habe das Gefühl, Richard, ich werde mein Gelübde halten.«

»Du darfst dich nicht gegen unseren Vater stellen.«

»Keiner darf das außer Gott.«

»Was meinst du damit, Adelisa?«

»Das wird sich zeigen, Richard, aber es tröstet mich, mit dir zu sprechen. Manchmal frage ich mich, wie du als König sein wirst, denn Könige müssen oft grausam sein, und ich glaube, das könntest du nie.«

»Auch mein Schicksal ist im dunklen, Adelisa, wie deines. Aber wie es auch kommen mag, ich muß es annehmen . . . wie du.«

Ja, wirklich, Richard gab ihr Trost.

Die Vorbereitungen für Adelisas Abreise nach Galicien begannen. Aber aus England kamen beunruhigende Nachrichten. Immer wieder flackerten Aufstände im Lande auf. Wilhelm war eine Art Gallionsfigur, die Verkörperung der Macht: seine Abwesenheit ließ die Besiegten hoffen, den Feind ins Meer zurücktreiben zu können.

An verschiedenen Orten hatte sich das Volk, offensichtlich nach einem genau ausgearbeiteten Plan, erhoben und alle Normannen, deren man habhaft werden konnte, niedergemetzelt.

»Da ist nichts zu machen«, sagte Wilhelm, »ich muß zurück. Und du wirst so bald wie möglich hinüberkommen, Matilda, und dann soll die Krönung stattfinden. Ich werde nicht ruhen, bis du die gekrönte Königin von England bist.«

Also segelte Adelisa nach Galicien, und Wilhelm begab sich wieder einmal auf der ›Mora‹ nach England.

Schon bald nach seiner Ankunft hatte er die Rebellion niedergeschlagen. Die Aufständischen hatten zwar kühn erklärt, den Eroberer ins Meer treiben zu wollen, erkannten aber schnell ihre Voreiligkeit. Er mußte zwar seine ganze ungeheure Energie einsetzen und sein leidenschaftliches Organisationstalent voll entfalten, aber er war nicht der Mann, sich geschlagen zu geben. Er war zu dem Schluß gekommen, daß Milde bei diesem Volk nicht angebracht sei. Wenn seine Autorität in Frage gestellt wurde, würde er hart zupacken und angemessen strafen.

Das Haus eines jeden, der ihn nicht als Herrn anerkannte, sollte niedergebrannt werden. Es ging nicht darum, sie erst Gehorsam zu lehren, sie mußten diese Lektion bereits begriffen haben, wenn sie überleben wollten.

Er dankte Gott, daß Matilda in der Normandie die Zügel in der Hand hatte. Ihr konnte er mehr als jedem anderen vertrauen. An der Loyalität Lanfrancs war nicht zu zweifeln, aber von einer Ehefrau konnte man die äußerste Ergebenheit erwarten, jedenfalls von Matilda. Wie oft hatte er schon Gott für Matilda gedankt, er tat es auch jetzt wieder.

Es waren Briefe von ihr angekommen. Zunächst las er aufmerksam, wie es um die Regierungsgeschäfte stand, dann wandte er sich den privaten Mitteilungen zu.

Lange Zeit behielt er den Brief in der Hand. Die Buchstaben tanzten auf dem Pergament, und dazwischen tauchte das Gesicht seiner traurigen kleinen Tochter auf.

»Sie reiste wie vorgesehen ab«, schrieb Matilda, »aber sie kam nie in Galicien an. Sie hatte gelobt, nicht zu heiraten. Ich glaube, ihr ganzer Wille war darauf ausgerichtet, zu sterben.«

Ärger schoß in ihm hoch. Sie hatte sich dem Tod verschrieben, während sie doch seinem Haus von so großem Nutzen hätte sein können. Der König von Galicien sollte sein Freund werden, da stirbt sie, die die Verbindung herbeiführen sollte!

Sie wollte sterben, wie war das möglich, wie konnte sie so etwas wagen? Seine Tochter spottete seiner, indem sie auf der Fahrt starb, die zu einem wichtigen Bündnis führen sollte!

Armes Kind! Er konnte diese großen traurigen Augen nicht vergessen, viel zu groß in ihrem kleinen verstörten Gesicht. Aus Matildas Brief sprach die trauernde Mutter.

»Arme Adelisa«, schrieb sie, »wir hätten sie nie zwingen sollen. Sie hatte gelobt, keinen anderen als Harald den Sachsen zu heiraten, und du siehst, sie hielt ihr Versprechen.«

Wilhelm hieb mit seiner rechten Faust in die linke Handfläche. Er hatte anderes im Kopf als die Marotten ungehorsamer Töchter.

»Es war immer mein Wunsch, daß Du hierherkommen solltest«, schrieb er, »um zur Königin von England gekrönt zu werden. Nun ist es soweit.«

Er stellte sie sich beim Lesen dieses Briefes vor. Immer schon
hatte sie Aufregung und Abwechslung geliebt und würde aufhö-
ren, über Adelisa zu grübeln, wenn sie die Aussicht hatte, nach
England zu kommen.

Das stimmte, Matilda war hoch erfreut. Sie ging sofort an die
Vorbereitungen. Da war noch eine andere Mitteilung Wilhelms,
die ihr gefiel.

Er hatte geschrieben: »Unser Sohn Robert ist zwar noch jung,
aber er sollte doch seine Verantwortlichkeiten kennenlernen. Er
soll in der Normandie bleiben und an den Ratssitzungen teilnehmen, damit er etwas von dem Regierungsgeschäft lernt. Ich
denke, daß ihm das gefallen wird.«

Sie ging zu Robert.

»Mein lieber Sohn«, sagte sie, »ich muß dir etwas Angeneh-
mes mitteilen. Dein Vater gestattet dir, dich an der Regierung zu
beteiligen, während ich in England bin.«

»Bin ich dann der Regent?«

»Nein, das geht etwas zu weit, vergiß nicht, daß du erst sech-
zehn Jahre alt bist.«

»Wie könnte ich es vergessen, da man mir ja ständig sagt, daß
ich noch ein kleiner Junge sei.«

»Ein Zustand, der sich mit jedem Tag bessert.«

»Ich nehme an, daß ich nur der Form halber an den Ratssitzungen teilnehme.«

»Und dabei wirst du lernen, wie ein Herzogtum regiert wird.«

»Das weiß ich schon«, rief Robert ungeduldig.

»Du mußt zugeben, daß dein Vater in gewisser Beziehung
recht hat. Du darfst nicht so ungeduldig sein, Robert«, meinte
Matilda besänftigend.

»Ihr steht jetzt also auf seiner Seite?«

Sie legte ihm die Hand auf die Schulter. »Du weißt, daß ich immer auf deiner bin.«

Er sah sie verstohlen an. »Eines Tages werdet Ihr das vielleicht beweisen müssen«, sagte er.

Sie überhörte geflissentlich die stillschweigende Aufforderung dieser Bemerkung und machte sich wieder an ihre Vorbereitungen.

Auch die übrige Familie sah der Fahrt nach England aufgeregt entgegen. Das war gut so, denn auf diese Weise wurden sie von dem Tod Adelisas abgelenkt.

Es war ein großes Erlebnis für alle, auf der ›Mora‹ zu fahren, die in die Normandie geschickt worden war, um sie hinüber nach England zu bringen. Bei der Ankunft erwartete sie Wilhelm und geleitete sie nicht ohne Pomp nach Westminster. Das machte Spaß.

Arme kleine Adelisa, die sterben wollte, dabei hätte sie Königin werden können!

Die Landschaft gefiel Matilda, viele grüne Felder und dichte Wälder; die Menschen schienen nicht feindlich, sie kamen heraus, um den Zug zu sehen, und zeigten deutlich ihre Bewunderung für sie und ihre Kinder. Der gut aussehende Richard schien ihnen zu gefallen, Rufus machte einen fröhlichen und freundlichen Eindruck, und die kleinen Mädchen entzückten die Zuschauer.

Wilhelm sagte ihr, daß die Krönung in Winchester stattfinden und zu einer viel größeren Zeremonie als die seine in Westminster werden sollte.

»Deine Ankunft hier wird ein Zeichen sein«, sagte er, »ebenso deine Krönung. Das Volk wird erkennen, daß wir England als unsere Heimat ansehen und hierher gekommen sind, um zu bleiben.«

Sie reisten also nach Winchester, und die Krönungsfeierlichkeiten, von Wilhelm mit seinem Sinn für Planung und Organisation gestaltet, wurden ein großer Erfolg. Matilda war noch jung genug, um eine schöne Königin in den prunkvollen Gewändern abzugeben, und die Teilnahme der Kinder entzückte das Volk.

Wilhelm hatte befohlen, im ganzen Land die Glocken zu läuten und Freudenfeuer anzuzünden. Auf den Straßen wurde Wein ausgeschenkt, und ein Turnier wurde veranstaltet, an dem Wilhelm und seine Ritter teilnahmen.

Das Volk hatte noch nie solches Gepränge erlebt und zeigte sich begeistert. Es war angenehm, Wilhelm von einer anderen Seite kennenzulernen. Der Mann, den sie als Tyrannen betrachteten, war offenbar ein guter Ehemann und Vater, stolz und glücklich inmitten seiner Familie.

Königin von England.

Ihr Titel gefiel ihr. Und Wilhelm hatte sie vermißt und war glücklich, sie bei sich zu haben, um ihr seinen neuen Besitz zu zeigen. Wie stolz er war, voller Pläne. Er schien genauso jung wie an ihrem Hochzeitstag. Diese erste Zeit in England erinnerte Matilda tatsächlich an die ersten Tage ihrer Ehe. Die Trennung hatte sie beide zärtlicher gemacht.

Wilhelm bestand darauf, daß ihr die gleiche Hochachtung erwiesen wurde wie ihm, so daß jeder merkte, wie teuer sie ihm war.

Oft fühlte sich Matilda durch das Gesicht eines Sachsen an Brihtric erinnert. Es war so lange her, seit sie ihn gesehen hatte, vielleicht gab es diese schönen blauen Augen und die helle Haut nur in ihrer Phantasie.

Wo mochte er jetzt sein? Was würde er empfinden bei der Vorstellung, daß die von ihm einst verschmähte Frau nun seine Königin war?

Sie hatte ihre Demütigung noch nicht vergessen, auch heute noch konnte sie sich an jedes Wort erinnern, das sie damals gewechselt hatten.

Sie ließ einen Bedienten rufen.

»An meines Vaters Hof in Flandern lernte ich einst einen Mann kennen«, sagte sie. »Er war der englische Gesandte, und ich würde gern wissen, ob er noch lebt und wo er sich aufhält. Versucht herauszufinden, ob ein gewisser Brihtric Meaw noch lebt. Sein Vater war Lord of Honour von Gloucester, man müßte ihn also ohne große Schwierigkeiten ausfindig machen können.«

Nach einigen Wochen kehrte der Bote mit der Nachricht zurück, daß Brihtric auf seinem beträchtlichen, vom Vater ererbten Besitz lebte.

Matilda mußte immer wieder an ihn denken. Sah er immer noch so gut aus? War er verheiratet? Ob er sich je vor seiner Frau gerühmt hatte, daß Matilda von Flandern seinetwegen alle Konventionen über den Haufen geworfen und ihn gefragt habe, ob er ihr Mann werden wolle?

War es denkbar, daß so etwas von der Königin von England erzählt wurde?

Voller Freude hatte sie festgestellt, daß sie schwanger war.

»Es muß ein Sohn werden«, sagte sie, »ich möchte einen Sohn, der auf englischem Boden geboren ist. Er wird anders sein als seine Geschwister, weil seine Eltern zur Zeit seiner Empfängnis König und Königin waren.«

Wilhelm lächelte, ihre Fruchtbarkeit erfreute ihn. »Auch ich möchte einen Sohn«, sagte er.

»Du bist anspruchsvoll«, erklärte sie zärtlich. »Habe ich dir nicht schon drei geboren?«

»Ein König braucht Söhne«, antwortete er, »so viele er nur bekommen kann.«

»Ich möchte gern ein Schloß bauen zur Feier meiner Ankunft und der Geburt unseres Kindes, und ich würde mir gerne den geeigneten Platz aussuchen.«

»Dann sieh dich danach um.«

»Ich werde mir Land auswählen und in Besitz nehmen.«

»Wo immer du willst und wem es auch gehören mag, es ist dein.«

Sie war zufrieden.

Einige Tage später gab sie eine schriftliche Anweisung. Sie hatte sich Land in Gloucester ausgesucht, das einem gewissen Brihtric Meaw gehörte. Da sich dieser Mann eines schweren Vergehens schuldig gemacht habe und der Königin als unaufrichtig bekannt sei, sollten seine Ländereien eingezogen und der Königin übertragen werden. Brihtric sollte in das Gefängnis von Winchester gebracht werden und dort so lange bleiben, bis die Vorwürfe gegen ihn untersucht seien.

Sie saß in ihrem Zimmer und lächelte verstohlen in sich hinein.

Trafen jetzt die Wachen bei ihm ein? Hielt er sich vielleicht in der Halle auf neben seiner Frau, dieser Frau seiner Wahl, die ihm soviel begehrenswerter erschienen war als eine Königin? Würde er erschrecken bei den Worten des Boten: »Im Namen Eures Herrschers verhafte ich Euch, Brihtric Meaw.«

Er würde vor Schreck stammeln und wissen wollen, was gegen ihn vorlag, um ihn festzunehmen.

Mein lieber Brihtric, Könige und Königinnen fragt man nicht, warum man verhaftet wird. Es genügt, Mißfallen erregt zu haben. Und Ihr habt mir mißfallen, Brihtric. Ihr habt mich zurückgewiesen, und das konnte ich nie vergessen. Immer wieder gab es Augenblicke, in denen ich Euch so deutlich wie damals vor mir sah, bis hin zu dem Ausdruck Eurer Augen, als ich Euch sagte, ich liebte Euch und wollte Euch heiraten.

Es war blankes Entsetzen, und das kann Euch nie vergeben werden. Nun bin ich an der Reihe, Sachse Brihtric. Wer seid Ihr nun? Ihr werdet ins Gefängnis gehen, weil es in meiner Macht steht, Euch dorthin zu schicken. Ich werde Euren Besitz nehmen. Was wird aus Eurer Frau? Was kümmert mich das, Brihtric? Soll sie verhungern. Soll sie zu irgendeinem anderen Mann gehen. Ich werde jetzt vergessen können, weil ich die Rechnung beglichen habe und das der einzig mögliche Weg zum Vergessen ist.

Ihr Diener kam zurück.

»Wie verlief es?« fragte sie.

»Er ist im Gefängnis.«

»Und war er überrascht?«

»Bestürzt, Mylady. Er wiederholte ständig: ›Ich habe nichts getan, wie könnt ihr es wagen?‹«

»Aber ihr konntet es tun im Namen der Königin, und er *hat* etwas getan. Er hat sich der Königin gegenüber nicht als Freund erwiesen.«

Eine lange Weile saß sie lächelnd in Gedanken versunken, in Gedanken an seine schönen blauen Augen und seine helle schöne Haut.

Selbst wenn seine Augen noch schön sein sollten, so würden sie doch im Kerker trübe werden und seine helle Haut binnen kurzem fleckig und mit Pusteln bedeckt.

Endlich würde Brihtric merken, wie töricht er gewesen war, Matilda von Flandern zu demütigen.

Sie hatte nicht geahnt, wie groß sein Besitz war. Es gehörten Orte wie Tewkesbury, Fairford, Whitenhurst und Thornbury dazu. Er war ein reicher Mann gewesen, der arme Brihtric!

Sie dachte immer noch an ihn, es gelang ihr nicht, ihn aus ihren Gedanken zu verbannen.

Würde sie es je können? Am liebsten wäre sie zu ihm gegangen, um ihm noch einmal vorzuwerfen, was er getan hatte. Ahnte er, warum er im Gefängnis war? Hatte er noch jemals an jene Szene im Palast von Lille gedacht?

Törichter Brihtric! Was war ihm entgangen!

Und was wäre ihr entgangen! Wilhelm und Robert – diese beiden bedeuteten ihr am meisten. Nicht um alles in der Welt hätte sie sie hergeben wollen, und im tiefsten Herzen war sie froh, daß Brihtric sie verschmäht hatte. Aber er hatte sie gedemütigt, sie, die ihn heiß begehrt hatte, und eben das konnte sie nicht vergessen.

Er war bestraft worden, er hatte seinen Besitz verloren, er siechte im Gefängnis dahin. Aber es genügte noch nicht.

Es gab viele, die nur zu gern ihre Befehle ausführten. Sie erinnerte sich, wie Wilhelm einst mit denen verfahren war, die er beseitigen wollte. Mit einem Gefangenen war das einfacher als mit geladenen Gästen.

Wie herrlich war es, Macht zu besitzen! Dafür zogen Männer in den Krieg, dafür arbeiteten Frauen im geheimen – damit sie die Macht hatten zu sagen »das soll geschehen« und zu wissen, daß es geschehen würde.

Sie mußte nur eine zuverlässige Person beauftragen, einen bestechlichen Gefängniswärter zu finden. Das konnte nicht schwer sein. Und das war es in der Tat nicht.

Einen Monat nach seiner Einlieferung ins Gefängnis von Winchester fand man Brihtric Meaw tot in seiner Zelle.

Als Matilda die Nachricht bekam, wurde sie ein wenig traurig. »Er war ein so schöner Mann«, sagte sie, »einer der schönsten, die ich je kannte.«

Dann lächelte sie ihr verstohlenes Lächeln. Die Angelegenheit Brihtric Meaw, die ihre Gedanken so lange beschäftigt hatte, war abgeschlossen.

EIFERSUCHT

Wilhelm und Matilda waren glücklich über die Geburt ihres Kindes, eines Sohnes, wie sie es gehofft hatten.

Ihr Ansehen beim Volk stieg, denn ein auf englischem Boden geborener Sohn wurde als Engländer betrachtet und dementsprechend herzlich gefeiert. Sie nannten den Jungen Heinrich.

Wilhelm merkte, daß die Ankunft seiner Familie in gewisser Hinsicht die Einstellung des Volkes zu ihm verändert hatte. Man entdeckte menschliche Züge an ihm, was beiden Seiten zugute kam. Er wollte ihnen lediglich deutlich machen, daß er nur dann hart vorging, wenn es nötig war, und nicht um der Grausamkeit willen grausam sein wollte. Er war ein Herrscher, hatte ein hartes Leben gehabt und dem Tod so oft gegenüber gestanden, daß er ihn nicht mehr sonderlich beeindruckte. Für ihn gab es nur ein Mittel, aufrührerische Untertanen zu zähmen: die Furcht. Er wollte gefürchtet werden, jeder sollte wissen, daß er zu seinem Worte stand und keine Gnade kannte, wenn ihm der Gehorsam verweigert wurde; im übrigen wollte er alle Kraft daran setzen, ihnen Reichtum und Wohlstand zu verschaffen. Dieses Land hatte große Möglichkeiten, und er war entschlossen, sie zu entwickeln. Wer ihm aber im Wege stand, mußte damit rechnen, seinen Besitz zu verlieren, verstümmelt oder getötet zu werden, je nachdem, welche Strafe er für angemessen hielt.

Er wußte, daß die beiden störrischen Grafen, Edwin und Morcar, für einen großen Teil der Unruhen in England verantwortlich waren. Hätten sie treu zu Harald gestanden, wäre ihm die Eroberung vielleicht nicht gelungen. Von Anfang an war ihm klar, daß er diese Grafen im Auge behalten mußte, und er hatte bei seiner Ankunft Edwin eine seiner Töchter versprochen.

Adelisas Tod aber hatte ihn umgestimmt. Er hatte ein Pfand verloren und wollte mit den verbliebenen sparsam umgehen.

Diese Verbindung war ihm jetzt nicht mehr so wichtig. Überdies hatte er anderes im Kopf.

Seine Leidenschaft, Klöster, Kirchen, Türme zu bauen, hatte schon Früchte in England gezeigt. In Gundulph, Bischof von Rochester, hatte er einen Partner gefunden, der neben seiner religiösen Berufung auch ein fähiger Baumeister war. Die beiden Männer hatten viel Gemeinsames, und Gundulph war sehr angetan von Wilhelms Plan, an der Themse in London einen Turm zu errichten. Er fertigte einige Zeichnungen dazu an, die Wilhelm begeisterten. Einige Tage war der König vollkommen von seinen baukünstlerischen Ideen besessen und hatte für nichts anderes mehr Sinn.

Dann brachen plötzlich Unruhen aus.

Zunächst stellte Wilhelm fest, daß Edwin und Morcar ohne seine Genehmigung den Hof verlassen hatten.

Er war beunruhigt. Diese beiden waren im ganzen Land beliebt, und Wilhelm war sich durchaus klar, daß es unter der Oberfläche eines scheinbaren Gehorsams grollte. Es entging ihm auch nicht, daß viele seiner neuen Untertanen vermieden, ihm in die Augen zu sehen, wenn er vorbeiging, und hinter ihm mit den Fäusten drohten und Verwünschungen murmelten.

Die stets gefährdete Sicherheit in seinem eigenen Herzogtum hatte ihn darauf vorbereitet, eine Revolte in einem eroberten Land als durchaus wahrscheinlich anzusehen.

Edwin war einer jener schönen Sachsen, die wie Harald mit ihrem großen persönlichen Charme Menschen gewinnen konnten. Das konnte Wilhelm nicht. Er strahlte Macht und Stärke aus, flößte aber auch Angst ein, sogar seiner eigenen Familie, und unterschied sich dadurch grundlegend von Harald und Edwin mit ihrem guten Aussehen, ihren sanften Stimmen und ihren schönen blauen sächsischen Augen.

Die beiden Grafen hatten sich also abgesetzt – dann mußte er auf der Hut sein.

Wie recht hatte er! Edwin und Morcar konspirierten im Norden mit dem König von Schottland, der Wilhelm angreifen und in die Normandie zurücktreiben sollte. Wilhelm beschloß, sofort und mit solcher Strenge durchzugreifen, daß es sich diese Leute fortan zweimal überlegen würden, ehe sie sich wieder gegen ihn empörten.

Als erstes schickte er seine Familie zurück in die Normandie.

»Du mußt gehen«, sagte er Matilda, »wir müssen an die Kinder denken.«

Matilda sah das ein und fuhr mit ihren Söhnen und Töchtern in die Normandie zurück.

Wilhelm handelte schnell. Er erließ eine Anordnung, den sogenannten ›couvre feu‹, von den Sachsen bald ›curfew‹ genannt. Um acht Uhr erklang eine Glocke, und danach mußten alle Feuer gelöscht werden. Vorher hatten sich die Leute nämlich in der Dunkelheit zusammengefunden, um aufrührerische Pläne zu schmieden. Wenn die Feuer gelöscht waren, gingen sie zu Bett. Es war eine kleine, aber, wie es Wilhelm schien, notwendige Vorsichtsmaßnahme.

Dann stellte er ein Heer zusammen und marschierte nach Norden.

Dort zeigte er den Rebellen, wie schrecklich seine Rache sein konnte. Als sparsamem Hausvater widersprach es ihm, Ernten und Weideland zu zerstören, und gerade das tat er in rücksichtsloser Weise. Was nützte fruchtbares, blühendes Land, das ihm nicht gehörte? Diesen Leuten hier mußte klargemacht werden, daß sie mit dem Feuer spielten, wenn sie sich gegen ihn erhoben.

Als die Bewohner von Yorkshire ihr verwüstetes Land sahen, packte sie Entsetzen, und es herrschte allgemeine Trauer, als Earl Edwin erschlagen wurde.

Aber das Volk hatte eine Lektion gelernt.

Man nannte den König jetzt Wilhelm den Eroberer. Sie haßten ihn und fürchteten ihn, hatten aber verstanden, daß er in ihr Land gekommen war, um zu bleiben.

Auf seinem Rückweg nach Süden kam Wilhelm durch Gloucester. In diesem Gebiet hatte also Matilda durchaus Land besitzen wollen. Warum ausgerechnet hier, fragte er sich, da sie die Gegend ja nie gesehen hatte.

Wem hatten die Besitzungen gehört? Einem gewissen Brihtric, der ins Gefängnis gekommen war, fand er heraus. Niemand wußte genau, warum. Brihtric war offenbar ins Gefängnis gekommen, als Matilda sich das Land angeeignet hatte. Vielleicht hatte er sich gewehrt? Kein Wunder, wenn er ein solch schönes Besitztum verlieren sollte.

Sein leidenschaftlicher Hang zur Genauigkeit ließ ihn nicht ruhen, bis er die Einzelheiten erfahren hatte. Es war nicht schwierig. Matilda hatte Brihtric also als Gesandten an ihres Vaters Hof kennengelernt, und bevor Brihtric gestorben war, hatte er sein Geheimnis preisgegeben.

»Sie wollte mich heiraten«, hatte er gesagt, »sie machte mir den Antrag, sie, eine Prinzessin von Flandern. Aber ich liebte sie nicht. Ich war verlobt. Also haßte sie mich. Aber ich hätte nie geglaubt, daß sie sich so rächen würde.«

»Bei Gottes Herrlichkeit«, murmelte Wilhelm.

Sie hatte sich also gerächt. Alle diese Jahre hindurch hatte sie es nicht vergessen. Man rächte sich nicht auf diese Weise, wenn nicht ein starkes Gefühl dahinterstand.

Es war keine vorübergehende Laune gewesen, soviel stand fest. Man erinnerte sich nicht jahrelang vorübergehender Launen. Sie hatte über ihrem Verlust gebrütet. Sie hatte Wilhelm genommen, weil der Sachse sie nicht haben wollte.

Wen kannte man wirklich, wem konnte man vertrauen? Sie war eine treue Ehefrau gewesen, das könnte er beschwören.

Aber war sie auch in ihren Gedanken treu? Wie oft hatte sie sich, wenn sie zusammen waren, an seiner Statt Brihtric vorgestellt?

Er wußte, daß er kein großer Liebhaber war. Er war ein Feldherr, kein Schürzenjäger.

Er dachte an seine jahrelange Treue. Allerdings hatte er nie ein großes Bedürfnis nach anderen Frauen gehabt, und wenn es je einmal über ihn gekommen war, hatte er dieser Laune nicht nachgegeben, weil er das Band zwischen sich und Matilda als heilig empfand.

Und sie hatte die ganze Zeit über an diesen Sachsen gedacht!

Als er auf seinem Rückmarsch nach Süden in Canterbury Halt machte, fiel ihm die schöne Tochter eines der Domherrn der Kathedrale auf. Sie war jung und reizvoll. Das wäre doch so etwas wie eine Rache, dann brauchte er sich nicht mehr zu sagen: und ich war Matilda alle diese Jahre hindurch treu.

Das Mädchen war nicht abgeneigt oder wagte es nicht. Er galt als unberechenbar. Die neue Erfahrung war nicht unangenehm, lehrte ihn jedoch, daß er im Grunde kein Weiberheld war.

Er war in erster Linie Herrscher, dann kam seine Familie. Er brauchte keine Ablenkung von seinen militärischen und Regierungsgeschäften und auch keine anderen Reizmittel.

Aber gerade weil dieser kleine Seitensprung so ungewöhnlich war, hatte man ihn zur Kenntnis genommen.

Wilhelm war also auch nur ein Mensch.

Der Gouverneur von Winchester, Hugh Grantmesnil, war mit einer Frau verheiratet, die sich selbst für eine große und unwiderstehliche Schönheit hielt.

Bei einem Besuch Wilhelms in Winchester wollte sie seine Aufmerksamkeit erregen, weil es ihr reizvoll erschien, die Mätresse des Königs zu werden.

Daß er damals noch kein Interesse an Frauen bekundet hatte, machte ihn in ihren Augen nur noch anziehender.

Als er nach Winchester kam, tat sie alles, um seine Aufmerksamkeit auf sich zu lenken. Als Gouverneur mußte ihr Mann den König bewirten, und ihr fiel die Ehre zu, bei Tisch neben ihm zu sitzen, während ihr Mann hinter ihm stand und ihm aufwartete.

Sie trug ein ausgeschnittenes, mit üppiger Goldstickerei versehenes Gewand, das ihren Busen enthüllte, und war mit ihren lose auf die Schultern fallenden langen blonden Haaren wirklich eine schöne Frau.

Wilhelm schenkte ihr nicht mehr Beachtung, als wenn sie der Stuhl gewesen wäre, auf dem er saß. Die Unterhaltung der Männer über den Wiederaufbau eines Klosters interessierte ihn weit mehr, und während des ganzen Essens sprach er über die Baupläne des Towers von London.

Lady Grantmesnil war wütend. Dieser Mann sei kein Mann, erklärte sie ihren Dienerinnen, und tat von jetzt an alles, was sie konnte, um den König zu schädigen. Nicht, daß sie dazu viel Gelegenheit gehabt hätte, aber sie hatte schon seit geraumer Zeit entdeckt, daß gehässiger Klatsch und Tratsch – auch wenn er nicht der Wahrheit entsprach – viel Ärger bereiten konnte.

Trotz seiner Arroganz saß dieser Wilhelm nicht allzu fest auf seinem Thron. Er war nach England gekommen und hatte ihn König Harald weggenommen, was aber nicht notwendigerweise bedeutete, daß er deshalb schon ihm gehörte. Er hing in hohem Maße vom guten Willen des Volkes ab und mußte sich auf seine Anhänger verlassen können. Die Bewohner dieses Landes waren nicht leicht zu unterwerfen. Es würde häufig Aufstände geben, und wer weiß, ob der neue König bei einer dieser Gelegenheiten schließlich nicht doch ins Meer getrieben würde.

Das geschähe ihm recht, dachte Lady Grantmesnil. Er verdiente nichts Besseres, nachdem er ihre so unverhüllt gezeigte Gunst zurückgewiesen hatte.

Was konnte sie tun? Sie konnte kein Heer aufstellen, aber sie konnte reden. In ganz Winchester war sie bekannt für ihre boshafte Zunge.

So tauchten in ihren Gesprächen immer wieder die normannischen Ritter auf, denen die englischen Damen offensichtlich durchaus gefielen. Köstlich, sich die entsprechenden normannischen Ehefrauen daheim in ihren Burgen vorzustellen. Kein Wunder, daß ihre Männer nicht zurückkehren wollten. Warum sollten sie auch? Sie verbrachten ja eine äußerst vergnügliche Zeit in England.

Zwischen England und der Normandie verkehrten ständig Boten, und solche Nachrichten verbreiteten sich schnell. Die normannischen Damen wurden wütend und schrieben dringliche Briefe, daß ihre Männer sofort heimkehren sollten. Nicht nur auf ihren Besitzungen würden sie gebraucht, sondern auch von ihren Frauen.

Der Erfolg ließ nicht auf sich warten.

Lady Grantmesnil war jedesmal entzückt, wenn sie wieder von einem in die Normandie zurückgekehrten Ritter hörte.

Als sie aber von Wilhelms Seitensprung mit der Tochter des Domherrn erfuhr, fand sie es schlechthin unverzeihlich, daß er dieses einfache kleine Mädchen ihr vorgezogen hatte. Falls Königin Matilda noch nichts von der Untreue ihres Mannes wußte, sollte sie es umgehend erfahren.

Der Brief trug keine Unterschrift. Der Bote hatte keine Ahnung, wie er unter seine Post gekommen war.

Matilda las und wurde rot vor Wut. Wilhelm hatte sie zurückgeschickt, weil er angeblich um ihr Leben fürchtete – tatsächlich aber, damit er seiner Lust mit dem Mädchen in Canterbury frönen konnte.

Sie war beleidigt worden. Kaum hatte sie eine Demütigung gerächt, mußte sie eine weitere erdulden.

Dazu von Wilhelm! Sie hatte ihm immer vertraut, weil er sich nie über Gebühr nach anderen Frauen umgesehen hatte. Sie hatte geglaubt, er wäre ihr völlig ergeben.

Oft genug hatte er ihr gesagt, daß ihn nie eine andere interessiert hätte.

War sie ihm nicht stets treu gewesen?

Sie hatten eine vollkommene Ehe geführt, bis er sie durch seine Begierde auf diese Frau zerstört hatte.

Wie war sie? Sicher jung, hatte noch keine Kinder geboren. Ein Mädchen, jünger als seine eigenen Töchter. Es war eine Schande!

Aber sie würde sich rächen. Viele würden bereit sein, die Wünsche der Königin von England auszuführen. Sie hatte überall ihre Freunde, es waren *ihre* Freunde, nicht die Wilhelms.

Das Mädchen mußte sterben. Und ihr Gesicht sollte verstümmelt werden, weil dieses Gesicht Wilhelm gefallen hatte.

Lady Grantmesnil war entzückt über den Erfolg ihrer Flüsterkampagne.

Auch Gytha, die Mutter Haralds, die nie den schrecklichen Augenblick vergessen konnte, als sie in das harte Gesicht des Eroberers geblickt und um den Leichnam ihres Sohnes gebeten hatte, freute sich über die Gerüchte von seinen Missetaten. Wohl hatte Wilhelm indessen befohlen, den Leichnam Haralds in der Kirche von Waltham geziemend zu beerdigen, und an der Beerdigungsprozession hatten auch Normannen teilgenommen, um ihm die letzte Ehre zu erweisen. Und es war auch ganz klar, daß Wilhelm auf dem Schlachtfeld die Bitte der Mutter nur abgeschlagen hatte, um aus Harald keinen Märtyrer zu machen. Aber Gytha vergaß und vergab nicht, und verbreitete deshalb mit Vergnügen die Gerüchte über Wilhelms Härte. Und als sie merkte, wie verhängnisvoll es für ihn wurde, wenn immer mehr Normannen ihn verließen und in ihre Heimat zurückkehrten, sorgte sie dafür, daß die Geschichten von den Orgien, an denen

Normannen teilgenommen hatten, auch wirklich ihren Frauen zu Ohren kamen.

Als Wilhelm von dem Mord an dem jungen Mädchen hörte, das eine Zeitlang seine Geliebte gewesen war, begab er sich nach Canterbury.

Beim Anblick des schrecklich entstellten Gesichtes beschloß er, nach dem Mörder zu forschen. Er wurde gefunden, aber nicht bestraft, weil Wilhelm erfuhr, auf wessen Befehl er gehandelt hatte. Also war Matilda dahinter gekommen und würde sich gefragt haben, was ihn, den treuen Ehemann, so plötzlich verändert hatte.

Sie sollte es eigentlich wissen.

Was war sie doch für eine Frau! Wie leidenschaftlich in ihrem Haß! Er hatte immer gewußt, daß ihr Temperament dem seinen gleichkam.

Er wünschte, sie wäre bei ihm.

Wie wütend mußte sie über die Gerüchte geworden sein, wie herrlich in ihrem Zorn! Verletzt, bestürzt und von Mordlust erfüllt, weil Wilhelm, der ihr gehörte, einen Augenblick vom rechten Weg abgekommen war.

Seine Tage waren voll ausgefüllt, er hatte wenig Zeit, über Matildas Untaten zu brüten. Lanfranc war nach England gekommen, und er hatte ihn zum Erzbischof von Canterbury gemacht; jetzt besaß er wenigstens einen verläßlichen Freund in England.

Ansonsten waren diese Jahre voller Kämpfe, überall gab es Aufstände. Die Sachsen waren eine dickköpfige Rasse.

Auf der Insel Ely war eine geheimnisvolle und romantische Gestalt aufgetaucht: Hereward the Wake. Seine Ländereien waren konfisziert worden, als er sich auf dem Kontinent befand. Nach seiner Rückkehr vertrieb er jedoch die Normannen, denen Wilhelm die Besitzungen übertragen hatte, und dieser Erfolg ließ ihn zu einer legendären Figur werden.

Die Männer strömten zu seinem Banner, man schrieb ihm geheimnisvolle Kräfte zu und sagte, er sei vom Himmel auserwählt, die normannischen Eindringlinge zu vertreiben.

Der unvorsichtige Reisende, der sich in das oft in Nebel gehüllte Marschland wagte, das als Insel Ely oder Land Fen bekannt war, stellte plötzlich fest, daß er in stehenden Sümpfen und Seen zu versinken drohte, es war ein gefährliches Land, wo wilde Vögel hausten, deren seltsame Schreie durch den Nebel gellten und für Stimmen von Geistern gehalten wurden.

Wegen der Beschaffenheit dieses Gebietes fiel es den Normannen nicht leicht, die Aufständischen zu vertreiben, und weil Herewald ihnen weiterhin zu schaffen machte, wurde er bald der Liebling Englands. Die Geschichten von seinen Heldentaten machten die Runde, Legenden rankten sich um seinen Namen, und viele kühne Unternehmungen wurden ihm zugeschrieben.

Als eine dänische Flotte die Ouse heraufgesegelt kam, schlossen sich Hereward und seine Mannen ihr an; sie plünderten mit den Dänen die Abtei von Peterborough und stahlen den Klosterschatz in dem ziemlich naiven Glauben, ihn so vor den Normannen zu retten. Die Dänen waren natürlich begeistert, für so wenig Anstrengung soviel zu gewinnen, erwiesen sich aber als falsche Verbündete. Als Wilhelm ihnen nämlich anbot, sie unbehelligt ziehen und dazu noch im Besitz der Beute zu lassen, wenn sie ihre Freunde aus dem Fen-Land im Stich ließen, nahmen sie das fröhlich an und segelten unter Mitnahme des Schatzes der Abtei von Peterborough davon, ohne Rücksicht auf Hereward in seinen Sümpfen von Fen.

Letzten Endes trug keiner Gewinn von diesem Abenteuer davon, denn ein Sturm zerstörte den größten Teil der dänischen Flotte, noch ehe sie Dänemark erreichte. Der Schatz wurde zwar gerettet, ging aber in einem Feuer verloren, das die Überlebenden des Unternehmens zur Feier ihrer Rückkehr entzündet hatten.

Wilhelm war entschlossen, Hereward zu vernichten. Ihm war durchaus klar, daß eine Legende schwerer zu besiegen ist als ein Heer. Burgen niederzubrennen bereitete ihm keine Schwierigkeiten. Auf einem Rachefeldzug Städte und Dörfer zu verheeren, war eine ihm vertraute Art des Kampfes. Aber ein Heer durch nebliges Sumpfland zu führen, war eine andere Sache.

Oft verschwanden seine Männer im Nebel oder ertranken im Moor, daß sie schließlich voller Schrecken von einem Geisterland sprachen. Und Hereward konnte dem König weiter Trotz bieten.

Aber Wilhelm war nicht der Mann, sich einschüchtern zu lassen. Hereward mußte aus seiner Trutzburg vertrieben werden, schon um dem Volk zu beweisen, daß er auch nur ein Mensch war und als solcher nicht hoffen konnte, der Streitmacht des Eroberers zu widerstehen.

Als Wilhelm den Blick über diese Sümpfe schweifen ließ und auf den seltsamen Schrei der Wildvögel hörte, erkannte er, daß dieses Gebiet für Landtruppen uneinnehmbar war. Er würde Brücken über die Moore bauen lassen und feste Straßen anlegen. Danach würde er Hereward the Wake schlagen können.

Er kümmerte sich um jede Einzelheit, aber sogar er fühlte sich bedrängt von der seltsamen Atmosphäre dieser sumpfigen Wildnis. Doch er ließ sich nicht beirren. Er befahl, einen Turm zu bauen, und ließ eine Hexe dorthinschaffen, die die bösen Geister vertreiben sollte.

Und es kam so, wie er vorausgeahnt hatte. Er eroberte Ely, wie er alles andere erobert hatte. Hereward floh außer Landes, und man hörte nichts mehr von ihm.

Aber auch dann noch flackerten immer wieder Rebellionen auf. Der schottische König marschierte in England ein. Wilhelm trat ihm entgegen und trieb ihn zurück. Malcome war so entsetzt, Wilhelm auf schottischem Boden zu sehen, daß er sofort den Lehnseid schwor. Als siegreicher Eroberer marschierte

Wilhelm nach Süden. Sollten andere versuchen, sich gegen ihn zu erheben, so würden sie fortan bedenken, wie es denen ergangen war, die diesen Versuch vor ihnen gewagt hatten.

Das Volk von England begann sich allmählich mit der Tatsache abzufinden, daß Wilhelm sein König war und es auch zu bleiben gedachte. Jeder wäre schlecht beraten gewesen, der seine Herrschaft nicht anerkannt hätte.

In England herrschte Frieden, wenn auch ein unsicherer. Vier Jahre lang war Wilhelm in Kämpfe verwickelt gewesen. Sie waren schnell vergangen, weil er ständig unterwegs gewesen war, von der Insel Ely bis hinauf nach Schottland.

Nun, da es ruhiger geworden war, konnte er es wagen, das Land eine Weile zu verlassen, um in der Normandie seine Familie wiederzusehen.

»Bei Gottes Herrlichkeit«, sagte er, »vier Jahre sind eine lange Zeit der Trennung.«

FAMILIENSTREIT

Matilda erwartete ihn genauso freudig erregt wie immer. Vier Jahre! dachte er. Und sie war immer noch schön.

Ihr Lächeln war ungewöhnlich sanft und zärtlich, ihre Augen strahlten vor Freude.

Natürlich liebte sie ihn, lächerlich, daran zu zweifeln!

»Du bist dick geworden«, rief sie, »du hast in England zu gut gelebt.«

»Wenn du nicht da bist, gibt es für mich kein gutes Leben.«

Sie liebten sich, würden sich immer lieben.

Aber es gab auch Verstimmung zwischen ihnen.

»Ich weiß Bescheid über diesen Brihtric«, sagte er.

»Dessen Besitzungen ich nahm?« fragte sie leichthin.

Er ergriff ihren Arm und drehte sie mit einem Schwung zu sich herum. Sie hatte ganz vergessen, wie grob er sein konnte.

»Was hat er dir bedeutet?« fragte er.

»Er war der Besitzer der Ländereien, die ich wollte.«

»Und warum?«

»Weil ich sie haben wollte.«

»Weil du ihn haben wolltest, und er dich nicht wollte.«

Sie wurde dunkelrot. »Also hast du mir nachschnüffeln lassen. Wie kannst du es wagen!«

»Ich wage, was ich will«, antwortete er. »Und wenn ich irgend etwas über meine Frau erfahren will, werde ich es erfahren.«

»Und wenn ich irgend etwas über meinen Mann erfahren will . . .«

»Dann wirst du es zweifellos auch erfahren.«

»Was weiß ich denn?« rief sie leidenschaftlich, »was sollte ich alles wissen? Ich weiß Bescheid über die milchgesichtige Hure von Canterbury.«

Er lachte ihr ins Gesicht, außer sich bei dem Gedanken, daß sie diesen Brihtric so begehrt, daß sie, eine flandrische Prinzessin, dem Sachsen angetragen hatte, sie zu heiraten.

»Ein sehr ehrbares Mädchen», sagte er, »Tochter eines Domherrn.«

»Von ehrbar konnte nach der Begegnung mit ihrem geilen König wohl keine Rede mehr sein.«

»Ausgerechnet du machst mir Vorwürfe? Was ist mit dir und deinem Sachsen?«

»Ich nahm sein Land, er nahm mir nichts.«

»Du interessiertest dich immerhin so für ihn, daß du ihn ermorden ließest.«

Sie wurde blaß. »Wer hat dir das gesagt?«

»Ich habe mich erkundigt. Matilda, du bist eine gefährliche Frau.«

»Du hast lange gebraucht, um das herauszufinden.«

»Du nahmst ihm seinen Besitz. Warum? Du konntest ihn gar nicht gebrauchen.«

»Genau wie du, mein König, liebe ich Landbesitz.«

»Und schöne Sachsen.«

»Nicht in dem Maße wie du Huren aus Canterbury.«

»Alle diese Jahre hindurch hast du an diesen Sachsen gedacht. Wenn wir zusammenlagen, dachtest du an ihn. Du hättest lieber ihn genommen, aber da er dich nicht wollte, durfte Wilhelm von der Normandie einspringen.«

Sie kniff die Augen zusammen und sagte: »Von mir aus kannst du glauben, was du willst. Und wie oft hast du mich mit deinen Weibern betrogen?«

»Du hast ihn ermordet.«

»Ich bin nie auch nur in die Nähe des Gefängnisses gekommen.«

»Aber du hast ihn trotzdem ermordet. Man braucht nicht in der Nähe des Opfers gewesen sein, um doch vor Gott des Mordes angeklagt zu werden.«

»Du redest von Mord! Wie viele hast du mit deinen eigenen Händen erschlagen? Wie viele sind auf deinen Befehl getötet worden?«

»Was ich getan habe, tat ich für mein Land. Du tatest es, um deinen Stolz zu befriedigen.«

»Und als du den Bewohnern von Alençon Hände und Füße abhacken ließest, geschah das für dein Land? Nein, Wilhelm von der Normandie, König von England, Wilhelm, Eroberer von allem und jedem – denn das glaubst du doch? –, aber niemals von mir . . . nein, Wilhelm, es geschah um deines Stolzes willen. Sie nannten dich Bastard. Sie erinnerten dich, daß deine Mutter die

286

Tochter eines Gerbers war, darum verloren sie Hände und Füße. Meinetwegen befriedige deinen Stolz, wie immer du willst, aber bitte gebärde dich mir gegenüber nicht so edel. Ich kenne dich zu gut.«

»Allmählich lerne auch ich dich kennen. Du hast den Mann, den du geliebt hattest, ermorden lassen. Matilda, ich habe auch das Mädchen später noch einmal gesehen. . .«

»Hast du sie dann immer noch begehrt?«

Plötzlich hob er die Hand und schlug ihr ins Gesicht. Sie fiel hin und blickte lachend zu ihm auf. »Komm«, sagte sie, »schlag zu, er wäre nicht das erste Mal. Erinnerst du dich, wie du mich durch den Schmutz zogst, weil ich sagte, ich würde keinen Bastard heiraten?«

»Ich wünschte bei Gott, du hättest es nie getan.«

Da sprang sie auf. »Meinst du das wirklich?« fragte sie. »Wilhelm, willst du damit sagen, du wünschtest, du hättest mich nie geheiratet?«

Das Gesicht ihm zugewandt, klammerte sie sich an ihn, und plötzlich verflog sein Zorn. Das war Matilda . . . seine Matilda, der einzige Mensch auf der Welt, an dem er wirklich hing.

Er umfing sie mit beiden Armen und sagte: »Nein, nie . . . nie. Wie du auch bist . . . wie ich auch bin . . . wir sind für einander bestimmt.«

Nun lachte sie wieder. »Kein anderer auf der Welt außer dir hätte mir genügt. Brihtric der Sachse! Dieser einfältige Bauer mit einem Hasenherzen. Hätte ich ihn geheiratet, dann hätte ich ihn wohl aus anderen Gründen umgebracht, als ich dich kennenlernte. Er mußte sterben, weil er Wilhelms Frau beleidigt hatte. Die Königin von England, die Frau von Wilhelm dem Eroberer, konnte nicht dulden, daß er am Leben blieb. Bist du wirklich so töricht, das nicht zu wissen?«

Er sah sie an, blickte auf die roten Flecken, von seiner Hand geschlagen, und küßte sie.

»Deine Hände sind grob, Wilhelm«, sagte sie, »aber mir gefällt es, von ihnen gezeichnet zu werden. Damals behielt ich die Male wochenlang, und ich wollte weder Salben noch Öle, um meine Schmerzen zu lindern, weil du sie mir zugefügt hast.«

»Ich sah rot, als ich hörte, was du getan hast.«

»Wegen eines elenden kleinen Sachsen?«

»Ich konnte an nichts anderes denken, als daß du ihn begehrt hast.«

»Ich war ein Kind, Wilhelm, ein törichtes Mädchen. Nein, seit ich dich zum ersten Mal sah, habe ich nie einen anderen gewollt. Deswegen war ich so rasend, als ich von deiner Liebe zu diesem Mädchen hörte.«

»Das war keine Liebe. Es war Wut . . . Wut auf dich und Brihtric. Du hättest sie nicht so grausam strafen müssen.«

»Sie hat dich mir weggenommen.«

»Niemand hat das je getan oder wird es je tun.«

»Es sah so aus. Ich werde nie vergessen, wie ich davon erfuhr. Ich konnte nur noch an Rache denken, und die nahm ich.«

»An einem unschuldigen Mädchen.«

»Bitte, hör auf, um sie zu jammern, sonst muß ich denken, du hättest sie doch geliebt.«

»Wir hätten uns nie trennen sollen.«

»Denn«, fügte sie hinzu, »ich kann mich offensichtlich nicht auf dich verlassen.«

»Du kannst dich immer auf mich verlassen, solange ich weiß, daß du mich liebst und ich für dich der einzige bin – so wie du für mich.«

Und dann war es zwischen ihnen wieder so, wie es immer gewesen war.

Er betete um Ruhe in England, denn er wollte in der Normandie bleiben. Nur ihre Trennung hatte zu den Streitigkeiten zwischen ihm und Matilda geführt; wenn sie beieinander waren, war alles wieder in Ordnung.

Es schien ihm, als seien sie so glücklich wie zu Beginn ihrer Ehe. Er war hocherfreut, als Matilda wieder schwanger war.

An Ostern sollte Cecilia den Schleier nehmen, ihr Noviziat im Kloster war beendet.

Wilhelm und Matilda nahmen an der großen Feier teil.

»Es ist richtig, eine Tochter Gott zu geben«, sagte Wilhelm.

Allein in ihrem Zimmer sprachen sie über die Kinder. Richard war in England.

»Lanfranc ließ mich wissen, daß er ein eifriger Schüler sei. Er wird als mein Nachfolger ein guter König werden«, sagte Wilhelm.

»Er wird weniger hart sein.«

»Wir wollen hoffen, daß ich bis zu seiner Thronbesteigung England so befriedet habe, daß Härte nicht mehr vonnöten ist. Robert soll die Normandie bekommen, es juckt ihm jetzt schon danach in den Fingern.«

»Und Rufus? Und Heinrich?«

»Offensichtlich hast du mir zu viele Söhne geboren.«

»Oft genug hast du mir gesagt, ein König könnte nicht genug davon haben.«

»Wir werden bestimmt Besitzungen für sie finden, außerdem ist es für Herrscher und Könige günstig, Brüder zu haben. Auf Brüder sollten sie sich mehr verlassen können als auf Fremde.«

»Dennoch gab es in der Normandie stets Streit mit deinen Blutsverwandten. Und in England hätte sich die Lage anders entwickeln können, wäre Tostig auf Haralds Seite gestanden.«

»Ich kann meinen Söhnen nur wünschen, untereinander zusammenzuhalten. Viele standen gegen mich, weil ich ein Bastard war. Ich verstand ihr Argument. Hätte mein Vater meine Mutter geheiratet, wäre ich der eheliche Sohn, und in der Normandie wäre weniger Blut vergossen worden. Und wäre Tostig Harald ein so guter Bruder gewesen wie Gurth und Leofwine, könnte Harald noch König sein. Meine Söhne sollten also klüger als andere sein und bedenken, daß sie vereint stark, aber uneins schwach sein werden.«

»Ich bete mit dir, daß immer Einigkeit zwischen ihnen herrschen möge.«

»Ich habe beschlossen, Adela dem Grafen von Blois zu geben, dadurch bekommt Robert als Herzog der Normandie einen treuen Verbündeten. Ehe ich sterbe, möchte ich die Kinder gut untergebracht sehen.«

»Bitte, sprich nicht vom Sterben, du bist noch ein junger Mann.«

»Bei dir fühle ich mich so«, antwortete er. »Und nun haben wir in Cecilia eine heiligmäßige Nonne. Ich hoffe, sie wird nicht vergessen, für das Wohl ihrer Familie zu beten.«

»Das tut sie bestimmt.«

»Alan, Herzog der Bretagne, soll Constanze heiraten. Er war immer ein guter Verbündeter, und unsere Freundschaft wird dadurch gestärkt werden.«

»Bald werden sie alle außer Haus sein«, seufzte Matilda.

Es war viel zu tun. Reisen durch das Land, um sich dem Volk als Sieger zu zeigen, Staatsangelegenheiten, Besuche seiner verschiedenen Schlösser – das alles belebte Wilhelm. Besonders interessierte ihn Matildas wunderbarer, noch nicht ganz fertiggestellter Gobelin. Er zeigte die Eroberung Englands von der Landung Haralds in der Normandie bis zu seinem Tod in Hastings und maß 70 Meter in der Länge und 50 Zentimeter in der Breite.

Wilhelm bewunderte ihn sehr und wollte den fertigen Gobelin in der Kathedrale von Bayeux aufhängen lassen, wo er ihn oft betrachten würde.

Er konnte seine Augen nicht abwenden, die Erinnerung überkam ihn: wie Harald in seine Hände fiel, der strahlende Komet, die Landung in England und die Schlacht von Hastings.

Es war ein bleibendes Denkmal seines Sieges und würde die Jahrhunderte überdauern wie der Tower von London, der bei seiner Rückkehr wohl fertiggestellt wäre.

Aber er wollte noch nicht an die Rückkehr denken. Eine Zeitlang konnte er hier vielleicht Rebellionen vergessen und sich im Schoße seiner Familie ausruhen.

Matildas Kind wurde ein Mädchen. Sie nannten sie Gundred.

»Gut, daß es ein Mädchen ist«, sagte Wilhelm. »Was hätten wir einem weiteren Sohn noch geben sollen? Töchter kann man gut verheiraten und dadurch starke Bündnisse schaffen.«

»Bitte sprich nicht von meinen Kindern, als ob es sich um Bauern auf deinem Schachbrett handelte.«

Er lächelte sie an. »Was für Kinder haben wir hervorgebracht, Matilda! Eigentlich ist Richard am besten geraten. Er wird einen guten König von England abgeben. Lanfranc berichtet, daß er die nötigen Fähigkeiten dafür mitbringt.«

»Du solltest niemand vorziehen.«

»Das sagst ausgerechnet du! Wie steht's mit Master Kurzstiefel? Ist er nicht dein Herzenstrost?«

»Er ist mein Erstgeborener, und bitte nenn ihn nicht so. Er hört es nicht gern.«

»Dann muß er sich wohl oder übel damit abfinden. Bei Gottes Herrlichkeit, Matilda, ich habe genug von seiner Arroganz!«

»Da er dein Sohn ist, was kannst du anderes erwarten?«

»Komm, laß uns von einem angenehmeren Thema sprechen. Heinrich ist für die Kirche bestimmt. Ich möchte ihn mit nach England nehmen und Lanfranc anvertrauen.«

»Er setzt seine Lehrer in Erstaunen.«

»Eigenartig, daß wir einen Gelehrten hervorgebracht haben sollen! Kurzstiefel wird nie einer.«

»Er wird ein guter Heerführer werden, was vielleicht noch nützlicher ist.«

»Ich kann deine Lobeshymnen schon nicht mehr hören. Rufus entwickelt sich zu einem tüchtigen Burschen.«

»Ein Abklatsch deiner selbst. Das Temperament eines Teufels und ein passionierter Jäger.«

»Komm, habe ich nicht noch andere Qualitäten?«

»Ich frage mich, ob Rufus nicht immer im Schatten seines Vaters stehen wird, genau wie die anderen auch«, sagte Matilda nachdenklich.

Er lächelte sie zärtlich an, und sie fügte schnell hinzu: »Robert dagegen ist völlig anders.«

»Ich muß wohl notgedrungen den Vorurteilen einer Mutter Rechnung tragen.«

»Vergiß das nie«, sagte sie.

Robert war nervös. Er wünschte, sein Vater würde nach England zurückkehren, er haßte ihn. Seit seiner Kinderzeit hatte er sich in seiner Gegenwart bedrückt und minderwertig gefühlt. Wilhelm hatte ihn ›Kurzstiefel‹ genannt und ihm damit den Spitznamen gegeben, den er verabscheute. Warum mußte ein bedeutender Mann unbedingt groß sein? Waren Zentimeter so wichtig? Rollo war zu schwer für sein Pferd gewesen, Richard der Furchtlose, Robert der Prächtige, Wilhelm der Eroberer, sollten sie sich doch alle zum Teufel scheren. Dieser Stolz auf die Wikinger-Vorfahren! Sie sollten lieber beginnen, sie selbst zu sein, anstatt nur die Vergangenheit nachzuahmen. Er konnte den Namen Rollo nicht mehr hören. Er selbst, halb normannisch, halb flämisch, fühlte sich mehr zu den Flamen hingezogen, mehr zu seiner Mutter als zu seinem Vater. Auf seine Mutter konnte er sich verlassen, sie war mitfühlend und verständnisvoll. Er wußte, daß sie bei dem Vater seine Sache vertrat.

Neunzehn Jahre war er nun, alt genug, selbst zu regieren. Er sollte die Normandie bekommen. Wann? Sollte er bis zum Tode seines Vaters warten? Wie er aussah, hatte er noch viele Jahre vor sich. Und zu seinen Lebzeiten hatte Robert nichts zu vermelden, er war zwar der älteste Sohn, aber immer am Gängelband.

»Die Schwierigkeit mit meinem Vater liegt darin«, sagte er seiner Mutter, »daß er nie etwas hergeben kann. Alles in seiner Reichweite muß ihm gehören.«

Matilda antwortete: »Es ist schwer verdient.«

»Er hat die Normandie und England. Wie soll er beide Länder regieren? Wenn er in England ist, braucht er Regenten in der Normandie und umgekehrt. Wie soll das weitergehen? Er hat England gewählt, er ist lieber König als Herzog. Sehr gut, er ist der Allmächtige, der alles kann. Soll er England haben, aber die Normandie sollte mir gehören.«

»Laß ihn das nicht hören«, bat Matilda. »Er ist imstande und gibt sie Richard.«

»Richard soll König von England werden.«

»Dann Rufus.«

»Rufus, dieser rothaarige Narr!«

Matilda sagte: »Es kommt dir nicht zu, mein Sohn, über sein rotes Haar zu spotten.«

»Aber über meine kurzen Beine darf man sich lustig machen?«

»Niemand machte sich lustig, es war zunächst ein Kosewort. Aber nun bitte ich dich, vertrag dich mit deinem Vater.«

»Ich mich mit ihm vertragen! Es liegt doch an ihm, das zu entscheiden.«

»Du weißt, wie mich Streit zwischen euch aufregt.«

»Ihr denkt nur daran, ihn zu besänftigen.«

»Du weißt genau, daß ich auch an dich denke. Bitte, Robert, um meinetwillen, versuch, ihn nicht zu reizen.«

Roberts Zorn verflog, als er seine Mutter ansah. Er wußte, daß sie sein Freund war. In ihrer Loyalität wurde sie zwischen ihnen hin- und her gerissen. Wessen Partei würde sie wohl ergreifen, fragte er sich, wenn sie sich eines Tages entscheiden müßte?

Und es könnte notwendig werden, denn er hatte nicht die Absicht, so weiterzumachen.

Oben im Schloß saßen Rufus und Heinrich auf einem Balkon über einem Würfelspiel.

Obgleich Heinrich einige Jahre jünger als Rufus war, war er doch geistig so entwickelt, daß sie in dieser Beziehung als gleichaltrig gelten konnten, und so kam es, daß die Familie oft seine Jugend vergaß.

Plötzlich entdeckte Rufus unten im Hof seinen Bruder Robert mit dessen Gefährten, jungen Männern, die Robert sich absichtlich zu Freunden gewählt, weil sein Vater sie nicht leiden konnte. Es waren zynische junge Leute, die gern über die Stränge schlugen, und da sie wußten, daß sie nie die Gunst Wilhelms erlangen würden, schmeichelten sie Robert und warteten wie er auf den Tag, an dem Wilhelm wieder nach England zurückkehren würde.

Rufus, ein Heißsporn und zur Bosheit neigend, hatte auch seine Probleme. Robert beklagte sich immer, daß der Vater keine Anstalten machte, ihm das Herzogtum zu übertragen. Richard bereitete sich darauf vor, König von England zu werden. Aber was sollte aus ihm werden . . . und aus Heinrich? Was würde ihnen zufallen bei zwei großen Brüdern?

»Sieh dir bloß den alten Kurzstiefel da unten an«, sagte er zu Heinrich. »Er spielt sich auf, als sei er Herzog der Normandie, als gehöre das Schloß ihm und wir wären seine Vasallen.«

»Das ist alles wegen seiner kurzen Beine«, meinte Heinrich. »Wären sie länger, hätte er es nicht nötig, uns zu erzählen, er sei genau so gut, nein besser als alle anderen.«

»Und die Freunde, die er hat! Sie scheinen durch mich hindurchzusehen. Ich würde sie gerne daran erinnern, daß ich auch der Sohn eines Königs und eines Herzogs bin, wenn auch nicht der älteste. Komm, wir wollen ihnen einen Streich spielen.«

Auf dem Balkon stand schon seit längerer Zeit ein Krug mit Wasser, das mittlerweile etwas faulig geworden war.

Rufus ergriff ihn und schüttete seinen Inhalt über das Balkongeländer, genau auf Robert und die jungen Leute.

Rufus sprang zurück, und die beiden Jungen bogen sich vor Lachen, als sie die wütenden Schreie von unten hörten.

»Das wird ihnen eine Lehre sein«, sagte Rufus. »Das Wasser war ziemlich schmutzig, guck dir den grünen Schleim an. Ihre prächtigen Kleider werden ganz schöne Flecken bekommen haben.«

Den beiden Jungen schien das ein herrlicher Spaß, und Rufus wollte ihn wiederholen. Er balancierte den Krug auf dem Geländer und kippte ihn.

Da kam ein Aufschrei von unten.

»Seht mal nach oben«, rief eine Stimme.

»Bei Gott«, schrie Robert, »es sind diese verdammten Brüder. Denen werde ich etwas erzählen.«

»Schnell«, sagte Rufus. Sie liefen ins Zimmer und schoben einen schweren Riegel vor.

Kurz darauf wurde an die Tür gehämmert.

»Kommt heraus, ihr Gesindel!«

»Hau ab und sieh zu, daß deine Beine wachsen, Kurzstiefel«, rief Rufus.

»Ich bringe dich um, du unverschämter Kerl«, lautete die Antwort.

»Versuch's einmal«, schrie Rufus.

Heinrich hörte gespannt zu und bejubelte Rufus.

»Ihr wolltet mich beleidigen«, brüllte Robert, dessen Freunde inzwischen nachgekommen waren. »Ihr habt es absichtlich getan und glaubt, daß Vater auf eurer Seite stehen wird. Ich werde es nicht dulden. Ich werde dich mit meinem Schwert durchbohren, Wilhelm Rufus, und wir werden dann sehen, ob dein Blut so rot wie dein Haar ist.«

Sie hämmerten weiter an die Tür. Aber die war schwer, und Rufus betrachtete sie mit Seelenruhe. Allerdings, überlegte er, würde er nicht ewig hier bleiben können, und beim Herauskommen würde ihn Robert erwarten. Robert war impulsiv, er hatte ein heftiges Temperament, wie übrigens fast alle in der Familie, und er meinte, was er sagte, wenigstens im Augenblick.

Die Tür wackelte.

Er blickte auf Heinrich. »Sie schlagen sie ein.«

»Es ist wie eine Belagerung«, sagte Heinrich aufgeregt, »so ähnlich muß es sein, wenn eine Burg vom Feind eingenommen wird.«

Rufus bekam es jetzt wirklich mit der Angst zu tun. Er blickte sich um. Konnten sie über den Balkon flüchten? Die Höhe war zu groß für einen Sprung. Heinrich beobachtete die Tür kühl und abschätzend, wie es typisch für ihn war.

»Wenn ich bloß ein Schwert hätte, würde ich mit ihm kämpfen«, sagte Rufus.

Die Tür quietschte in den Angeln, dann bewegte sie sich ächzend nach innen.

Da stand Robert mit vor Wut blitzenden Augen, sein Rock beschmutzt von dem grünen schleimigen Wasser. Beim Anblick von Rufus zog er sein Schwert aus der Scheide.

»Nun wie steht's, mein kleiner Rufus? Was sagst du jetzt? Warte nur, bis ich deinen Hals mit dieser dünnen Stahlspitze aufschlitze. Wie wär's, wenn ich deine Augen ausstäche?«

»Hau ab«, schrie Rufus und zog sich an die Wand zurück.

»Und Heinrich«, spottete Robert. »Du bist genau so schuld, du unverschämter kleiner Schurke. Denk nicht, du kannst mir entwischen.«

Rufus lief zur Tür. Er war auf dem Balkon. Robert ließ Heinrich stehen und stürzte Rufus nach. Der lehnte am Geländer, sein Gesicht war noch röter als sonst und sein rotes Haar stand wild in die Höhe.

Eine donnernde Stimme rief von hinten: »Was ist hier los?«
Ihr Vater stand auf der Schwelle. Robert wandte sich ihm mit
erhobenem Schwert zu. Eine Sekunde später hatte auch Wilhelm
sein Schwert in der Hand. Die beiden Jungen sahen es mit Erleichterung. Jetzt konnte ihnen nichts mehr passieren. Ihr Vater
war ihnen zur Hilfe gekommen, und Robert würde bestraft
werden.

Wilhelm ging auf den Balkon. Robert blickte ihn finster an.
Ihre Schwerte kreuzten sich einige Sekunden lang, während sie
einander anstarrten. In seinem Haß auf den Vater hatte Robert
seine Wut auf die Brüder vergessen.

Mit einer verächtlichen Bewegung schlug Wilhelm Robert das
Schwert aus der Hand.

»Du wolltest also meine Söhne umbringen, wie?« sagte er.
»Sie sind noch so klein, daß du kühn wirst. Also los, laß uns sehen, wie du kämpfen kannst.«

»Ich . . . habe kein Schwert.«

»Und warum nicht? Hattest du es nicht voller Kampfesmut in
der Hand, als ich hereinkam?«

Robert konnte kein Wort herausbringen. Seine Demütigung
vor dem grinsenden Rufus war unerträglich.

»Komm«, sagte Wilhelm, »heb dein Schwert auf. Wenn du
unbedingt kämpfen mußt, werden wir kämpfen.«

Robert hob sein Schwert auf, aber im nächsten Augenblick
hatte es ihm Wilhelm schon wieder aus der Hand geschlagen.

»Du kannst es noch nicht einmal festhalten. Ich würde an deiner Stelle erst einmal lernen, mit einem Schwert umzugehen, ehe
ich so mutig damit herumfuchtelte.«

Mit einem wütenden Schrei sprang Robert dem Vater an den
Hals.

Wilhelm warf ihn mit einer Hand an die Balkonbrüstung und
ging mit dem Schwert in der anderen auf ihn zu. Zu Roberts
Glück kam Matilda hereingelaufen.

»Um Gottes willen«, rief sie, »Was geht hier vor?«

Wilhelm drehte sich zu ihr um. »Dein Sohn hat versucht, seine Brüder zu töten.«

»Sie haben mich beleidigt«, schrie Robert, »sie wollten mich und meine Freunde blamieren.«

»Wilhelm«, sagte Matilda, »bitte steck dein Schwert weg.«

»Vielleicht brauche ich es«, erwiderte er, »um mich gegen diesen deinen Sohn zu verteidigen. Er will offensichtlich Blut fließen sehen und droht, mich und seine Brüder zu erschlagen. Er ist jetzt, zugegeben, nicht mehr ganz so kampfeslustig wie vorhin, als ich eintrat. Wahrscheinlich hatte er nicht mit mir als Gegenspieler gerechnet. Er probiert sein Schwert lieber an unbewaffneten Kindern aus.«

»Wilhelm, bitte . . .«

Roberts Gesicht war wutverzerrt. Er wandte sich zu Matilda. »Die beiden haben mich beleidigt. Sie schütteten schmutziges Wasser auf mich und meine Freunde hinunter. Ich wollte ihnen nur eine Lektion erteilen.«

»Mit dem Schwert?« fragte Wilhelm.

»Ich wollte sie . . . nur erschrecken.«

»Und wurdest dann deinerseits erschreckt, Master Kurzstiefel.«

Entsetzt sah Matilda in beider Augen abgrundtiefen Haß.

»Es ist ein Sturm im Wasserglas«, sagte sie. »Die beiden Jungen sollen bestraft werden. Sie sollen lernen, daß man ältere Geschwister nicht mit Wasser begießt. Bitte, Robert, geh jetzt hinaus.«

Er war nur zu froh, den Schauplatz seiner Demütigung verlassen zu können.

Matilda wandte sich an die Jungen. »Geht in euer Zimmer«, sagte sie, »ihr werdet eine ordentliche Tracht Prügel bekommen. Du, Rufus, weil du der ältere bist, und du, Heinrich, weil du alt genug bist, um zu wissen, was du tust.«

Nun war sie mit Wilhelm allein.

»Eines Tages bringe ich den Jungen noch um«, sagte er.

»Er war wütend, weil sein schöner Rock beschmutzt wurde. Er hatte also allen Grund.«

»Ich glaube, er hätte Rufus durchbohrt.«

»Rufus kann einen in Wut bringen. Er denkt nie an andere, nur an seinen Spaß und sein Vergnügen.«

»Aber er ist sein Bruder.«

»Und du bist ihr Vater. Was verlangst du von deinen Kindern, Wilhelm Sanftmut?«

»Ich verlange gesunden Menschenverstand. Richard hat ihn, warum nicht die anderen auch?«

»Richard scheint ein Heiliger zu sein.«

»Ich danke Gott, daß er mein zweiter Sohn ist, und ich ihn zum König von England machen kann. Robert wäre dazu nicht in der Lage, er würde nie das Regierungsgeschäft verstehen, er läßt sein Urteil von Gefühlen diktieren, das taugt nicht für einen Herrscher. Was Rufus angeht . . .«

»Hör auf, Wilhelm. Rufus ist noch jung, und Robert ist gereizt, weil er jetzt erwachsen ist und noch keine ihm angemessene Aufgabe hat. Wenn er die erst hat, wirst du sehen, wie er sich ändert.«

»Ich möchte diese Änderung vorher sehen, ehe ich ihm Macht übertrage.«

Trotz ihrer Beunruhigung war Matilda dankbar, daß sie rechtzeitig dazwischen getreten war. Vielleicht war es gar nicht so schlecht, daß Wilhelm bald nach England zurückkehren und Robert in der Normandie bleiben würde.

Wenn sie zu nahe aufeinander blieben, würde es sicher noch so weit kommen, daß einer dem anderen ein Leid antäte.

An jenem Tag verließ Robert das Schloß zusammen mit seinen Freunden.

Er beabsichtige nicht, sagte er, länger mit seinem Vater unter demselben Dach zu bleiben. Er sei es leid, immer noch wie ein Kind behandelt zu werden. Sein Vater solle wissen, daß er Freunde habe, gleichgesinnte Freunde.

Irgendwie klang dieser letzte Satz drohend.

Matilda war verzweifelt. Es gab nur zwei Menschen auf der Welt, die sie wirklich liebte, Wilhelm und Robert, und ausgerechnet diese beiden haßten einander.

Sie versuchte, mit Wilhelm vernünftig zu reden.

»Er ist dein Sohn, Wilhelm. Versuch ihn zu verstehen. Er ist kein Junge mehr, und es ist nur natürlich, wenn er sich ärgert, beiseite geschoben zu werden.«

»Er muß mir erst zeigen, daß er fähig ist zu regieren, ehe ich ihm die Macht, die er verlangt, übertrage.«

»Er wird es zeigen. Das verspreche ich, Wilhelm.«

»Matilda, warum bist du so blind, wenn es um ihn geht? Ich habe dich immer für eine urteilsfähige Frau gehalten.«

»Das bin ich auch, Wilhelm. Ich kenne meinen eigenen Sohn, und ich kenne meinen Mann. Sie sind sich so ähnlich, daß sie sich streiten müssen. Würdest du mit ihm sprechen, wenn er zurückkäme?«

»Wenn er vernünftig redete, ja.«

»Er wird vernünftig reden.«

»Seine Freunde gefallen mir nicht. Merkst du nicht, daß er sie sich aus den Kreisen holt, denen ich mißtraue?«

»Wenn du nur versuchen wolltest, ihn zu verstehen, wäre ich glücklich. Diese Zwietracht zwischen euch beunruhigt mich. Er ist jung, und ich habe Angst, deine Feinde könnten seine Jugend ausnutzen.«

»Und dazu noch seine Torheit und seine Illoyalität. Daran zweifle ich nicht.«

»Wilhelm, ich werde ihn bitten, zurückzukommen und mit dir zu sprechen. Versprichst du, ihn zu empfangen und um meinetwillen zu versuchen, zu irgendeiner Einigung zu kommen?«

Schließlich ließ er sich überreden. Dann machte sich Matilda daran, ihren Sohn zu bitten, zurückzukommen und sich um eine Aussöhnung zu bemühen.

Robert kam, aber nicht gerade in demütiger Verfassung.

Wilhelm war zu einer vernünftigen Verständigung bereit, einmal um Matilda einen Gefallen zu tun, und zum anderen, weil er erkannte, daß ein Sohn, noch dazu der älteste, der in der Normandie umherzog und Anhänger um sich sammelte, nur Unheil stiften konnte.

Robert spürte das und legte es falsch aus. Er glaubte, seinen Vater zwingen zu können, seine Bitte zu erfüllen. Er kannte den Eroberer schlecht.

»Mir ist die Normandie versprochen worden«, sagte er. »Ich bin kein kleiner Junge mehr und habe es satt, als solcher behandelt zu werden. Ich verlange mein Erbe.«

»So, du verlangst es?« fragte Wilhelm gefährlich ruhig.

»Ja, ich verlange mein Recht.«

»Und wer hat dir dieses Recht zugesprochen?«

»Ich bin Euer ältester Sohn.«

»Unglücklicherweise, wie ich oft feststellen mußte.«

»Ich weiß, Euch ist Richard lieber und Rufus sogar Euer Liebling. Ihr würdet die Normandie noch lieber Heinrich geben als mir. Aber das könnt Ihr nicht, ich bin Euer Erstgeborener.«

»Glaubst du wirklich, ich könnte nicht tun, was ich wünschte? Wie kommst du auf diese Idee?«

»Ihr habt es mir versprochen . . .«

»Ich habe nichts versprochen. Du hast auf schlechte Ratgeber gehört, Master Kurzstiefel, und sie versuchten, dich vom Wege der Pflicht abzubringen. Erinnerst du dich, was Absalom geschah? An deiner Stelle würde ich es überdenken.«

»Ich bin nicht hergekommen, um mir Predigten anzuhören«,

gab Robert zurück, »davon habe ich genug bei meinen Lehrern gehabt. Ich kam hierher, um mein Recht zu verlangen. Ich möchte mein Erbe ohne weitere Verzögerung.«

»Dann hör gut zu«, schrie Wilhelm. »Es ist nicht meine Gewohnheit, mich nackt auszuziehen, ehe ich zu Bett gehe. Solange ich lebe, beabsichtige ich nicht, die Normandie aufzugeben, noch sie zu teilen, denn es steht geschrieben: ›Jedes Königreich, das gegen seinen Willen aufgeteilt wird, soll veröden.‹«

»Ihr führt eine fromme Sprache«, spottete Robert, »in Eurem Bemühen, mir zu erklären, warum Ihr mir mein Recht verweigert.«

»Vergiß nicht, daß du von mir abhängst in bezug auf dein sogenanntes Recht. Ich gewann England mit meinem gutem Schwert. Die Statthalter Christi setzten mir die Krone der früheren Könige auf und gaben mir das Zepter in die Hand, und wenn sich die ganze Welt gegen mich erhöbe, würden sie mich nicht zwingen, meine Macht an einen anderen abzutreten.«

»Ihr habt mir versprochen. . .«

»Ich habe nichts versprochen. Ich werde nicht dulden, daß derjenige, der mir sein Leben verdankt, in meinem eigenen Reich mein Rivale werden will.«

»Wie wollt Ihr das verhindern?« fragte Robert zornig.

»Mit meinem Schwert«, antwortete Wilhelm, »dem gleichen, das schon viele Rebellionen niedergeschlagen hat. Und bei Gottes Herrlichkeit, es wird mir wieder dienen, gleichgültig wann und wo.«

»Es hat den Anschein, daß mir von Fremden mehr Gerechtigkeit widerfährt als von meinem Vater.«

»Es geht dir also um Gerechtigkeit. Glaubst du, ich hätte in dir den gefunden, dem ich gerne einen Teil meines Herrschaftsgebietes abtreten würde?«

»Wenn Ihr Euer Wort nicht haltet, ist es besser für mich, die Normandie zu verlassen.«

302

»Ich bin sicher, wir würden beide glücklicher sein.«

»Ich, von Rechts wegen der Herzog, will hier nicht als Untertan bleiben.«

Robert verbeugte sich kurz und verließ seinen Vater.

Wilhelm setzte sich und starrte vor sich hin. War das sein Erstgeborner, dieser junge Mann mit haßerfüllten Augen, dem der Vater nichts bedeutete, der nur an sein Erbe dachte?

Er erinnerte sich des Tages, an dem Robert geboren wurde und wie stolz er und Matilda gewesen waren, wie sie um einen Sohn gebetet hatten, einen Sohn als Glück ihres Lebens.

Und Gott hatte ihm Kurzstiefel gegeben!

Matilda erwartete ihren Sohn.

Sie schloß ihn in die Arme und preßte ihn an sich.

»Wie war es?«

»Er ist das dickköpfigste, arroganteste Schwein . . .«

»Robert, du sprichst von deinem Vater!«

»Daran hat er mich ständig erinnert. Gott, wie ich ihn hasse!«

»Nein, Robert, nein.«

»Es hat keinen Zweck, nein zu sagen, Mutter. Die Antwort lautet ja. Er hat mich immer gehaßt und ich ihn.«

»Er ist dein Vater und ein großer Mann, manche halten ihn sogar für den größten seiner Zeit.«

»Er mag sich dafür halten, ich nicht. Es wird nicht immer so bleiben, wie es jetzt ist.«

»Aber was sagte er? Er hat dir offensichtlich nicht versprochen, dir das zu geben, was du willst.«

»Er wird nichts geben. Er zöge sich nicht nackt aus, ehe er nicht ins Bett gehe, sagte er.«

»Aber er wird bald nach England gehen. Sicher . . .«

»Ihr kennt ihn nicht, Mutter. Er klammert sich an alles, was er hat. Wißt Ihr nicht, daß er der geizigste Mensch unter der Sonne ist?«

»Er hat immer gesagt, daß du die Normandie bekommen solltest.«

»Wenn er tot ist. Bis dahin werde ich ein alter Mann sein . . .
aber ich bin entschlossen, nicht zu warten.«

»Was meinst du damit, Robert?«

»Ich gehe von hier fort.«

»Aber wohin willst du gehen?«

»Fort von ihm. Er soll nicht denken, ich hätte keine Freunde.
Ich habe viele, die der Herrschaft des Bastards überdrüssig sind.
Laßt ihn nach England gehen. Er ist stolz auf das, was er mit
seinem guten Schwert gewonnen hat, so beglückt, daß ihm die
Statthalter Christi eine Krone aufs Haupt setzten. Aber ich
werde nicht zulassen, daß er behält, was mir gehört.«

»Du darfst nie die Waffen gegen deinen Vater erheben.«

»O Mutter, Ihr sprecht töricht. Er ist zunächst mein Feind
und dann mein Vater.«

»Wohin wirst du gehen?«

»Darüber habe ich noch nicht nachgedacht. Aber seid sicher,
es gibt viele, die mich gerne aufnehmen.«

»Seine . . . Feinde!«

»In der Tat, wenn sie meine Freunde sind.«

Matilda schwieg. Dann sagte sie: »Geh nach Flandern. Mein
Bruder wird dich aufnehmen. Mir zuliebe wird er sich um dich
kümmern. Du wirst Geld brauchen, warte einen Augenblick.«

Sie ging weg und kam mit einem Beutel zurück, in den sie eilig
einen Teil ihres wertvollsten Schmuckes getan hatte.

»Nimm das«, sagte sie, »geh nun, und paß auf, daß dich dein
Vater vorher nicht mehr sieht. Ich weiß, sein Zorn wird schrecklich sein. Und Robert, mein Sohn, halte mich auf dem laufenden, versprich, mich wissen zu lassen, wie es dir geht.«

Er umarmte sie zärtlich.

»Möge Gottes Segen mit Euch sein«, sagte er.

»Und mit dir«, antwortete sie.

Vom Turmfenster aus sah sie ihm nach, als Wilhelm zu ihr trat. Sein Gesicht war dunkelrot angelaufen, und sie vermutete, daß er sehr gereizt worden und noch wütend war.

»Er ist fort«, sagte er.

»Wer?« fragte sie.

»Kurzstiefel.«

»Aber er ist ja gerade erst angekommen.« Wilhelm sollte nicht erfahren, daß Robert bei ihr gewesen war, es würde ihn nur noch zorniger machen.

»Ich habe nie geglaubt, daß ein Sohn in dieser Weise mit mir sprechen würde.«

»O Wilhelm, das macht mich so unglücklich.«

Er legte den Arm um sie. »Wir werden noch mehr Ärger mit diesem Sohn bekommen, Matilda.«

»Ich hoffe nicht.«

»Meine Feinde werden ihn ausnutzen, und er ist so töricht, ist so ein junger, unerfahrener Dummkopf.«

»Als du so alt warst wie er jetzt, warst du schon seit Jahren Herzog der Normandie. Wie viele Schlachten hattest du schon geschlagen und gewonnen!«

»Darin liegt der Unterschied. Er ist ein Junge, ich war ein Mann. Er verlangt das von mir, worum ich mein ganzes Leben lang gekämpft habe. Er will es einfach so haben. Mein Gott, ich hätte ihn umbringen können und mich gefreut, ihn sterben zu sehen.«

»Ich bitte dich, sprich nicht so.«

»Du wirst die Wahrheit über ihn erkennen müssen, Matilda. Er ist nicht unser Freund. Er ist zügellos, seine Freunde gefallen mir so wenig wie sein Lebensstil. Er ist extravagant. Er liebt das Spiel und die Gesellschaft liederlicher Frauen. Er ist nicht mein Sohn.«

»Du verlangst zuviel von den Menschen, Wilhelm. Du kannst von deinen Söhnen nicht die gleiche Hingabe erwarten wie du sie immer bewiesen hast. Dir kommt keiner gleich, jetzt und in Zukunft nicht.«

Er legte ihr den Arm um die Schultern. »Du hast mir geholfen, das zu werden, was ich bin. Bei allen Prüfungen denke ich an dich, und diese hier ist mitnichten die geringste. Daß sich unser Sohn gegen uns wendet, Matilda!«

»Es ist kindische Aufsässigkeit.«

»Nein, das glaube ich nicht. Wir müssen ihn im Auge behalten. Ich weiß, was er im Schilde führt, er will unter meinen Feinden Aufruhr stiften. Er wird Unterstützung finden, wenn auch nicht lange, denn er hat nicht die Mittel, ihre Unterstützung zu erkaufen. Er wird bald erkennen, daß es falsche Freunde sind. Gott sei Dank ist unser Erstgeborener ein Dummkopf, Matilda. Gott wird ihn strafen, du wirst es sehen. Komm, es gibt angenehmere Themen. Wir wollen ihn vergessen, bis ich ihn vielleicht lehren muß, was es heißt, die Waffen gegen mich zu erheben.«

Matilda schauderte. Sie sagte ihm nicht, daß sie ihrem Sohn ein kleines Vermögen an Juwelen gegeben hatte, das ihn womöglich instand setzen konnte, die Waffen gegen seinen Vater zu erheben.

Wie konnte sie sagen: Du bist mein Mann und er ist mein Sohn, ich werde zwischen euch zerrieben, denn ich liebe euch beide.

Wilhelm benahm sich, als ob er die Existenz Roberts vergessen hätte. Er wandte seine Aufmerksamkeit der Verheiratung seiner Töchter zu. Alan von der Bretagne war für Constanze ausersehen und Stefan von Blois für Adela. Die Feierlichkeiten fanden in großem Rahmen statt, und Wilhelm war mit den Verbindungen sehr zufrieden.

Aber er war schon zu lange von England abwesend und mußte sich wieder einmal um die Verhältnisse drüben kümmern.

Der Gedanke an Robert beunruhigte ihn. Wo war er? Er war nicht sicher, ahnte aber, daß Robert Unheil plante.

Ein Mann genoß sein volles Vertrauen: Roger de Beaumont.

Viele Jahre war er schon sein enger Freund. Er war ein fähiger Minister und dabei ein gelehrter Mann und hatte schon Jahre vorher bei der Erziehung der Kinder ein Wort mitgesprochen. Wilhelm wußte, daß Roger in einer Lage, die Fingerspitzengefühl erforderte – wenn Robert sich etwa zu einer Dummheit hinreißen ließ – klaren Kopf behalten und ihn stets richtig informieren würde.

Ehe er die Normandie verließ, führte er geheime Besprechungen mit Roger.

»Die Königin ist klug und auch gewitzt«, sagte er, »und eine verdienstvolle Regentin, aber es könnte eine unangenehme Situation entstehen, da mein Sohn von hier weggegangen ist und womöglich illoyale Pläne schmiedet. Ich bitte Euch, in meiner Abwesenheit die Lage hier fest im Griff zu behalten.«

»Verlaßt Euch auf mich«, erwiderte Roger.

»Das tue ich mit voller Überzeugung. Ich kann ruhigen Herzens nach England gehen, wo meine Anwesenheit dringend erforderlich ist, weil ich Euch hier weiß.«

So fuhr Wilhelm also nach England und nahm Rufus mit. Heinrich ließ er zurück, denn er hatte noch keine Pläne für seine Erziehung und auch Lanfranc noch nicht zu Rate gezogen. Außerdem verwahrte sich Matilda dagegen, daß ihr alle Kinder genommen werden sollten.

Wie einsam es doch ohne ihre Familie war. Matilda fühlte sich müde und alt. Sie brauchte die Anregung des Familienlebens. Mit den dramatischen Streitigkeiten zwischen Wilhelm und Robert konnte sie besser fertig werden als mit dieser Langenweile.

Nichts gegen die Gobelinstickerei. Es half über vieles hinweg, die großen Ereignisse darzustellen, aber ihrem Temperament entsprach es mehr, an dem aufregenden Geschehen selbst teilzuhaben.

Ich werde alt, seufzte sie. Sie war beinahe fünfzig, und es war vielleicht an der Zeit, sich zu bescheiden, aber das würde sie wohl nie lernen.

Manchmal wünschte sie beinahe, England wäre nie erobert worden, dann wäre sie nicht so oft allein gewesen. Für sie waren die schönsten Zeiten, als die Kinder noch klein und Wilhelm in der Normandie war.

Und doch hatte der Traum von England sie immer begleitet, aber wie so oft bei Träumen war die Erwartung aufregender als die Erfüllung. Letzten Endes war der König von England nur ein Mann, der ständig auf der Hut sein mußte und gefaßt auf Verrat und Aufruhr, gehaßt von seinen Untertanen sowohl in England wie in der Normandie. Was England betraf, so war das nur natürlich. Die Sachsen fügten sich nicht leicht unter das normannische Joch. Wilhelms Leben war eine nie abreißende Folge von Schlachten, um das Gewonnene zu halten. Und in der Normandie gab es auch keinen Frieden.

Ein Bote begehrte Einlaß.

Nachricht von Wilhelm? fragte sie sich freudig erregt. Aber der Bote kam nicht von Wilhelm, sondern von Robert.

Er war in äußerster Not und bat um ihre Hilfe. Was sie ihm mitgegeben hatte, war aufgebraucht. Er mußte standesgemäß leben und für die einfachen Männer unter seinen Anhängern aufkommen.

Sie schickte den Boten weg, damit er sich etwas stärke, und lehnte sich mit geschlossenen Augen zurück.

Sie konnte sich Robert, ihren geliebten Sohn, so gut vorstellen. Die Prunkliebe hatte er von seinem Großvater gleichen Namens geerbt, Robert dem Prächtigen. Wilhelm verstand seinen Sohn nicht, er war viel zu sparsam, ja, um der Wahrheit die Ehre zu geben, geizig. Er verabscheute es, Geld auszugeben, es sei denn, es brächte Zinsen ein. Ein extravaganter Lebensstil lag ihm nicht. Er gab nur Geld für seine Soldaten aus, für den Bau von Burgen und die Gründung neuer Gewerbe. Die Hochzeiten seiner Töchter allerdings hatte er üppig gefeiert, aber nur, um dem Volk zu zeigen, daß er diese Heiraten billigte, und zwar aus dem einzigen Grunde, weil er mit den Ehemännern mächtige Verbündete gewonnen hatte.

Nein, Wilhelm konnte nie einen so fröhlichen und charmanten Mann wie Robert verstehen, weil ihm der Sinn dafür fehlte, daß die aus seiner Sicht gewiß vorhandenen Fehler auch liebenswerte Schwächen sein konnten, während zu große Zielstrebigkeit eine oft abstoßende Unnahbarkeit zur Folge hatte.

Robert in Schwierigkeiten! Das durfte nicht sein. Er sollte wissen, daß er sich in solchen Fällen immer an seine Mutter wenden konnte. Sie war von Hause aus reich. Wilhelms Vorsicht hatte auch auf sie abgefärbt, ihre Schmucktruhen waren bis zum Rand gefüllt.

Robert sollte nicht vergeblich bitten.

Roger de Beaumont bat eintreten zu dürfen. Früher hatte sie ihn ganz gerne gemocht, aber nun hielt sie ihn nur noch für einen Wachhund. Wilhelm hatte vor der Abreise sein Loblied gesungen.

»Wende dich immer an Roger, verlaß dich auf ihn. Er ist ein guter Mann.« Das war er zweifellos. Sie seufzte.

»Nun, Roger, was gibt es? Ich sehe, Ihr seid beunruhigt.«

»Mir gefällt nicht, was ich gehört habe. Lord Robert zettelt überall in der Normandie Unruhen an. Wahrscheinlich versucht er, ein Heer aufzustellen und das Herzogtum mit Gewalt zu nehmen.«

Matilda versuchte ihr Erschrecken mit einem Lachen zu verbergen.

»Roger, überlegt einmal, wie sollte das möglich sein?«

»Er ist leichtsinnig und jung.«

»Seinem eigenen Vater das Herzogtum wegnehmen!«

»Mylady, Ihr wißt, daß er damit gedroht hat.«

»Drohungen bedeuten gar nichts. Er würde nie die Waffen gegen seinen Vater erheben.«

»Im Augenblick befindet sich einer seiner Boten im Schloß.«

Matilda hob in gespieltem Erstaunen die Augenbrauen. Wieviel wußte Roger de Beaumont?

»Ich werde ihn hier festhalten.«

»Warum?«

»Ich halte es nicht für im Interesse des Königs, daß seine Feinde ungehindert Beziehungen zum Schloß unterhalten.«

»Vielleicht seht Ihr das richtig.«

»Ich wußte, daß Ihr mir zustimmen würdet.«

»Ich glaube nicht einen Augenblick, daß Robert daran denken könnte, die Waffen gegen seinen Vater zu erheben, aber ich bin sicher, Wilhelm würde Eure Entscheidung billigen.«

Roger verneigte sich und ging.

Wieder allein, überdachte Matilda die Lage. Natürlich würde Robert die Waffen gegen Wilhelm erheben. Seine Freunde – und sicher waren es ihrer viele – würden ihm das raten. Ihr eigener Bruder hatte Wilhelm nie gemocht, und als König von England wurde er immer verhaßter. Den herzoglichen Bastard hatten sie verspottet, weil seine Mutter die Tochter eines Gerbers gewesen war; aber seit er den Titel des Eroberers gewonnen hatte, konnten sie ihn nicht mehr verachten und brachten ihm daher Neid und Mißgunst entgegen.

Das wußte sie. Sie bewunderte Wilhelm mehr als jeden anderen Mann. Sie liebte ihn, er war ein Teil ihrer selbst. Sie konnte sich ein Leben ohne ihn nicht vorstellen, genauso wenig wie er. Aber Robert war ihr Sohn.

Wilhelm liebte die Kinder nicht so wie sie, vor allem nicht so, wie sie Robert liebte, den anderen brachte auch sie nicht ein derart starkes Gefühl entgegen, obgleich der Tod der kleinen Adelisa ihr sehr nahe gegangen war. Armes kleines Ding, das aus Liebe zu dem Sachsen Harald gestorben war, an gebrochenem Herzen, wie viele sagten. Wie sich doch ihre Kinder von ihnen selbst unterschieden! Adelisa war aus Liebe gestorben, sie, Matilda, hatte den Mann, der sie verschmäht hatte, ermorden lassen. Roberts ganzes Trachten war auf die Herzogswürde gerichtet, und zweifellos würde er darum kämpfen. Er war mutig, aber auch leichtsinnig. Tief in ihrem Herzen wußte sie, daß er nie gegen seinen Vater ankommen würde.

Und er steckte in Schwierigkeiten, er brauchte Hilfe.

Einen Mann ihres Hofstaates kannte sie als besonders vertrauenswürdig, einen gewissen Sampson. Sie verabredete ein geheimes Treffen mit ihm, denn sie war entschlossen, ihren Sohn nicht im Stich zu lassen, koste es, was es wolle.

Wilhelm war sehr korpulent geworden. Scherzend sagte man, er werde Rollo immer ähnlicher, und bald gäbe es kein Pferd mehr, das stark genug sei, ihn zu tragen.

Seit dem Streit mit Robert war er mürrisch geworden, wie immer, wenn er von Matilda getrennt war. Habgierig, wie er war, liebte er seine Besitzungen, ärgerte sich jedoch, sie ständig verteidigen zu müssen.

Seine Söhne Richard und Rufus waren mit ihm in England. Rufus liebte die Jagd wie er, und sogar Richard folgte gern dem

Wild, dem Eber, dem prächtigen Hirsch. Nur die Jagd konnte Wilhelm aus seinen trüben Stimmungen reißen. Man sagte von ihm: »Der König liebt die wilden Tiere wie ein Vater.«

Die großen Wälder sollten unbedingt erhalten werden. Er hatte sogar neue anlegen lassen, vor allem einen in Hampshire, den sogenannten ›Neuen Wald‹. Dazu war es nötig gewesen, die dort wohnenden einfachen Leute aus ihren Häusern zu vertreiben.

Man haßte ihn, er war und blieb der Eroberer. Deswegen schlug er mit harten Gesetzen zurück. Jeder, der ein wildes Tier erlegte, verlor seine Augen. Da viele Bauern von solchen erbeuteten Wildtieren gelebt hatten, empfanden sie diese Bestimmung als hart und grausam.

Weil ihn das Volk nicht akzeptieren wollte, war er entschlossen, ihnen zu zeigen, wer der Herr war. Ihrer Abneigung begegnete er mit äußerster Gleichgültigkeit. Sie sollten sich in acht nehmen; wenn sie seine Gesetze brachen, würde er keine Gnade kennen.

Sein ›Neuer Wald‹ war seine ganze Freude, und er hatte besondere Gesetze zum Schutz des Wildes dort erlassen. Jedem Hund in einem bestimmten Umkreis mußten die Hinterbeine gekürzt werden, damit er nicht womöglich die kostbaren Hasen jagte. Eine Jagd in diesem Wald bedurfte der Genehmigung des Königs. Doch das Volk betrachtete den ›Neuen Wald‹ mit Unbehagen. Er war für sie das Sinnbild für Grausamkeit und Härte, und sie waren von bösen Ahnungen erfüllt.

Eines Tages jagte Wilhelm mit Rufus und Richard im Neuen Wald. Er war mit seiner Jagdgesellschaft zurückgeblieben, während sich die beiden Söhne entfernt hatten.

Wilhelm gab sich den Freuden der Jagd hin und betrachtete gerade einen der prächtigsten Hirsche, die je erlegt worden waren, als ein Förster mit der Unglücksnachricht herbeieilte. Die Jäger ließen den Hirsch liegen und ritten zu der Unfallstelle.

Richard lag im Gras und war am Verbluten. Er war vom Pferd gestürzt und von einem Hirschgeweih durchbohrt worden.

Während des Transportes starb er.

Totenstille legte sich über das Land. Richard, des Königs Sohn, zum König von England bestimmt, war in jenem Wald getötet worden, dessen Anlage und Erhaltung so vielen Menschen Unglück gebracht hatte.

»Auf dem König liegt ein Fluch«, wurde unter der Hand geflüstert.

Man dachte an die harten Gesetze, die Steuern, das Ausgangsverbot, an die Härte des Eroberers und sagte: »Das ist eine Strafe Gottes.«

Matilda erhielt die Nachricht in Bayeux.

Richard, der edle, von dem sie sich Ehre erhofften, der Sohn, nicht so arrogant wie Robert, nicht so ungeschliffen wie Rufus, Richard, auf den sie so stolz waren!

Wie tief mußte Wilhelm dieser Verlust schmerzen. Sein Lieblingssohn Richard – tot. Robert, der sich gegen ihn erhob. Rufus? Wer wußte, was er wirklich wollte. Heinrich, fast noch ein Kind. Richard, die Zierde der Familie, tot, getötet von einem der Hirsche, um deretwillen Bauern ihre Augen verloren hatten.

Wilhelm sollte jetzt bei ihr sein, sie sollten ihren Schmerz teilen. Sie allein könnte ihn trösten.

Aber noch in seiner Trauer würde er die Wirkung dieses Ereignisses auf das Volk bedenken. Gott war gegen ihn, würden sie sagen. Der eine Sohn ein Rebell, der andere von Gottes Hand in dem Wald erschlagen, auf den der Vater so stolz gewesen war.

Sie hatte recht, Wilhelm war in tiefer Trauer versunken. Richard hatte etwas Heiliges an sich gehabt, genau wie die kleine Adelisa. Waren sie zu gut für diese Welt?

Er war so glücklich über Richard gewesen. Diesem Sohn hätte er ohne Bedenken seine Krone übergeben.

Richard wäre kein strenger König gewesen, das hätte Wilhelm auch nicht gewollt. Die strengen Gesetze mußte der Mann erlassen, der das Land erobert hatte. Das Volk hätte Richard geliebt.

Was war nun übrig geblieben? Rufus. Rufus, als König von England. Ich muß also einen König aus ihm machen, dachte Wilhelm.

Und er war sich durchaus klar, daß das keine leichte Aufgabe sein würde.

DRAMATISCHE BEGEGNUNG

Wilhelm traute seinen Augen nicht, als er die ihm überbrachten Berichte las. Es war unmöglich. Roger de Beaumont war ohne Zweifel ein schrecklicher Irrtum unterlaufen, sein Zorn richtete sich gegen diesen Mann. Wie konnte er es wagen! Wilhelm wollte es nicht glauben und doch . . .

»Ich bin in höchstem Maße beunruhigt«, hatte Roger geschrieben. »Robert hat sich gegen Euch erhoben, wir hatten damit gerechnet und die Verteidigungsmaßnahmen verstärkt. Ich sehe es aber als meine Pflicht an, Euch folgendes mitzuteilen: Er hat Hilfe erhalten, so daß er Männer zum Kampf gegen Euch ausrüsten konnte, und diese Hilfe ist ihm von der Königin gewährt worden.«

Matilda! Unmöglich, daß sie gegen ihn, auf Seiten seiner Feinde, stand!

Allerdings für Robert. . .

Noch nie war er so tief getroffen worden. Der Tod Richards, der Tod Adelisas, die Beschimpfungen als Bastard, unter denen er in seiner Jugend gelitten hatte, der Verlust guter und treuer Freunde – nichts hatte ihn so im Innersten berührt wie der Verrat

Matildas. Er konnte es nicht glauben, wagte es nicht zu glauben. Nähme er diese entsetzliche Beschuldigung ernst, würde sein Leben leer werden und bleiben.

Matilda und er waren wie ein Mensch. Er war kein zärtlicher Mann, aber vom ersten Tag seiner Ehe mit Matilda an war ihm dieser eine Mensch genauso wichtig gewesen wie alle seine Besitzungen. Dabei liebte er Besitz mehr als Menschen, zog die Jagd menschlicher Gesellschaft vor; er bemühte sich, ein guter, wenn auch gestrenger Herrscher zu sein und war leidenschaftlich um sein Königreich und Herzogtum besorgt, aber genauso leidenschaftlich liebte er Matilda. Und sie hatte ihn verraten. In der Zwangslage, Partei ergreifen zu müssen, hatte sie nicht die seine gewählt.

Natürlich mußte er sofort in die Normandie zurückkehren.

Er hielt den Beweis in Händen. In dieser Sache wollte er sich nur auf sich selbst verlassen. Er hatte ihren erbärmlichen Mittelsmann gefangengenommen und die Briefe in Matildas Handschrift gelesen. Für Robert hatte sie tief in ihre Schatztruhen gegriffen, hatte ihm Geld und Edelsteine zukommen lassen. Sie hatte ihm ermöglicht, ein Heer auszurüsten und sich gegen seinen Vater zu erheben.

Wilhelm ritt nach Rouen. Sie erwartete ihn nicht, aber ihre Freude über sein Kommen war nur zu deutlich.

Er sagte: »Ich muß dich allein sprechen.«

Sie wußte sofort, daß irgend etwas nicht stimmte.

»Was bedrückt dich, Wilhelm?« fragte sie.

»Unruhe in meinem Reich«, antwortete er und behielt sie im Auge, als er ihr einen Brief in die Hand drückte. »Deine Handschrift«, fügte er hinzu.

»Ja, und?«

»Du bist also im Bund mit meinen Feinden.«

»Ich schreibe an meinen Sohn.«

»Du . . . Verräterin!« schrie er, und in seiner Stimme war Schmerz. »Du hast mich betrogen. Eine Frau, die ihren Mann betrügt, zerstört ihr Heim. Du, meine Frau, die ich wie mein eigenes Leben geliebt habe, wo hättest du einen anderen, so treuen Mann finden können, einen, der dir so in Liebe zugetan ist? Und doch hast du mich betrogen, hast die Partei meiner Feinde ergriffen. Ich habe dir Kostbarkeiten und reiche Gaben geschenkt, und die hast du meinem Feind zukommen lassen. Du hast meinen Reichtum an die verschwendet, die gegen mich arbeiten. Ich habe dir die Regierung in dem Glauben anvertraut, sie keinen treueren und liebevolleren Händen überlassen zu können, und doch hast du dich im geheimen meinen Feinden angeschlossen.«

Matilda blickte ihn an, genauso empört wie er. »Solltest du wirklich von den Gefühlen einer Mutter zu ihrem Sohn überrascht sein?«

»Ja, wenn dieser Sohn ein Feind ihres Mannes ist.«

»Er ist mein Sohn, mein Erstgeborener. Ich liebe ihn, Wilhelm, genauso wie ich dich liebe. Du bist reich und mächtig, er ist in Not. Ich unterstützte ihn, das stimmt, und ich würde es wieder tun. Wenn ich mein Leben für ihn geben könnte, würde ich es freudig tun, genauso wie für dich. Das weißt du auch. Du bist mein Mann, aber er ist mein Sohn.«

»Du mußtest zwischen uns wählen«, sagte Wilhelm.

»Ja«, entgegnete sie trotzig, »ich mußte mich entscheiden, und weil er in Not war, entschied ich mich für ihn.«

»Du entschiedest dich für ihn, weil du ihn mehr liebst.«

Sie schwieg.

Da überkam ihn eine solche Eifersucht, daß er sie an ihren Flechten ergriff und zu Boden schleuderte.

Es war beinahe wie vor Jahren in jener Straße in Lille, als er von Wut übermannt wurde, weil sie, so schön und königlich, erklärt hatte, daß sie nie einen Bastard heiraten würde, und doch die einzige war, die er begehrte. Nun überkam ihn ein wütender, aus Liebe geborener Haß, der eine andere Art von Liebe war. Noch nie zuvor war er so verwundet worden; er war verletzt und zornig, eifersüchtig auf diesen kurzbeinigen Jungen, den er nie gemocht hatte und der jetzt den ersten Platz in Matildas Herz einnahm. Er wollte seinen Schmerz loswerden, indem er mit schwerer Hand auf sie einschlug und ihr Verletzungen zufügte wie damals; aber sie war nicht mehr jung und hatte viele Kinder geboren.

»Wilhelm«, schrie sie, »du wirst mich töten.«

»Wie du meine Liebe zu dir getötet hast«, entgegnete er. »Bei Gottes Herrlichkeit, ich war töricht in meiner Liebe, aber das ist vorbei. Du bist mein Feind, du, meine Frau, Mutter meiner Kinder! Ich werde mich an dir . . . und deinen Helfershelfern rächen. Dein Mittelsmann Sampson wird den Weg in das feindliche Lager nie mehr finden.«

»Nein, Wilhelm, die Schuld . . . wenn von Schuld die Rede sein kann, liegt bei mir. Er gehorchte nur meinen Befehlen.«

Er schlug wieder zu, bis er sah, daß sie ohnmächtig geworden war.

»Mein Gott, Matilda«, schrie er. »Habe ich dich getötet, Matilda, dich, meine Liebste?«

Er hob sie sanft empor, trug sie zu ihrem Bett und blieb neben ihr, bis das Bewußtsein zurückkam.

»Matilda«, sagte er, »sprich mit mir.«

»Wilhelm, bist du es?«

»Ich werde deine Frauen zu dir schicken, um dich zu versorgen, aber zuerst muß ich mit dir sprechen.«

»Deine Hände schlagen noch genauso hart zu wie früher«, sagte sie, mit schiefem Mund lächelnd.

»Wie konntest du mir das antun?«

»Ich kann nur wiederholen, daß ich eine Mutter bin.«

Er beugte sich über sie und küßte sie.

»Was auch geschehen ist«, sagte sie, »was du mir auch angetan hast oder ich dir . . . wir sind eins. Das wissen wir, Wilhelm.«

»Das stimmt«, sagte er, »nun ruh dich aus.«

Sie ruhte nicht, sondern ließ einen ihrer zuverlässigsten Bedienten kommen.

»Sampson ist mit Briefen auf dem Weg hierher«, sagte sie. »Er soll nicht kommen, man lauert ihm hier auf, der König will ihm die Augen ausstechen. Er muß in einem Kloster um Asyl bitten. Er soll tun, wie ich ihm befehle, sag ihm das.«

Sie lag in ihrem Bett und wartete. Offensichtlich war Wilhelm nicht mehr wütend auf sie, nur verletzt und tief verwundet. Er machte sich jetzt Sorgen, ihr Schaden zugefügt zu haben.

Aber er wartete auf die Rückkehr Sampsons, da würde er keine Gnade kennen, dazu kannte sie Wilhelm zu gut. Wenn sein heftiges Temperament ihn übermannte, mußte er es irgendwo auslassen, und er würde seine Rache für ihren Verrat an Sampson kühlen.

Er kam zu ihr, nicht mehr so aufgebracht, wenn auch sein Zorn noch schwelte. Traurig blickte er auf sie herab.

»Noch immer ohne Reue«, sagte er.

»Immer noch bereit, meinem Sohn zu helfen.«

»Gegen deinen Mann?«

»Nein, ich würde für beide gerne sterben.«

»O Matilda«, sagte er, »ich wünschte, er wäre nie geboren. Wenn ich bedenke, daß mein hoch gewachsener guter Sohn Richard in meinem Wald zu Tode kam, während Kurzstiefel am Leben ist.«

»Was geschah, ist Gottes Wille«, antwortete Matilda.

Sie fühlte sich schwach, und noch nach Tagen hatte sie sich nicht von Wilhelms Attacke erholt. Er hatte zwar nicht so heftig zugeschlagen wie damals in Lille, aber sie kam nicht mehr so leicht darüber hinweg. Damals war es ein Spaß, jetzt eine Demütigung. Sie wußte – genauso wie er –, daß es zwischen ihnen nie mehr so wie früher sein konnte.

Aber sie standen sich zu nahe, um ohne einander auskommen zu können.

Sie war bei ihrer Gobelinstickerei, als er zu ihr kam, um ihr zu sagen, daß Sampson in ein Kloster entkommen war.

»Er wird dort Asyl bekommen und ein Mönch werden. Auf diese Weise behält er seine Augen, das dankt er dir.«

»Hätte er sie verloren, wäre es meine Schuld.«

»Aber du sorgtest dafür, daß er Zuflucht fand, nicht wahr? Deine Mittelsmänner warnten ihn, hab’ ich recht?«

»Du hast recht«, sagte sie.

Er lachte, dann umarmte er sie. »Bei Gottes Herrlichkeit«, sagte er, »alle, die gegen mich arbeiten, muß ich fest im Griff behalten.«

Aber er traute ihr nie mehr rückhaltlos. Sie wußte es, und es betrübte sie. Als er wieder nach England ging, war sie zwar immer noch Regentin, aber er hatte Aufpasser zurückgelassen.

Er liebte sie, er brauchte sie, aber er traute ihr nicht mehr. Sie liebte ihn, sie brauchte ihn, aber sie würde ihn um ihres Sohnes willen verraten.

Nie könnte sie Robert so bewundern, wie sie Wilhelm bewunderte. Sie wußte, daß sie den bedeutendsten Mann seiner Zeit geheiratete hatte, und die Liebe zu ihrem Sohn, machte sie nicht blind gegenüber seinen Schwächen. Arroganz, Machtliebe, der Wunsch, populär und beliebt zu sein, der Hang zu Luxus und leichten Frauen, die Auswahl seiner Freunde, die ihm schmeichelten, Verachtung jeglicher Kritik und seine stetige Bereitschaft, andere zu beleidigen, das waren nicht die Eigenschaften eines Herrschers. Aber er war ihr Sohn, und sie liebte ihn; sie wußte nicht, warum sie stärker zu ihm halten mußte als zu Wilhelm, außer daß Robert schwach war und Wilhelm stark.

Robert würde sie nie so lieben wie Wilhelm es tat, und doch brauchte auch Wilhelm sie trotz seiner Stärke.

Als eine Frau, die Stärke und Macht bewunderte, wandte sie sich doch von Wilhelm ab um Roberts willen. Warum? Die Wege der Liebe waren zu kompliziert für sie.

Die glücklichen Jahre waren vorüber, sie würden nie zurückkommen. Selbst in den Zeiten der Trennung von Wilhelm gab es doch das erregende Warten auf seine Rückkehr. Jeden Tag hatte sie nach ihm Ausschau gehalten, und die überwältigende Freude bei seiner Ankunft hatte alle anderen Ereignisse eines ereignisreichen Lebens übertroffen.

Nie wieder.

Sie fürchtete jetzt seine Rückkehr, denn sie könnte bedeuten, daß Robert eine seiner Festungen angegriffen hätte. Mißtrauisch würde er sich fragen, wieviel sie Robert gegeben habe, um sein Heer aufzubauen.

Der König von Frankreich wollte zwar keine offene Auseinandersetzung mit Wilhelm, sah aber Streitigkeiten in dessen Reich nicht ungern. Als Robert sich an ihn um Hilfe wandte, gab er ihm Schloß Gerberoi, damit er ein Hauptquartier hätte, um seine Pläne ausführen zu können.

Das wurde natürlich als Freundschaftsdienst gegenüber Robert betrachtet, und viele Franzosen schlossen sich seinem Banner an, was wiederum solche Normannen anzog, die einen Groll gegen Wilhelm hegten und nicht einsahen, warum sie nicht ihr Glück bei dem Erben suchen sollten. Sie hatten nichts zu verlieren, denn Wilhem würde ihnen nichts geben und Robert sehr wahrscheinlich früher oder später sein Erbe antreten, da Wilhelm nicht ewig leben konnte.

Als Wilhelm diese Nachricht in England erhielt, packte ihn der Zorn. Er ließ Rufus holen, der nun ständig bei ihm war, und dieser, wohl wissend, daß er nach dem Tode seines Vaters England erben sollte, wollte ihn unbedingt zufriedenstellen.

»Hör dir das an«, sagte Wilhelm zu seinem Sohn. »Kurzstiefel hat sein Banner auf Gerberoi gepflanzt. Franzosen und Normannen scharen sich um ihn. Er plant, sich zum Herzog zu machen. Was meinst du dazu, mein Sohn?«

»Ich würde sagen, es ist an der Zeit, in die Normandie zurückzukehren, um ihm zu zeigen, daß wir andere Pläne haben.«

Rufus' rotes Gesicht glänzte vor Begeisterung; der Eroberer sah ihn wohlgefällig an. Wie so oft waren sie einer Meinung.

Matilda legte sich ins Bett. Sie fühlte sich schwindlig und krank. Daß es dazu kommen mußte – Wilhelm und Robert im Kampf gegeneinander! Sie zitterte um Robert. Wenn sie sich gegenüberstanden, wie würde es ihm in den Händen des erfahrenen Kriegers ergehen? Hatte er überhaupt eine Chance? Vor ihrem geistigen Auge erschien die Lanze, die sein Herz durchbohrte.

Wer hätte sich das träumen lassen, als seine Eltern so stolz auf das Neugeborene waren? Hätte er so lange Beine wie Richard gehabt, hätte er wie ein Normanne ausgesehen, wäre es dann anders gekommen? Sie versuchte zu beten, aber wenn sie für Roberts Sicherheit betete, betete sie dann nicht um Wilhelms Niederlage? Aber Wilhelm war noch nie geschlagen worden. In den zahllosen Schlachten, an denen er teilgenommen hatte, war noch nie ein Tropfen seines Blutes vergossen worden.

»O Gott«, betete sie, »rette meinen Sohn.«

In der Ebene von Archembraye vor Schloß Gerberoi tobte die Schlacht.

Wilhelms Zorn nahm ständig zu, er empfand die Szene wie einen bösen Traum, im Innern kochte er, denn es schien ihm unglaublich, daß der Mann, Fleisch von seinem Fleisch, es wagte, die Waffen gegen ihn zu erheben, um ihn anzugreifen.

»Bei Gottes Herrlichkeit«, gelobte er, »ich werde diesem Kurzstiefel zeigen, was es heißt, sich gegen mich zu stellen.«

Er glaubte nicht, daß die Schlacht lange dauern würde. Er verachtete Kurzstiefel, der keine Erfahrung hatte, nichts, was für ihn sprach. Wohl war es ihm gelungen, eine beträchtliche Streitmacht aufzustellen, und Wilhelm war bestürzt, so viele Normannen unter seinem Banner zu sehen. Er selbst verließ sich auf wenige englische Truppen, die er mit herübergebracht hatte. Aber er war der Heerführer, und unter seiner Führung konnte eine Handvoll Männer mit einer Legion kurzen Prozeß machen.

Mit einiger Bestürzung mußte er jedoch feststellen, daß nicht alles wie vorhergesehen lief. Was war geschehen? Hatte ein Zauberer die Hand im Spiel? Der Gedanke an Matilda durchfuhr ihn – zweifellos lag sie auf den Knien und betete für den Erfolg ihres Sohnes.

Er wurde unerwartet von hinten angegriffen. Plötzlich schienen die Reihen seiner Truppen ins Wanken zu geraten. Er brüllte ihnen zu, aber es gelang ihnen nicht, sich neu zu formieren.

Eine Lanze durchbohrte seinen Arm, und er fiel zu Boden. Er, der Eroberer, war aus dem Sattel geworfen und dem Feind ausgeliefert.

Er mußte aufstehen, aufsitzen, um seine Truppen weiter führen zu können.

Er begann zu rufen: »Helft mir auf, wieder aufs Pferd, erkennt ihr mich nicht?«

Ein Mann stand über ihm, bereit zuzuschlagen, hielt aber beim Klang der Stimme inne. Er lüftete sein Visier, und es war Robert.

Das Schicksal selbst schien diesen dramatischen Augenblick ersonnen zu haben. Da lag der Eroberer, wehrlos, am Boden, und über ihm stand sein Sohn, die Lanze in der Hand, um das Herz des Vaters zu durchbohren.

Robert stammelte: »Vater!«

»Ja, du Verräter«, brüllte Wilhelm, »es ist dein Vater.«

Robert kniete nieder. »O Gott, so seid Ihr es wirklich.«

»Du hast deine Lanze. Stich zu, ich würde nichts anderes von dir erwarten.«

Aber Robert legte die Lanze beiseite.

»Laßt mich Euch aufs Pferd helfen«, sagte er.

»Du bist ein Narr«, gab Wilhelm zurück, »ich bin dir ausgeliefert. Töte mich, und bring meinen Kopf deiner Mutter. Zweifellos wird sie dich loben.«

»Vater«, sagte Robert, »vergebt mir.«

Und mit diesen Worten half er Wilhelm auf die Füße und auf sein Pferd.

Er sprang auf das seine und geleitete barhäuptig, damit jeder ihn erkenne, den verwundeten Wilhelm aus der Schlacht.

Wilhelm wälzte sich auf seinem Lager. Die Verwundung an seinem Arm war nicht schwer. Mit Schrecken aber hatte er gehört, daß auch Rufus verwundet worden war, und das Schlimmste war, daß Robert die Schlacht gewonnen hatte und er sein Leben nur dessen Großmut verdankte.

Matilda pflegte ihn und auch Rufus.

Sein Körper war nicht schwer verwundet, aber sein Stolz zutiefst getroffen.

Matilda war glücklich, Robert hatte seines Vaters Leben geschont. Ihr Gebet war erhört worden. Nun war alles gut, würde alles gut werden.

Sie saß an Wilhelms Bett, hatte ihn kaum allein gelassen, seit man ihn gebracht hatte.

Jeden Tag sagte sie ihm: »Du mußt Robert bitten, dich zu besuchen.«

Jedesmal drehte er sein Gesicht zur Wand.

Aber sie ließ nicht locker und schnitt das Thema immer wieder an. Sie betonte, wie glücklich es sie mache, daß ausgerechnet Robert ihm das Leben gerettet habe.

»Wahrscheinlich wirst du einen Gobelin sticken, auf dem dein ritterlicher Sohn mit der Lanze in der Hand dargestellt ist, bereit seinen Vater zu ermorden.«

»Es wäre ein gutes Thema, aber ich zweifle, ob du es gerne sähest, und ich möchte dich auch nicht in dieser für dich außergewöhnlichen Lage sehen, nämlich der Gnade eines anderen ausgeliefert.«

Er nahm ihre Hand. »Du bist zufrieden«, sagte er, »gib es zu. Wenn einer von uns hätte sterben müssen, hättest du lieber mich tot gesehen.«

»Nein«, rief sie. »Wäre einer von euch an diesem Tag gestorben, hätte es mir das Herz gebrochen, das durch diesen Streit zwischen euch seit langem angegriffen ist. Wilhelm, ich werde alt, mein Haar ist fast weiß, erinnerst du dich, wie golden es war? Und du bist so fettleibig geworden, daß es kaum noch ein Pferd gibt, das dich tragen kann. Wir werden beide alt. Laß uns in der Familie Frieden haben, wenn es anderswo schon nicht möglich ist.«

»Du weißt, was geschehen wird. Er will die Normandie.«

»Und du wirst sie ihm verweigern.«

»Meine Meinung hat sich nicht geändert. Ich will mich nicht entblößen, ehe ich zu Bett gehe, jetzt so wenig wie zuvor.«

»Dieses Mal wird er nicht um die Normandie bitten, Wilhelm.«

»Und warum nicht? Er hat ja gerade noch darum gekämpft.«

»Er wird kommen, um deine Vergebung zu erbitten, denn er weiß, daß es für ihn leichter ist als für dich.«

»Leicht für den Sieger dieser unbedeutenden Schlacht.«

»Viel leichter. Er rettete dein Leben, daher kann er bescheiden auftreten. Du warst ihm ausgeliefert, deswegen bist du so unversöhnlich. Aber ich möchte ihn nicht unterwürfig sehen, noch dich in deinem Stolz verharren. Um deiner Liebe zu mir willen möchte ich, daß ihr Freunde werdet, denn ich werde alt, und habe nicht mehr viele Jahre zu leben.«

»Sprich nicht so, bin ich nicht älter als du?«

»Du bist ein Mann, du siehst dich schon unter den Unsterblichen. Du hast dein Königreich zu regieren und mußt dich um dein Herzogtum kümmern, während ich nur zu Hause sitze und warte, und das fällt mir schwer. Ich möchte dich und Robert versöhnt sehen, ich möchte Frieden in unserem Haus. Bitte, Wilhelm, empfang Robert um meinetwillen, und wenn er dich um deine Freundschaft bittet und darum, die Vergangenheit zu vergessen, gib sie ihm und vergiß. Bitte, Wilhelm.«

Sie beugte sich herunter und küßte ihn.

Und sie wußte, daß sie gewonnen hatte.

Wilhelm erwartete Robert im Schloß von Rouen.

Er hatte ihm geschrieben, er möge kommen, damit ihm seine Rebellion voll und ganz vergeben werde. In diesem Falle wäre er bereit, ihm alles das zuzugestehen, was er von einem liebenden Vater erwarten könnte.

Robert verlor keine Zeit, nach Rouen zu reiten. Er kam mit nur drei Bediensteten, um sein völliges Vertrauen dem Vater gegenüber zu beweisen.

Matilda umarmte ihn zärtlich, und sogar Wilhelm empfing ihn mit einem Anflug von Zuneigung.

Der gleichfalls anwesende Rufus verbarg seinen Verdruß. Ihm behagte diese Versöhnung und Roberts dramatisches Handeln nicht, obwohl ihm durchaus klar war, daß es ihm schlimm hätte ergehen können, wenn sein Vater getötet worden wäre. Robert hätte ihn gefangensetzen und sowohl England als auch die Normandie nehmen können. Trotzdem gefiel ihm die Freundschaft zwischen Robert und dem Vater nicht. Es blieb ihm aber nichts anderes übrig, als Freude zu heucheln.

In der großen Halle wurde ein Fest veranstaltet, und Matilda, zwischen Wilhelm und Robert sitzend, erklärte, daß dies einer der glücklichsten Tage ihres Lebens sei.

Die Tage vergingen mit Festen und Jagden nur zu schnell, und schließlich mußte Wilhelm in sein Königreich zurückkehren, dessen Regierung und Unterwerfung soviel Zeit beanspruchte.

»Ich möchte, daß du mich begleitest, Robert«, sagte er. »Drüben ist genug für dich zu tun. Der König von Schottland macht Ärger. Dabei könntest du mir helfen, denn du hast dich als guter Heerführer gezeigt.«

Robert, immer noch im Bann jenes dramatischen Ereignisses, war bereit, dem Vater bei der Niederwerfung seiner Feinde zu helfen.

Als Rufus mit seinem Vater allein war, ließ er vorsichtig vernehmen: »Gut, daß mein Bruder uns begleitet. Ich fühle mich wohler, wenn wir ihn unter Aufsicht haben.«

Und Wilhelm erwiderte: »Ich sehe, wir sind einer Meinung.«

ODOS TRAUM VON GRÖSSE

In England nahm Wilhelm ein schon lange gehegtes Projekt in Angriff. Das ganze Land sollte vermessen werden, jeder Morgen, jedes Stück Vieh aufgenommen und gezählt werden. Seine Überlegung ging dahin, je nach Besitz Steuern zu erheben, denn er brauchte Geld, um in dem unruhigen Land die Ordnung aufrechtzuerhalten.

Er nannte es das Große Grundbuch, aber die Landbesitzer sahen darin nur eine weitere Methode des Königs, ihnen ihren Besitz zu nehmen, und nannten es ›Doomsday Book‹, Buch des Jüngsten Gerichtes.

Trotz der Unzufriedenheit im Land mußte das Volk, mit Ausnahme von Wilhelms größten Widersachern, doch anerkennen, daß die strengen, aber oft gerechten Gesetze des Eroberers England gestärkt hatten. Überall waren schöne, auf seine Veranlassung errichtete Gebäude, Klöster, Kirchen und Schlösser entstanden. Er hatte Gesetz und Ordnung gebracht, denn die Bestrafung war so rücksichtslos, daß niemand dagegen zu verstoßen wagte. Die Dänen schienen die Überfälle auf die englischen Küsten aus Furcht, auf den Eroberer zu stoßen, aufgegeben zu haben. Er hatte die Gesetze des Landes studiert, die besten beibehalten und die übrigen durch normannische Gesetze ergänzt. Heiraten zwischen Normannen und Sachsen wurden begünstigt, denn der sicherste Weg zu einer Befriedung des Landes schien ihm die Beseitigung stammesmäßiger Verschiedenheiten. Er ließ Gewerbebetriebe errichten und belohnte diejenigen, die hart arbeiteten. Die Gesetze des Rittertums wurden eingeführt. Obgleich er reich war und ihm viel Land, Schlösser und alle Wälder gehörten, in denen niemand ohne seine Genehmigung auf die Jagd gehen durfte, führte er doch kein verschwenderisches Leben.

Wilhelm war von Matilda enttäuscht, und seinem ältesten Sohn schenkte er nie sein volles Vertrauen; daher wandte er sich mehr und mehr Rufus zu. Rufus war bei Beratungen anwesend, begleitete ihn, wenn Aufstände niedergeschlagen werden mußten, und war natürlich sein Gefährte auf der Jagd. Bei ihm suchte er Trost.

Eigentlich hatte er nur noch zwei Söhne, sagte er sich: Rufus und Heinrich. Auf Heinrich war er stolz, doch er war ein Gelehrter, ein kühner junger Mann, aber eben doch ein Gelehrter. Lanfranc hielt viel von ihm, das freute Wilhelm, aber sein wirklicher Gefährte war Rufus, und es machte ihm Spaß, ihn zu seinem Nachfolger heranzubilden.

So oft wie möglich kehrte er in die Normandie zurück. Jedesmal erschrak er, Matilda so gealtert vorzufinden. Einen Teil ihres Lebensmutes hatte sie verloren, als er sie damals geschlagen hatte. Sein Gewissen drückte ihn, wenn er daran zurückdachte, und doch stieg ihm allein bei der Erinnerung das Blut wieder zu Kopf und er wurde so zornig, daß er wieder zugeschlagen hätte, wären Matilda oder Robert in dem Augenblick zugegen gewesen.

Es war unklug, sein Herz zu sehr an Menschen zu hängen. Seine Beziehung zu Rufus war von der Vernunft diktiert; obgleich er seinen Sohn liebte und ihn alles Nötige lehren wollte, würde er ihn doch ohne weiteres wie Robert beiseite schieben, sollte er sich als Verräter erweisen, und sich Heinrich zuwenden. Nur zu Matilda stand er anders.

Aber nun war sie sanft und liebevoll, denn bisher hatte sich Robert loyal verhalten. Wilhelm wußte, Matilda würde ihn wieder verraten, sollte sein ältester Sohn sich noch einmal gegen den Vater erheben. Dieses Bewußtsein war wie ein Krebsgeschwür in ihrer Beziehung zueinander.

Er stellte bei sich fest, daß es nur ein zweifelhaftes Geschenk sei, eine große Familie zu haben. Ein weiteres Beispiel sollte das bestätigen. Schon seit geraumer Zeit war er mißtrauisch gegenüber seinem Halbbruder Odo. Ihre Mutter, Arlette (die zweite Frau, die Wilhelm geliebt hatte, aber sie hatte ihm auch nie in Leid zugefügt, und nie hätte sie sich illoyal ihm gegenüber verhalten), hatte ihn auf dem Totenbett gebeten, für seine jüngeren Brüder, ihre Kinder von Herlwin, zu sorgen: Odo und Robert. Robert war immer ein treuer Freund gewesen, Wilhelm hatte ihm die Besitzungen von Mortain übergeben; Odo wurde Bischof von Bayeux.

Nach einem Aufstand im nördlichen England hatte Wilhelm Odo beauftragt, die Rebellen abzuurteilen. Odo war mit einer selbst im normannischen England unüblichen Härte vorgegangen und wurde deswegen allgemein verabscheut. Wegen der Herkunft seiner Mutter nannte man ihn den Gerber der Engländer.

Seit dieser Zeit wurde Odo ehrgeizig. Er war der Bruder des

Königs von England und Herzogs der Normandie: noch dazu war Wilhelm außerehelich geboren, während er, Odo, einer legitimen Verbindung entstammte. Wohl war sein Vater nicht der Herzog der Normandie, daher strebte er auch nicht nach der Krone und dem Herzogtum. Aber er war genau so habgierig wie sein Bruder Wilhelm und hatte begonnen, Besitz zusammenzuraffen. In seiner Stellung konnte er Erpreßungsgelder fordern, und das tat er.

Er war ein hochmütiger Mensch. Zwar hatte er immer gewußt, daß er weder in England noch in der Normandie den ersten Platz einnehmen konnte, aber es gab andere Betätigungsfelder. Ein italienischer Wahrsager hatte ihn mit der Prophezeiung, daß auf Gregor VII. ein Papst namens Odo folgen sollte, auf die Idee gebracht. Der Papst in Rom hatte genausoviel Macht wie jeder König. Sein Weg lag also vor ihm.

Er brauchte Geld, und daher verstärkte er seine Erpressungen. Er kaufte einen Palast in Rom. Um seine Wahl zu sichern, mußten die Kardinäle auf seiner Seite stehen, also ließ er ihnen reiche Geschenke zukommen.

Während Wilhelm in der Normandie war, beschloß Odo, nach Rom aufzubrechen. Er versammelte eine Gruppe mit Wilhelms Zuwendungen unzufriedener Normannen um sich und forderte sie auf, ihn nach Rom zu begleiten, wo er sie als Papst mit großen Vermögen auszeichnen würde. Er hatte sich ein Schiff bauen lassen, das mit Schätzen beladen vor der Insel White vor Anker lag und in Kürze auslaufen sollte.

Aber Wilhelms Spione kamen ihm zuvor. Als der König von Odos Vorhaben unterrichtete wurde, eilte er nach England und traf auf der Insel White ein, kurz bevor Odos Schiff auslaufen sollte.

Über Odos Streben nach der Papstkrone spottete Wilhelm nur, aber als er dahinterkam, welche Schätze sein Halbbruder aus England herausgeschickt hatte, wurde er wütend.

Er ließ ihn festnehmen.

»Ich bin ein Mann der Kirche«, wehrte sich Odo. »Du kannst mich ohne Spruch des Papstes weder festnehmen noch verurteilen.«

Odo selbst aber hatte Wilhem veranlaßt, ihm einen englischen Titel zu verleihen, damit ihm die damit verbundenen Einkünfte zuflössen.

Also antwortete Wilhelm: »Ich nehme nicht den Bischof von Bayeux fest, sondern den Grafen von Kent.«

Odo saß in der Falle.

Wilhelm selbst führte den Prozeß, nach dem Odos Vermögen eingezogen und er selbst in die Kerker der Burg von Rouen geworfen wurde.

So war zwar Odos Abfahrt rechtzeitig verhindert worden, aber Wilhelm war trotzdem niedergeschlagen.

Noch nie hatte er sich seit der Heirat mit Matilda so einsam gefühlt. Wem konnte man vertrauen, wenn die eigene Familie nur zu bereit war, Verrat zu üben?

LETZTER ABSCHIED

Wie zogen sich doch in Rouen die Tage in die Länge. Immer öfter grübelte Matilda über vergangenen Zeiten. Sie fühlte sich müde und abgespannt.

Oft ging sie in die Kathedrale von Bayeux und stand vor ihrem Gobelin, der ihr alle Ereignisse ins Gedächtnis zrückbrachte, und sie dachte: hätte er England nie erobert, könnten wir hier zusammen sein, hätte es nie diese langen Trennungen gegeben. Robert wäre nicht auf den Gedanken gekommen, sich der Normandie zu bemächtigen, wäre sein Vater nicht König von England gewesen. Unser Leben wäre glücklicher verlaufen, wenn auch nicht so ruhmreich.

Sie hatte sich verändert, sie sehnte sich nach Frieden, aber die Chancen dafür waren gering. Im Augenblick herrschte ein unsicherer Waffenstillstand zwischen Robert und Wilhelm, obgleich sich Robert in England bewährt und als guter Heerführer erwiesen hatte. Er hatte eine Stadt im Norden gegründet, Newcastle Upon Tyne. Aber sie kannte beide gut genug, um zu wissen, daß ihre Freundschaft nicht von Dauer sein würde. Robert hatte seine ehrgeizigen Pläne nicht aufgegeben, und Wilhelm blieb bei seinem Entschluß, Robert vor seinem Tode nichts zuzugestehen.

Jeden Tag erwartete sie Unheil und fürchtete schlechte Nachrichten.

Aber als ein Bote kam, brachte er keinen Brief aus England, sondern aus der Bretagne. Ihre Tochter Constanze war schwer krank und fürchtete, sterben zu müssen.

Will Gott sich an mir rächen? fragte sie sich.

Sie dachte an Brihtric in seiner Zelle. Ob er je gewußt hatte, warum er sterben mußte? Sie dachte an das Mädchen, das Wilhelm für kurze Zeit geliebt hatte. Hatte er sie geliebt? Sie konnte es nicht glauben. Doch sie hatte in gewisser Weise Brihtric geliebt, so viel jedenfalls, daß sie ihn ermorden ließ, weil er sie verschmähte. Auch das Mädchen war gestorben. Zwei Tote standen vor ihrer Tür.

Wie töricht! Jeden Tag starben so viel Menschen. Wer an ihrem Hof, in der Normandie oder in England konnte von sich behaupten, keinen Mord auf dem Gewissen zu haben? Der Tod war in dieser Welt kein Fremder, er kam schnell und unerwartet.

Wilhelm hatte viele Morde begangen, und dennoch hatte Gott zugelassen, daß er England eroberte; aber Wilhelm hatte aus Staatsräson getötet, und das zählte wohl anders, vermutete sie.

War es eine größere Sünde, aus persönlichem Stolz zu töten?

Es war traurig, alt zu werden, denn mit den grauen Haaren tauchten Schatten aus der Vergangenheit auf, spottend, fragend. Bald wirst du an der Reihe sein, sagten sie. Drücken dich deine Sünden?

Robert und Wilhelm zerstritten, Richard und Adelisa tot, und nun lag Constanze im Sterben.

Sie rief ihre Frauen und sagte: »Ich werde mich zum Heiligtum von St. Eurole begeben und die Heiligen bitten, das Leben meiner Tochter zu erhalten.«

Sie unternahm die anstrengende Reise zur Abtei von Ouche und legte vor den Reliquien und auf dem Altar kostbare Gaben nieder.

Sie aß im Refektorium und sprach mit den Mönchen, die sie bat, ihretwegen keine Umstände zu machen, denn sie käme in aller Demut.

Sie betete inbrünstig um die Vergebung ihrer Sünden und erbat als Zeichen die Gesundung ihrer Tochter.

Als sie nach Caen zurückkehrte fand sie die Nachricht vom Tode Constanzes vor.

Eine tiefe Melancholie erfaßte sie, ihre Gesundheit begann sich zu verschlechtern. Von Wahrsagern hoffte sie zu erfahren, ob ihr Sohn und ihr Mann in Frieden miteinander leben würden.

Als sie von einem deutschen Eremiten hörte, der die Zukunft voraussagen konnte, ließ sie ihm Gaben senden und bat ihn, ihr mitzuteilen, was die Zukunft für sie bereithalte.

Seine Antwort war nicht sehr tröstlich. Seine Gesichte zeigten ihm ein edles Pferd auf einer saftigen Weide. Andere Tiere tauchten auf, aber das Pferd ließ keines näherkommen. In der Vision starb das Pferd, und ein einfältiger Ochse übernahm den Schutz der Wiese, konnte aber die Schar der Eindringlinge nicht zurückhalten, die alles zertrampelten, die Weide abfraßen und das Land zerstörten.

Das Pferd war Herzog Wilhelm, König von England, der Ochse Robert. Nur das starke Pferd konnte Ordnung halten. Die Vision zeigte, was geschehen würde, wenn der Ochse auf das Pferd folgte.

»Erlauchte Herrin«, schrieb der Eremit, »laßt nicht nach in Eurem Bemühen, die Normandie zu befrieden. Wenn es Euch nicht gelingt, steht Eurem Herzog Elend und Tod bevor und der Niedergang Eures Landes.«

Was habe ich getan? fragte sich Matilda. Ich habe gegen ihn gearbeitet, ihn, den größten Mann seiner Zeit, der mein Leben ist und mein Mann.

Aber Robert ist mein Sohn.

War je eine Frau in so auswegloser Lage?

Sie konnte nicht schlafen und wanderte nachts im Schlosse umher. Ihre Frauen fanden sie auf dem Turm, wo sie nach Boten Ausschau hielt, die ihr die gefürchteten schlechten Nachrichten bringen würden.

Sie brachten die Zitternde zu Bett.

Eines Tages fanden sie sie unfähig, aufzustehen.

Sie ließen Wilhelm benachrichtigen.

Er saß an ihrem Bett und hielt ihre Hand.

»Wilhelm«, sagte sie, »wie steht es in England?«

»Alles in Ordnung«, antwortete er.

»Sicher genug, daß du hierher zu mir kommen konntest?«

»Ich wäre auf jeden Fall gekommen.«

»Es ist das letzte Mal, Wilhelm.«

»Nein«, sagte er, »du wirst wieder gesund.«

»Du willst es befehlen. O Wilhelm, selbst du kannst Gott nicht befehlen, und der Tod ist ein Feind, den du nicht besiegen kannst.«

Er antwortete nicht, sie sah, daß seine Lippen zitterten. »Wilhelm, mein geliebter Mann«, sagte sie, »vergib mir.«

»Dir vergeben, daß du meine Liebe, mein Leben warst, das einzige Wesen, das ich je liebte oder lieben werde?«

»So war es, nicht wahr? Sind mir meine Sünden vergeben?«

»Sie *sollen* vergeben werden. Wir werden so viele Opfer darbringen . . .«

»Du willst also denen im Himmel Befehle erteilen. Meine Sünden lasten schwer auf mir, Wilhelm.«

»Nein, du warst eine gute Frau – eine gute Ehefrau und Mutter.«

»Manchmal war es schwer, beides in Einklang zu bringen.«

»Du hast es gut gemacht«, beruhigte er sie.

»Wilhelm . . . du und Robert. . .«

»Er macht sich gut in England.«

»Möge es so bleiben, dann werde ich glücklich sterben.«

Er drückte ihre Hand. »Solltest du nicht ruhen, mein Lieb?«

»Das ändert nichts mehr, Wilhelm. Es ist das Ende. Du wirst mich vermissen, Wilhelm.«

»Ich bitte dich . . .«

»Ich sehe Tränen in deinen Augen, Wilhelm, die ersten, die du je vergossen hast . . . und um meinetwillen.«

»Für wen sonst sollten sie vergossen werden?«

»Komm näher, Wilhelm. Sag mir, daß es so wie immer ist, daß sich nichts geändert hat.«

»Ich liebte dich ein Leben lang und werde dich bis zum Tod lieben.«

Ein leises Lächeln lag um ihren Mund, so daß sie noch einmal wie die alte mutwillige Matilda ihrer Jugend aussah.

»Keine Schläge mehr . . . keine Liebe mehr . . . O Wilhelm!«

Er konnte vor Bewegung nicht sprechen.

Er saß an ihrem Bett und hielt ihre Hand, bis sie starb.

Dann stand er auf und ging mit großen Schritten fort; niemand wagte, ihn anzusehen. Er schloß sich in sein Zimmer ein und ließ seinem Schmerz freien Lauf.

Als er herauskam, war er wieder der starke Mann. Wie groß und tragisch auch der Verlust für ihn war, das Herzogtum mußte gehalten, das Königreich regiert werden.

EINE SCHACHPARTIE

Er war alt und dickleibig und des Lebens ohne Matilda überdrüssig, Verdrießlichkeit und jähe Heftigkeit machten ihm zu schaffen. Seine Ärzte warnten ihn, daß seine Korpulenz zum Tode führen könnte, er müsse weniger essen. Er konnte noch auf die Jagd gehen, aber die feurigen Rösser waren nichts mehr für ihn, es ging nur noch darum, ob ihn ein Pferd tragen konnte.

Er hatte England zu einem blühenden Land gemacht. Sein Grundbuch war fertiggestellt. Mochte das Volk auch unzufrieden sein und die Auswirkungen schmähen: als eine dänische Invasion drohte, konnte er erklären, daß es dieses Mal günstiger sei, die Dänen mit Geld abzufinden. Durch seine kluge Regierung war seine Staatskasse gefüllt, und ein Verständigung mit den Dänen kam billiger als ein Krieg.

Wilhelm hatte vorausgesehen, was geschehen würde. Die Dänen bekämpften sich gegenseitig, jeder wollte das Gold für sich. Ihr König und Anführer wurde getötet, und nur noch die Hälfte kehrte nach Dänemark zurück. Man würdigte Wilhelms weisen Schachzug, denn er hätte die Mittel für einen Krieg gehabt und hatte sich noch nie vor einer Schlacht gefürchtet, aber bei dieser Gelgenheit hatte er Blutvergießen vermieden und die Dänen auf seine eigene Weise geschlagen.

»Sie werden nie mehr nach England zurückkehren«, prophezeite er und behielt recht.

Manchmal mußte er auf Anordnung seiner Ärzte das Bett hüten, die ihm verschriebene Medizin einnehmen und durfte nur mäßig essen. Er fügte sich, weil er nach dieser Behandlung etwas an Gewicht verlor, denn seine Fettleibigkeit machte ihm zu schaffen und er war oft kurzatmig.

Er ging noch häufig auf die Jagd, gewöhnlich mit Rufus, der nun sein großer Trost war, aber auch Unterhaltungen mit Heinrich schätzte er sehr.

Nach dem Tode seiner Mutter täuschte Robert keine Freundschaft mehr vor. Er verließ seinen Vater und ging in die Normandie zurück, so daß Wilhelm täglich die Nachricht von neuen Unruhen erwartete.

Wenn er im Bett lag, dachte er oft über sein Leben und seine Taten nach. Er wußte, daß er der größte Herrscher seiner Zeit war, seine harten Vorstellungen hatte er verwirklicht, aber er war auch überzeugt, daß es England nun besser ging, als es unter Harald der Fall gewesen wäre. Wer seinen Befehlen gehorchte, war immer gerecht behandelt worden, die anderen hatten allerdings seine Härte zu spüren bekommen.

In England herrschte nicht mehr der gesetzlose Zustand wie vor der Eroberung durch Wilhelm. Wilhelm hatte die Todesstrafe abgeschafft, aber schwere Leibes- und Vermögensstrafen eingeführt. Er vertrat die Ansicht, niemand, der seine Gesetze gebrochen habe, solle die Wohltat des Todes genießen, sondern leben und die Strafe als ein Abschreckung für andere erleiden. Von diesen Gesetzen ging er nie ab, entschlossen, dem Lande seinen Willen aufzuzwingen. Schließlich hatten die Menschen eingesehen, daß das Leben dadurch auch für sie in vieler Hinsicht sicherer und bequemer geworden war.

Seine große Schwäche war seine Liebe zur Jagd, und wer in

seine geliebten Wälder einbrach, erregte seinen Zorn über alles Maß hinaus. Sein dichtes schwarzes Haar hatte sich beträchtlich gelichtet, und sein unförmiger Körper behinderte ihn, aber immer noch hatte er die Fähigkeit, mit einem Wort der Lage Herr zu werden, und hoch zu Roß wirkte er immer noch sehr ansehnlich.

Er hatte Wales unterworfen, und der schottische König war kaum mehr als ein Vasall. Er hatte England groß gemacht.

Obgleich er sich leidenschaftlich für das eroberte Land einsetzte, war er doch am glücklichsten in der heimatlichen Normandie und fand immer irgendeinen Grund, dorthin zurückzukehren. England hatte er erobert und in gewisser Weise das Volk überzeugt, daß seine Herrschaft zwar hart, aber letzten Endes gut war. Dagegen herrschte in der Normandie ständig Unruhe.

Der französische König war im Grunde sein Feind und wenn er auch nie einen offenen Krieg gegen ihn geführt hatte, so schien ein solcher doch oft genug kurz bevorzustehen.

Der Unruheherd war wieder einmal die Provinz Vexin. Wilhelms Vater, Robert der Prächtige, hatte sie als Dank für seine Hilfe erhalten, aber von jeher war Frankreich bemüht, diese Provinz zurückzugewinnen, und hatte Anlässe gesucht und gefunden, immer wieder Überfälle auf normannisches Gebiet zu unternehmen.

Wilhelm war in Rouen und mußte sich auf Geheiß seiner Ärzte Ruhe gönnen, wobei er gleichzeitig versuchte, sein Gewicht zu vermindern.

Frieden in England, dachte er, wenn es doch endlich Frieden in der Normandie gäbe.

Er erinnerte sich an die bei den Dänen verfolgte Strategie, die so manchen in Erstaunen gesetzt hatte, dessen war er sicher. Er, Wilhelm der Eroberer, noch in keiner Schlacht geschlagen, hatte seine Feinde mit Geld abgefunden! Er lachte in die Kissen.

Ein großer Heerführer mußte in erster Linie Stratege sein, und der von ihm eingeschlagene Weg hatte sich als der richtige erwiesen. Er hatte gutes Gold gekostet, das war wohl richtig, aber wieviel mehr hätte ein Krieg gekostet, und kein Tropfen englischen oder normannischen Blutes war vergossen worden. Es war ein Geniestreich, Dänen gegen Dänen kämpfen zu lassen. Sie würden sich nie mehr an die englischen Küsten heranwagen.

Und nun der König von Frankreich. Er würde versuchen, mit ihm zu einem Kompromiß zu kommen, wenigstens so lange, bis er wieder aufstehen konnte.

Er hatte zwei fähige Söhne: Rufus und Heinrich, die zur Zeit bei ihm waren. Er ließ sie holen.

»Ich habe eine Aufgabe für euch beide«, sagte er, »bei der ihr eure diplomatischen Fähigkeiten beweisen könnt.«

Die jungen Männer sahen fröhlich drein, denn es behagte ihnen nicht sonderlich, ständig zu Diensten des Vaters zu sein.

»Wo, Vater?« fragte Rufus.

»Am französischen Hof.«

»Bei unseren Feinden«, rief Heinrich.

»Auf diese Weise wirst du lernen, Sohn, daß es manchmal nötig ist, mit unseren Feinden zu verhandeln.«

»Ich traue ihnen nicht«, sagte Heinrich.

»Glaubst du, ich traue ihnen? Nein, geht hin, seid liebenswürdig, versucht herauszufinden, was der König von Frankreich plant. Wir werden sehen, ob wir nicht auf das teure Geschäft des Krieges verzichten können.«

Er sprach lange mit seinen Söhnen und fragte sich danach, ob sie es wohl schaffen würden.

Rufus war ungestüm, aber auf seine Weise schlau. Heinrich könnte sich als durchaus geschickt erweisen, er war ein brillanter Kopf. Es würde Lanfranc interessieren, ob er sich imstande gezeigt hätte, Diplomatie mit gelehrtem Wissen zu verbinden.

Wilhelm wartete in Ruhe auf das Ergebnis seiner ›diplomatischen Mission in Frankreich‹, wie er sich ausdrückte.

Der König von Frankreich empfing die Söhne des Herzogs der Normandie mit demonstrativer Freundlichkeit. Sein Sohn, Prinz Ludwig, ein etwas rundlicher Vierzehnjähriger, sah dem Besuch von Wilhelms Söhnen mit vergnügter Neugier entgegen, denn die Normannen galten am französischen Hof als bessere Seeräuber, rauh und schlecht erzogen. Eingebildet, wie er war, versprach er sich ein Amüsement auf Kosten der Normannen.

Rufus mit seinem roten Gesicht und den rötlichen Locken schien in etwa der Vorstellung zu entsprechen; Heinrich war von ganz anderer Art, und obgleich ihm der Ruf eines Gelehrten vorausging, wollte der junge französische Prinz es einfach nicht glauben, daß ein Normanne etwa nicht ungebildet sein sollte.

Der französische König liebte eine verschwenderische Hofhaltung. Da es in Rouen beinahe armselig zuging, fanden die jungen Männer das Leben in Frankreich sehr unterhaltsam.

Bei der Jagd zeichnete sich Rufus aus, und auch beim Turnier konnten sich die jungen Prinzen sehen lassen.

Aber Ludwig belächelte sie doch insgeheim, denn, sagte er, bei solchem Zeitvertreib könnten sich sogar Seeräuber hervortun.

Er hielt sich selbst für einen guten Schachspieler und lud Heinrich zu einer Partie ein, ohne zu ahnen, daß dieser mit Lanfranc und seinem Vater Schach gespielt und es schnell zu einer gewissen Meisterschaft gebracht hatte. Boshafterweise ließ Heinrich aber Ludwig in dem Glauben, ein Anfänger zu sein.

Ludwig war vierzehn, Heinrich neunzehn, aber der kleine Franzose meinte zu seinen Gefährten, er würde Heinrich eine vernichtende Niederlage beibringen, und dann könnte der gelehrte Normanne ja zu Hause erzählen, was sich zugetragen hätte. Er hatte dafür gesorgt, daß mehrere seiner Freunde das Spiel beobachten konnten.

Rufus stand unter ihnen, und da er genau wußte, wie gut sein

Bruder Schach spielte, machte er sich auf allerlei Kurzweil gefaßt.

Sehr selbstsicher ließ sich Ludwig zum Spiel nieder. Er eröffnete mit Weiß, und lächelte dabei überlegen.

Pech für Ludwig. Nach einem halben Dutzend Züge hatte Heinrich schon seinen Springer. Verwirrt konzentrierte sich Ludwig auf das Brett.

»He!« schrie Rufus, »Prinz, du wirst gleich den Turm verlieren.«

Ludwig blickte finster drein. Es stimmte, er war in die Enge getrieben. Wütend tat er einen Zug, und Heinrich nahm den Turm. Ludwigs Gesicht wurde düster und verdrießlich, während Heinrich ruhig und ungerührt dasaß. Die Zuschauer waren vor Schrecken stumm, denn es war ganz deutlich, daß Heinrich ein Meisterspieler war.

»Schach!« rief Heinrich.

»Verflucht!« murmelte Ludwig.

Einige Augenblicke später kam das unvermeidliche Schachmatt. Als Ludwig keinen Ausweg mehr sah und seine Niederlage erkannte, wurde sein Gesicht rot vor Zorn.

Er war so sicher gewesen zu gewinnen, und jetzt war er geschlagen und gedemütigt – und das von dem Sohn des Herzogs der Normandie, der, wenn auch König von England, nicht vergessen sollte, daß er immerhin auch Vasall des französischen Königs war.

Ludwig war zu sehr verwöhnt worden. Er haßte Widerspruch, und niemand am Hofe wagte es, ihm entgegen zu treten. Dieser normannische Narr hätte auch als hervorragender Spieler den Anstand haben müssen, ihn gewinnen zu lassen.

In einem plötzlichen Wutanfall warf er Heinrich eine Handvoll Schachfiguren ins Gesicht.

Heinrich lachte. »So spielt man nicht Schach, Monsieur«, sagte er ruhig.

»Schweig . . . du Sohn eines Bastards.«

Heinrich hatte von Lanfranc die Wahrheit über seines Vaters Geburt erfahren; er wußte, wie dieses Wort dessen Jugend überschattet hatte, wußte auch, daß er nach der Heirat mit Matilda stolz als Bastard unterschrieben hatte. Aber dieser schlecht gelaunte, schlecht erzogene kleine Junge, der sich Normannen so überlegen fühlte, hatte das Wort abfällig gebraucht, und Heinrich würde dem fetten, pickligen, verwöhnten Geck nicht gestatten, ein Wort gegen den größten Herrscher in Europa zu sagen.

Ruhig ergriff er das Schachbrett, ließ dabei die noch übrig gebliebenen Figuren zu Boden fallen, und schlug es dem Prinzen auf den Kopf.

Ludwig schrie ihn an. »Wie kannst du es wagen, normannischer Vasall, wie kannst du es wagen, den Prinzen von Frankreich anzurühren?«

»Wie kannst du es wagen, respektlos vom König von England zu reden?«

»Dieser . . . Bastard!«

Heinrich stand auf, der Prinz von Frankreich lag schreiend am Boden, und Heinrich bearbeitete ihn mit der Faust.

Die Anwesenden wußten nicht, was sie tun sollten.

Ludwig tobte: »Nehmt ihn fest. Nehmt diesen Schurken fest, der es wagte, Frankreich zu beleidigen.«

Rufus reagierte sofort, er hatte die Gefahr erkannt.

»Komm, Heinrich«, rief er, »schnell!«

An Rufus Gesicht sah Heinrich, daß die Zeit drängte. Er rollte Ludwig in die Gruppe der Zuschauenden hinein und folgte, dann bewußt schlendernd, seinem Bruder. Dann rannten sie die Steintreppe hinunter, in den Hof und in die Ställe.

»Kein Augenblick zu verlieren«, keuchte Rufus, »wir könnten sonst als Geiseln festgehalten werden.«

Sie sprangen auf die Pferde und galoppierten davon.

Heinrich merkte erst jetzt, wie schnell und richtig Rufus reagiert hatte, denn als sie durch das Schloßtor ritten, ertönten schon die Alarmglocken.

»Nach Pontoise«, rief Rufus, »in dieser normannischen Stadt sind wir sicher.«

Erst als sie die freundlich gesonnene Stadt erreichten, hielten sie ihre schwitzenden Pferde an. Rufus erklärte, was geschehen war, und befahl, ihm einen Trupp Männer zur Verfügung zu stellen, mit denen er und Heinrich die Stadt verließen und der vom französischen Hof entsandten Schar Soldaten, die sie zurückholen sollten, auflauerten. In dem kurzen Kampf waren die Franzosen schon an Zahl unterlegen und wandten sich zu Rufus' großer Freude bald zur Flucht.

Danach führte er die Männer wieder nach Pontoise zurück. Auf ihrem Heimweg brannten sie noch ein Dorf nieder, um den Franzosen zu zeigen, daß es ein normannischer Sieg war.

Als sie zu Wilhelm kamen, hatte dieser die Geschichte schon gehört. Er lachte herzlich und war stolz auf sie. Rufus hatte so gehandelt, wie er es in seiner Jugend auch getan hätte, und er freute sich, daß Heinrich die Schachpartie gewonnen hatte.

»Aber damit sind die Friedensgespräche natürlich beendet«, sagte er, »wir müssen uns auf den Krieg vorbereiten.«

Der König von Frankreich, erbost über die Beleidigung, die er und sein Sohn durch die normannischen Prinzen erfahren hatte, griff nun auch seinerseits zu Beschimpfungen.

»Der Herzog der Normandie liegt also im Bett, um sein Fett loszuwerden«, sagte er und beschrieb des Herzogs geschwollenen Bauch. »Bei der heiligen Mutter Gottes«, fuhr er fort, »der König von England liegt länger im Wochenbett als die Frauen von Frankreich.«

Dieser Scherz wurde am ganzen Hof wiederholt und kam bald auch Wilhelm zu Ohren.

Wilhelm war wütend und fand es unverzeihlich, daß der junge König, dem er zum Thron verholfen hatte, so von ihm sprach, nun da er alt geworden war.

Philipp würde bald feststellen, wie weibisch Wilhelm der Eroberer war.

»An meinem Dankgottesdienst am Ende des Wochenbettes«, lautete seine Antwort, »werde ich dem König von Frankreich hunderttausend Kerzen opfern, die sein Land in Flammen setzen.«

Es war Krieg.

HUNDERTTAUSEND KERZEN

Rufus trat ein.

»Vater, laßt mich die Sache in Eurem Namen regeln. Ihr solltet Euer Bett nicht verlassen.«

»Was sagst du da?« schrie Wilhelm, stemmte sich im Bett hoch und sah seinen Sohn an.

»Ich kann Eure Truppen befehligen, ich bin Euer Sohn, überlaßt es mir, diese Schlacht zu schlagen.«

»Der König von Frankreich und du, ihr wollt mich zum alten Mann abstempeln. Nein. Ich will dir eines sagen: heute fühle ich mich so jung wie nur je. Ich werde Mantes einnehmen und es bis auf die Mauern niederbrennen. Ich werde den französischen König lehren, mit seinen Scherzen vorsichtiger zu sein.«

Rufus merkte, daß er sich von seinem Vorsatz nicht abbringen ließ. Er wollte nicht hören, daß er nicht mehr jung und wendig genug war, und das einzige Pferd, das ihn noch tragen konnte, eben kein Schlachtroß.

Wilhelm stand auf, und als man ihm die Rüstung anlegte, rief er: »Ich fühle mich wohler als je seit dem Tode der Königin, als ob ich wieder ein junger Mann wäre, der in die Schlacht zieht.«

Seine Diener blickten ihn erstaunt an.

Auf seinem Pferd sah er tatsächlich prächtig aus, unbesiegbar – Wilhelm der Eroberer.

Mantes stand in Flammen.

Hunderttausend Kerzen brannten für den König von Frankreich. Das würde ihn lehren, was es heißt, den König von England zum Gegner zu haben.

Wilhelm war begierig auf die Schlacht, denn zu lange hatte er untätig sein müssen. Die Ärzte hatten gesagt, er müsse sein überflüssiges Fett loswerden, dann wäre er wieder ein junger Mann.

Die Flammen loderten über der Stadt! Brennende Holzstücke flogen durch die Luft, eines hätte beinahe sein Pferd getroffen. Das Tier scheute und geriet dabei auf brennende Glut.

Es stieg hoch und Wilhelms schwerer Körper wurde gegen den riesigen Sattelknauf geworfen. In plötzlicher Todesangst schrie er auf. Das Pferd machte eine Bewegung zur Seite, und Wilhelm rutschte zu Boden.

Sie brachten ihn in das Schloß von Rouen. Eine innere Verletzung verursachte ihm große Schmerzen, und er wußte, daß es zu Ende ging. Auch die Geschicklichkeit seiner Ärzte konnte ihm nicht mehr helfen.

Sein Todeskampf zog sich in die Länge, aber er klagte nicht. Sechs Wochen lag er danieder, und das gab ihm die Zeit, seine Angelegenheiten so zu regeln, wie es seiner Ordnungsliebe entsprach.

Er habe sich viel zuschulden kommen lassen, sagte er, und bedürfe der Vergebung. Aber er sei zu jung in sein Amt gestoßen worden und schon als Knabe zu oft mit dem Tod in Berührung gekommen, um ihn noch zu fürchten. Er habe mitansehen müssen, wie seine besten Freunde aus Treue zu ihm umgebracht worden seien.

Er ließ seine Notare kommen, um seinen letzten Willen aufzuschreiben. Zunächst sollte eine Summe bereitgestellt werden, um die von ihm in Mantes niedergebrannten Kirchen wieder aufzubauen. Weitere Beträge wurden Mönchs- und Nonnenklöstern sowie Kirchen zugeteilt. Er vergaß auch die Armen nicht, sowohl in England wie in der Normandie.

Seine beiden Söhne waren am Krankenbett. Robert war nicht da. Wer wußte, wo er sich aufhielt? Wahrscheinlich auf einem Schloß, das den Feinden seines Vaters gehörte und in dem er auf den Augenblick wartete, da er sich des Herzogtums bemächtigen konnte, der Ursache ihrer Zwietracht.

Alle, die Wilhelm eingekerkert hatte, sollten freigelassen werden. Er hieß seine Söhne nähertreten.

»Mein Sohn Robert«, sagte er, »hat mich verraten. Ich habe ihm jedoch das Herzogtum der Normandie versprochen, und ich werde dieses Versprechen halten. Er wird keine gute Herrschaft führen. Er ist selbstsüchtig, arrogant und besitzt nicht die Eigenschaften, die ein Herrscher braucht. Aber er ist mein Erstgeborener, den seine Mutter sehr liebte, und ich gab mein Versprechen. Dir, mein Sohn Wilhelm . . . dir Rufus, übergebe ich die Krone von England. Und Heinrich, wo ist Heinrich? Mein Sohn, ich kann dir kein Land hinterlassen, denn ich gab es deinen älteren Brüdern. Aber ich werde dir fünftausend Pfund in Silber geben.«

Heinrich sah nicht sehr glücklich drein. Es fiel ihm nicht leicht zu verstehen, daß Robert, der Feind des Vaters, die Normandie bekommen und er, immer bemüht, ein guter Sohn zu sein, leer ausgehen sollte.

»Was soll ich mit dem Geld anfangen, wenn ich kein Land habe?« fragte er.

»Komm näher, Heinrich«, sagte Wilhelm. »Sei zufrieden,

und vertraue auf Gott. Warte ab. Ich sage dir, Robert wird die Normandie bekommen und Wilhelm England. Aber es wird die Zeit kommen, da du alle meine Besitzungen erhalten und mehr Macht und Reichtum innehaben wirst als deine beiden Brüder.«

Eine beklommene Stille legte sich über den Raum. Es war, als ob ein Prophet gesprochen habe.

Der Tod hielt sich zurück, und die Schmerzen waren groß. Wilhelm lag im Bett und erwartete sein Ende. Nicht immer waren seine Gedanken klar, wenn sie sich mit der Vergangenheit beschäftigten.

Einmal meinte er, mit einem tapferen Mann, der ihn beschützt hatte, im Bett zu liegen und beim Erwachen dessen blutigen Leichnam neben sich zu finden. Oft glaubte er, Matilda sei bei ihm, dann spielte ein zärtliches Lächeln um seine Lippen.

Aber die heftigen Schmerzen holten ihn immer wieder ins Bewußtsein zurück.

Wie durch einen Nebel sah er Rufus.

»Was machst du hier?« schrie er. »Du solltest dich um dein Königreich kümmern.«

Wieder wanderten seine Gedanken. Ich hatte ein langes Leben, dachte er, beinahe sechzig Jahre. Ich habe viel erreicht, und die Menschen werden mich nicht vergessen. Ich werde neben meinen Vorfahren bestehen können. Man wird sagen: Rollo, Richard der Furchtlose, Wilhelm der Eroberer, und in Wallhall werden sie sich meiner nicht schämen.

Aber er war ein Christ und konnte die Glocken von Rouen hören. Bald würden sie für ihn läuten.

»Ich befehle mich der heiligen Jungfrau und Gottesmutter«, sagte er, »sie möge mich durch ihre Gebete mit ihrem Sohn, unserem Herrn Jesus Christus, versöhnen.«

Es war der 9. September 1087, einundzwanzig Jahre nach der Landung in Pevensey Bay.

Mein Leben schwindet nun schnell dahin, sagte er sich, ich fühle fast keinen Schmerz mehr. Es ist der Abschied von meiner Macht, meinen Eroberungen und allem irdischen Ruhm. Bald werde ich bei Gott sein . . . und bei Matilda.

Jean Plaidy

die erfolgreiche englische Schriftstellerin, deren Bücher in viele
Sprachen übersetzt wurden, schreibt historische Romane, »weil
mich die Geschichte fasziniert und ich meinen Lesern die gleiche
Begeisterung vermitteln will, die ich selbst empfinde«.

Die Königinnen

Heinrich VIII. und seine Frauen. Roman.
496 Seiten, geb., ISBN 3-451-17331-X
»Das Buch ist faszinierend: die Ereignisse, die Figuren werden
lebendig. Das sagt sich so leichthin und gelingt so selten.«
(Frankfurter Allgemeine Zeitung)

Mehr als Macht und Ehre

Roman um Thomas More und Heinrich VIII.
288 Seiten, geb., ISBN 3-451-17043-4
»Lesenswert, weil das menschliche Klima in der großen Familie
des britischen Staatsmannes lebendig wird.« (dpa-Buchbrief)

Königliche Rivalin

Maria Stuart. Ein Roman.
384 Seiten, geb., ISBN 3-451-17477-8
»Der Autorin gelingt es, in die Tiefe zu gehen und die inneren
Widersprüche zu erforschen, an denen Maria Stuart zerbricht.«
(Heilbronner Stimme)

Durch alle Buchhandlungen erhältlich

Herder Freiburg · Basel · Wien

Frank G. Slaughter

König David

Ein Roman. 384 Seiten, geb.
ISBN 3-451-17522-3

»Der vielgelesene amerikanische Arzt und Schriftsteller Frank
G. Slaughter zeichnet ein kraftvolles, farbiges Bild jenes Mannes, von dem die Bücher Samuel und das Erste Buch der Könige
berichten und der mit seinen Psalmen eines der unvergänglichen
Zeugnisse der Weltliteratur hinterlassen hat.

Was aus sehr langer Distanz altvertraut herüberklingt, wird vor
dem politischen, kulturellen und religiösen Hintergrund der
Zeit um 1000 v. Chr. plötzlich zu einem greifbaren Stück Wirk-
lichkeit: Die Geschichte des jungen Hirten, der nach seinem Sieg
über Goliat zum Liebling des Volkes wird, der aber vor dem
Neid König Sauls fliehen muß.

Alles in allem: Die Geschichte eines in seiner Menschlichkeit,
seinen Widersprüchen und Gefährdungen exemplarischen Lebens, zugleich ein interessanter und fesselnder Roman.«
(Ruhr-Nachrichten)

Durch alle Buchhandlungen erhältlich

Herder Freiburg · Basel · Wien

G